# 청킹맨션의 보스는 알고 있다

CHONKIN MANSHON NO BOSU HA SHITTEIRU: ANGURA KEIZAI NO
JINRUIGAKU by Sayaka Ogawa
Copyright © 2019 Sayaka Ogawa
All rights reserved.
Original Japanese edition published by Shunjusha Publishing Company.
This Korean edition published by arrangement with Shunjusha Publishing Company,
Tokyo in care of Tuttle-Mori Agency, Inc., Tokyo through KOREA COPYRIGHT
CENTER INC., Seoul.

이 책은 (주)한국저작권센터(KCC)를 통한 저작권자와의 독점계약으로 갈라파고스에서 출간되었습니다. 저작권법에 의해 한국 내에서 보호를 받는 저작물이므로 무단전재와 복제를 금합니다.

청킹맨션의
보스는
알고 있다

기존의 호혜, 증여,
분배 이론을 뒤흔드는
불확실성의 인류학

오가와 사야카 지음
지비원 옮김

갈라파고스

원서 일러두기
- 이 책은 '웹 슌주 하루토아키'(https://haruaki.shunjusha.co.jp/)에 2018년 1월부터 12월까지 연재했던 글을 재구성하고 대폭 가필·수정한 다음 새로 집필한 부분을 더한 것입니다.
- 본문에서 언급한 단체 등의 명칭, 환율 등의 정보는 취재 당시 혹은 집필 당시의 것입니다.
- 본문의 사진은 일부를 제외하고 지은이가 촬영하였습니다.

한국어판 일러두기
- 본문 하단의 주는 옮긴이 주입니다.
- 독자의 이해를 돕기 위해 일부 고유명사와 표현에 외국어를 병기했습니다.

추천의 말

이 책은 일단 무지막지하게 재밌다. 책의 배경인 청킹맨션부터가 수상쩍은 매력으로 가득하다. 홍콩 구룡에 위치한 이 거대한 건물에는 중동과 아프리카, 남아시아 각지에서 온 이민자와 단기 체류자 들이 모여 온갖 언어와 이국의 향신료 냄새, 몸과 정동, 물건과 정보를 (때로는 불법적으로) 연결하고 나누고 뒤섞는다. 저자는 자칭 타칭 "청킹맨션의 보스"인 "카라마"라는 인물을 길잡이 삼아 우리를 청킹맨션의 복잡한 내부로 안내한다. 유머러스한 문장이 전하는 생생한 에피소드에 실소와 폭소를 오가다 보면 독자들은 어느새 홍콩과 탄자니아를 연결하는 중고차 브로커 카라마의 허당미에 사로잡히고 말 것이다.

 중요한 것은 그 허당미가 청킹맨션에 살고 있는 탄자니아인들이 엮어가는 커먼즈적인 삶=경제의 특징이라는 점이다. 이들은 누구도 믿지 말라고 말하면서도, 역설적으로 아무도 배제하지 않는 열린 커먼즈를 구축한다. 이들이 불신하는 것은 사실 인간이 아니라 인간에게 어떤 '불변의 자아'가 있다는 사고방식이기 때문이다. 사람은 누구나 다양한 측면을 갖고 있을 뿐만 아니라 상황 속에서 변한다. 나를 배신한 사람 또한 변할 것이므로 나는 다시 그와 관계를 맺을 수 있다. 이들은 또한 타인에 대해 자세히 알고자 하지 않으면서도 (즉, 섣불리 판단하거나 참견하지 않을 거리감을 유지하면서) 곤란에 처한 이를 기꺼이 자신의 방으로 초대한다. 타자를 돕는 행위가 힘을 준 선행이나 이타적인 돌봄이 아니라, 부담이 가지 않는 선에서 '겸사겸사' 하는 행위로 여겨지기 때문이다. 부담 없이 가볍게 돕고 도움을 받으며 (때로는 속고 속아주며) 누군가에게 부담이나 권위가 집중되지 않는 수평적인 공생의 네트워크를 만든다. 뼛속까지 장사꾼인 이들이 타자를 돕는 이유는, 무엇보다 "내가 너를 도우면 '누군가'가 나를 도울"것이기 때문이다. 자신이 도운 당사자에게 보답을 기대하는 대신, 누군가를 돕는 행위를 더 넓은 세계로 이전함으로써 세계 자체를, 커먼즈로 만드는 셈이다.

 자본주의 경제가 초래한 다양한 문제 속에서 커먼즈나 공유경제 등의 단어가 주목받고 있지만 대부분 상호부조의 공동체나, 공공선을 추구하는 시민적 조합으로 상상되고 만다. "예금 0원, 주소 불명, 직업은 사기꾼hustler, 취미는 방랑"인 사람을 위한 커먼즈가 가능할까? 청킹맨션의 탄자니아인들이 긍정하는 것은 바로 그런 사람이 표현하는 삶이다. 장사가 (끝없는 경쟁이 아닌) 열린 세계로의 모험이 되고, 이 모험 속에서 일확천금을 얻을 수도 있지만 쫄딱 망할 수도 있으며, 망한 자리에서 다시 시작할 수 있는 삶 말이다. 또한 이들은 이러한 모험=삶에서 누군가에게 고용되거나 종속되는 관계가 아니라 서로 대등한 인간으로 만나길 바란다. 즉, 그들이 실천하는 커먼즈는 삶의 불확실성을 적극적으로 껴안고 삶을 '여행'하기 위한 자유의 기반이기도 하다. 이 책은 우리에게 커먼즈와 공유경제(그리고, 궁극적으로는 그러한 관계를 만드는 사람들의 관계)를 완전히 다르게 상상하고 실천하는 세계로의 매혹적인 여행을 제공한다.

한디디, 『커먼즈란 무엇인가』 저자

추천의 말　한디디　5

서장　'보스'와의 만남　12

　　　청킹맨션의 보스와 만나다
　　　빅 브러더이지만 덜 된 인간
　　　국경을 초월하는 비공식 비즈니스와 열린 호수성

제1장　청킹맨션의 탄자니아인들　33

　　　청킹맨션의 보스, 카라마의 생활사
　　　천연석 장사에서 중고차 장사로의 전환
　　　사려 깊은 무관심

제2장　'겸사겸사'가 구축하는 안전망:
　　　'플랫폼'으로서의 탄자니아 홍콩조합　61

　　　홍콩에서 커뮤니티를 구축하기
　　　탄자니아 홍콩조합의 결성
　　　누구에게나 찾아올 수 있는 불행이 생겼을 때
　　　　서로 돕는다는 것
　　　유동적인 멤버십이 살아 있는 조합 운영
　　　'무리하지 않음'을 기준으로 삼기
　　　'겸사겸사'의 논리

제3장　홍콩 브로커의 일　98

　　　거래 상대가 나를 그리워할 때 만나러 가기
　　　카라마를 전속 에이전트로 삼고 싶어 하는
　　　　파키스탄계 업자
　　　홍콩의 업자와 아프리카계 브로커의 관계
　　　중고차 대량 매입 투어
　　　아바시와 사미르의 홍콩 쇼핑 내역
　　　브로커라는 직업
　　　브로커는 브로커를 의지한다
　　　고객=친구 네트워크를 침범하지 않기

제4장　공유경제를 지탱하는 TRUST:
　　　'그 사람다움'으로 연결되는 네트워크　140

　　　SNS를 활용하는 자생적인 경매
　　　협동형 커먼즈로서의 TRUST
　　　'안전망'으로서의 TRUST
　　　가장 큰 즐거움은 인스타그램의 라이브 방송
　　　'신용'의 결여와 '신뢰'의 창출을 담당하는 SNS 활동
　　　전문적인 경제 플랫폼이 아니라는 점의 의의
　　　'놀이'와 '일'의 순서

제5장　배신과 도움 사이에서:
　　　　성공하는 사람, 전락하는 사람　179

　　휴대폰 비즈니스로 성공한 사람
　　'배신당한' 천연석 수입상
　　'수감된' 의류 교역인
　　동료와 살아간다는 것과 독립독행으로
　　　살아간다는 것의 틈새에서

제6장　사랑과 우정의 비결은 돈벌이　208

　　서류상의 아내와 서류상의 남편
　　홍콩의 밤 문화
　　슈거 마미와 키벤텐
　　언제든 돌아갈 수 있기에 돌아가지 않아
　　홍콩 생활 속에 내장된, 모국에 대한 투자
　　요청을 받고 비로소 결심하는 날이 온다면
　　돈벌이와 인생의 즐거움

최종장　청킹맨션의 보스는 알고 있다　252

    '융통성' 있는 청킹맨션에서의 생활
    자신과 타자의 '겸사겸사'를 잘 길들이기
    '낭비'와 '대단치 않음'의 의미
    노는 것이 일
    실제 인생과 '일시적인 나'
    사랑받고 있다는 근거 없는 확신

마치며　289

서장

'보스'와의 만남

홍콩의 10월은 여름이다. 반소매 티셔츠 한 장만 입어도 무덥다. '장난감 상자를 엎어놓은 것 같다'고도 묘사되는 홍콩은, 갖가지 색깔의 간판을 내걸고 밤 늦게까지 영업하는 가게 사이를 다양한 인종과 국적의 사람들이 오가는, 에너지 넘치는 곳이다.

나는 2016년 10월부터 반년 동안 해외 연구를 위해 홍콩중문대학에 객원 교수로 가게 됐다. 홍콩의 중심가인 네이선로드에 위치한, 청킹맨션重慶大廈 내 싼 숙소에 체크인한 뒤 짐을 두자마자 정면 현관으로 나가 홍콩중문대학의 고든 매슈스Gordon Mathews 교수를 기다렸다. 휴대폰을 손에 들고 바쁜 듯이 청킹맨션의 현관을 드나드는 아프리카계 주민들을 곁눈질로 좇는 나의 머릿속에는 이제부터 어떻게 필드워크를 할지에 대한 고민이 가득했다.

나는 원래 대학원에서 동아프리카의 탄자니아에서 '마칭가machinga'라 불리는 영세 상인들의 관행과 장사 실천을 연구했다. 처음 탄자니아로 건너간 때가 2001년 봄이었으니 이럭저럭 18년 동안이나 탄자니아에 들락날락

한 셈이다. 2010년쯤부터 다양한 상품을 사들이려고 홍콩과 중국 본토로 건너오는 아프리카계 상인들의 교역 활동에 관심을 갖기 시작했고, 이번 해외 연구에서는 중국과 아프리카 여러 나라의 유사품이나 가품, 비교 대상으로서 중고품의 교역 시스템을 조사하여 현대의 해적판 비즈니스에 대해 고찰하려는 계획을 세웠다.

세계 곳곳에서 온갖 교역인과 노동자가 중국과 홍콩으로 들이닥쳐 유사품, 위조품, 가품을 비롯한 중국 제품들을 사들인 뒤 선박의 컨테이너에 싣거나 항공 화물로 부쳐 모국에 수출하고 있다. 눈 감으면 코 베어간다는 중국 시장에서 사기당하거나 실패해서 전락하는 신세가 되더라도 새로운 도전자가 속속 나타나 중국과 홍콩을 향해 길을 나선다. 중국과 홍콩에서는 그렇게 세계 곳곳에서 모인 교역인과 노동자가 '틈새 시장'을 나누어 가지며 독자적인 장사 관행을 구축하고, 인터넷을 통해 멀리 떨어진 모국과 실시간으로 소통하면서 거대한 교역 네트워크를 형성하고 있다. 나는 이렇게 21세기 초엽에 나타난, 국경을 초월하는 비공식 경제의 대두에 가슴이 두근거렸다.

나를 객원 교수로 받아준 매슈스는, 아프리카를 비롯한 남아시아, 중동, 중남미 같은 세계 곳곳에서 영세한 교역인, 난민, 망명자 등이 모여든 청킹맨션을 무대로 민족지民族誌[1]를 저술한 저명한 인류학자다. 내가 근무하는 리쓰메이칸대학 대학원 첨단종합학술연구과에 그가 특별

청킹맨션.

강사로 초빙된 것을 계기로 친한 사이가 됐다. 매슈스는 홍콩에 도착하면 청킹맨션 내에 있는 인도 요리 식당에서 저녁을 먹자고 나를 초대했다.

청킹맨션의 현관에 우두커니 서 있으니 "방은 예약했어?"하며 말을 걸어오는 남아시아계 호객꾼들, "오네상, 니세모노, 도케이, 미루다케(누님, 가짜, 시계, 보기만 해)"라고 단편적인 일본어로 말을 걸어오는, 또 다른 남아시아계 짝퉁 상인들에게 둘러싸였다. 나는 익숙해지면 짝퉁 상인을 따라가보자고 남몰래 마음먹었다.

청킹맨션은 A동부터 E동까지 5동으로 구성되어 있는데, 1층(홍콩은 영국식으로 세기 때문에 그라운드 플로어)과 2층(1층)에는 중국계와 남아시아계 주민들이 경영하는 시계 판매점, 잡화점, 작은 슈퍼, 식당 들이 들어차 있고, 3층부터 17층까지는 저렴한 숙소가 많다. 청킹맨션의 원룸은 침대를 하나 놓으면 한 사람이 겨우 걸을 만한 공간이 남는 아주 작은 방으로, 샤워를 하면 어김없이 변기가 물에 흠뻑 젖는 조그만 욕실이 딸려 있다. 여행용 캐리어를 펼쳐놓을 공간 따위 전혀 없고 필드노트를 작성할 책상도 없지만 생각보다 청결하다. 장기 체류하면 할인받을 수도 있으니 못 지낼 건 없다.

청킹맨션 3층에 있는 인도 요리 식당에서 매슈스와 그의 일본인 아내, 대학원생들과 인사를 나누고 잠시 환담을 주고받았을 때 매슈스가 천천히 "어떤 조사를 할 예

정이에요?"라고 물었다. 지금 전 세계의 인류학자가 홍콩과 중국 남부 광둥성의 광저우에 모이는 아프리카계 이민자들을 주목하고 있으며, 이미 많은 논문과 책이 나왔다.[2] 매슈스도 청킹맨션 민족지뿐만 아니라 이 이민자들이 창출하고 있는 '아래로부터의 세계화globalization from below'에 대해 매력적인 논문집을 펴냈고,[3] 릿쿄대학의 문학부 교수였고 문화인류학자인 구리타 가즈아키栗田和明도 『아시아에서 만난 아프리카인: 탄자니아 교역인의 이동과 커뮤니티アジアで出会ったアフリカ人: タンザニア人交易人の移動とコミュニティ』[4]를 출간했다. 따라서 독자적인 시점이 필요하다는 것이 매슈스의 진의라고 이해했다. 이때 나는 이민자 연구를 하고 싶은 건 아니라고 설명했던 것으로 기억한다. 원래 증여나 소유, 분배, 시장 교환, 화폐 등을 주제로 삼는 경제인류학과 경제 사상에 관심이 있어서 위조품이나 유사품 교역에 관한 행위를 밝혀내어 경제인류학의 이론적 쇄신과 새로운 경제사상에 공헌하기를 (그 시점에서는) 바라고 있었다 — 지금 돌이켜보면 구상했던 내용과는 상당히 달라지고 말았지만 말이다. 그저 그들의 상 행위를 좀 더 자세히 조사하면 독창적인 발견을 할 수 있을 거라고 근거 없는 확신을 품었다. 자신 있었다기보다는 연구 대상자들을 파악하려는 방법이 선행 연구의 방법과 다르다고 생각했던 것이다.

앞서 언급했듯이 나는 대학원생 시절에 탄자니아에

서 영세 상인들을 연구했다. 당시 비공식 경제를 연구하는 중이라고 밝히면 많은 이가 아프리카 도시 지역의 빈곤 문제와 불안정한 삶을 살 수밖에 없는 청년들이 품은 어려움, 혹은 비공식 경제에 대한 개발지원책을 연구하고 있다고 착각했다. 그런 연구들의 중요성에 대해서는 이의가 없지만, 나는 탄자니아의 행상인, 노점상, 길거리 장사꾼을 '위장 실업자', '불안정 취업 계층'으로 자리매김하는 비공식 경제의 시각에는 그다지 관심을 갖지 않았다. 참여 관찰을 위해 길거리 장사꾼에게 장사를 배우러 간 나에게 영세 상인들은 아무리 변변치 못하고 빈곤하다 해도, 직원이 없다 해도, 개성적인 발상과 지혜, 경영 철학과 사상, 수완을 가진 '창업가'였다. 실제로 내 스승들은 "너는 우잔자ujanja하지 못해(요령이 부족해)"라며 때때로 혀를 차면서도 "잘 속이는 것뿐만 아니라 잘 속아주는 것도 동료들 사이에서 돈을 버는 데 중요해", "네가 속이는 방식에는 균형이 없어"라며 장사의 철칙을 일러주고 자신들의 독자적인 지혜와 실천을 통해 '속고 속이며 서로 돕는' 사회적 세계를 창출하는 다양한 방법을 가르쳐주었다.

마찬가지로 나는 홍콩과 중국에 온 탄자니아인을, 설령 난민, 망명자, 불법 노동자, 유랑 상인이 대부분이라 할지라도 개발도상국에서 몰려든 '이민자'로 바라보기보다는 중국 시장에 도전하는 '창업가'로 보는 측면에 더 관심을 가졌다. 그래서 그들이 주류 사회host society 및 이민을 떠나온 나라와 어떤 관계를 구축하고 있는지, 어떤 새로운 풀뿌리 세계화를 창출하고 있는지보다는 일본의 IT 창업가나 사회적 기업 실천가와 같을 수도 있고 다를 수도 있는 그들의 장사 관행, 상행위, 사회적 관계를 구축하는 방식을 조명해보고 싶었다.

그런데 인류학 필드워크의 묘미는 문헌 연구를 하며 짐작했던 것과는 다른 '예상 외의' 발견에서 나온다. 매우 흥미로운 일이나 사실과 조우했을 때 유연하게 주제와 실마리를 변경할 수 있어야 하는 것도 필드워크 연구자의 자질이다. 이렇게 잘난 척해보았지만 즉, 필드워크에서 계획대로 진행되는 일은 좀처럼 없고 대체로 암중모색을 해야 한다는 얘기다.

홍콩중문대학에서 여러 사무 절차를 밟은 뒤 비상근 강사실의 책상을 빌리고 문화인류학 전공 세미나에 참가하고 광둥어 교습 학교에 다니며 어학 실력을 쌓는 나날을 보내는 한편, 연구의 실마리를 붙잡으려고 청킹맨션의 엘리베이터나 코인 세탁소에서 아프리카계 주민을 마주치면 말을 걸곤 했다. 탄자니아에서 살았던 경험을 이야기하면 아프리카인 대부분은 흥미를 가지기 때문에 선 채로 대화가 활발하게 이어진다. 그러나 "서로를 더 잘 알아보고 싶어. 오늘 밤 함께 술을 마시러 가지 않겠어?"라는 제의를 받으면 주저하게 된다. 머릿속에서는 자세한 이야기를 들을 수 있는 기회라는 목소리가 속삭이지만 '아줌마'가 된 나도 여성으로서의 경계심을 느낀다. 그래서 2주가 지났는데도 조사의 실마리조차 붙잡지 못하고 시간만 흘러가 점점 초조해졌다.

청킹맨션의 보스와 만나다

전환점이 된 만남이 찾아온 때는 홍콩에 온 지 한 달이 넘은 무렵이었다. 그날 나는 홍콩중문대학에서 매슈스, 중국 광저우에서 전자제품을 수입하는 볼리비아인들을 연구 중인 독일인 인류학자 율리아네 뮐러Juliane Müller와 함께 중남미·아시아·아프리카 세 대륙에서의 풀뿌리 세계화의 동태를 비교하며 공통성과 차이를 토론하는 원탁회의를 가졌다. 그 뒤의 친목회에서 율리아네와 허물없는 사이가 되어 청킹맨션 내 식당에서 함께 술을 더 마셨다.

정면 현관으로 들어가 계단 가까운 쪽에서 왼쪽으로 꺾은 다음 막다른 곳에서 다시 왼쪽으로 돌아 잠시 나아가면 나이지리아 음식을 파는 가게가 나온다. 우리는 복도에 면한 의자에 앉아 맥주를 주문한 뒤 거기 있던 나이지리아인들까지 끌어들여 밤 늦게까지 논의를 벌였다.

이때 트위드 재킷을 입고 사냥 모자를 쓴 아프리카계 중년 남성이 지나갔다. 같이 마시던 한 나이지리아인이 "어이, 카라마"하고 그를 불러세우더니 "이 여자가 스와힐리어를 할 줄 아는 것 같은데 시험 삼아 무슨 얘기라도 해봐"라고 말을 건넸다. 내가 스와힐리어로 인사하자 그는 "나는 미스터 카라마. 청킹맨션의 보스다"라고 자기소개를 했다. 그리고 "오, 정말 스와힐리어를 할 줄 알아"라면서 놀리려던 나이지리아인에게는 "세계는 넓어. 이런 아시아인도 있는 거야"라고 받아넘기며 곧 자리를 떴다. 나중에 카라마는 "사야카가 처음에 나를 알게 된 게 정말 행운이었어"라고 했는데 지금 돌이켜보면 정말 그 말대로다. 이날 카라마와의 만남을 계기로 나는 홍콩과 중국에 거주하는 탄자니아인들의 장사와 동료들 사이의 일상적인 관계 속으로 들어가볼 수 있었기 때문이다.

자칭 "청킹맨션의 보스"와는 다음 날 밤, 가까운 거리에서 우연히 다시 만났다. 카라마에게 말을 걸자 그는 갑자기 "아아, 당신 늦었어. 정말 안타까운 일이야. 몇 시간 일찍 나랑 만났어야 했는데" 하고 과장스럽게 탄식했다. 무슨 일이냐고 물어보니 그날 홍콩에 거주하는 탄자니아인 여성의 생일 파티가 있어서 많은 탄자니아인이 축하하러 왔다고 했다. 그는 휴대폰을 켜서 파티의 주인공이라는 드레스 차림의 여성과 많은 젊은이가 즐거워하는 사진을 보여주면서 "스와힐리어를 할 줄 아는 일본인을 데려갔으면 다들 깜짝 놀랐을 텐데" 하고 애석해했다. 그리고 매주 토요일 또는 일요일마다 홍콩에 거주하는 탄자니아인들이 모이는 회합이 열린다고 덧붙였다.

그 회합에 가면 탄자니아인들을 한꺼번에 만날 수 있

지 않은가. 아무래도 카라마는 다른 여행자들처럼 나도 며칠 뒤에 일본으로 돌아갈 거라고 착각한 듯했다. 내가 다시 자기소개를 하고 3월까지 홍콩에 있을 거라고 하자 카라마는 손뼉을 치며 기뻐하면서 "그럼 다음 주말의 탄자니아인 회합에 꼭 와"라고 초청했다. 이어 빙그레 웃으며 "하지만 회합에 가서도 내가 신호를 주기 전까지는 스와힐리어를 모르는 척해줘. 스와힐리어를 모른다고 생각하고 당신에 대해서 이런저런 이야기를 하는 걸 들은 다음에 갑자기 스와힐리어로 말을 해서 당황하게 만들자고"라고 하면서 즉석 '몰래카메라' 기획도 제안했다.

카라마와 전화번호를 교환하고 일각이 여삼추 같은 기분으로 일주일을 보냈다. 인터뷰 항목도 작성해두는 등 모든 준비를 꼼꼼히 마친 뒤 토요일을 맞이했다. 그런데 카라마가 나와 한 약속을 완전히 잊어버렸다. 나는 숙소 호객꾼과 짝퉁 판매자 들의 호객 행위를 피하면서 청킹맨션 정면 현관에서 약속 시간인 오전 10시부터 점심때가 지날 때까지 카라마를 기다렸다. 아무리 전화를 걸어도 그는 받지 않았다.

그래도 포기하지 않고 청킹맨션을 어슬렁거리다가 겨우 카라마와 연락이 닿은 때는 오후 3시를 지났을 무렵이었다. 전화를 받은 카라마는 "아, 재패니즈. 미안, 미안해. 사실은 케냐인 영어 교사가 중국에서 사망해서 어제 긴급 집회를 열었거든. 그래서 오늘 회합은 안 하게 됐어.

뭐, 점심 식사라도 같이 하자고"라며 스스럼없이 말했다. 태연자약한 카라마의 태도에 몇 시간을 기다리게 만든 데 대한 분노가 사그라졌고 조용히 그를 따라 탄자니아인 요리사가 있는 C동의 식당으로 들어갔다.

늦은 점심 식사를 한 뒤 탄자니아에서의 추억 등을 끝도 없이 이야기하다 보니 어느덧 해가 저물었다. 식당을 나와 "이쪽, 이쪽이야"라고 하며 청킹맨션을 성큼성큼 걸어 빠져나가는 카라마를 따라간 곳에서 나는 기가 막혔다. 이게 웬일인가. 회합에 가지 않으면 만날 수 없을 거라고 생각했던 탄자니아인들이 청킹맨션 바로 옆 작은 골목길에 삼삼오오 모여 심야까지 잡담을 나누는 것을 일과로 삼고 있었던 것이다.

빅 브러더이지만 덜 된 인간

카라마는 2000년대 초엽에 홍콩에 온 탄자니아인 중고차 브로커다. 웃음과 눈물이 가득한 그의 파란만장한 생활사life history는 다음 장에서 소개할 텐데, 뭐라고 형용하기 어려운 매력이 넘치는 인물이다.

그는 가끔 농담조로 "나는 이제 노인네야"라면서 울적해하기도 하지만, 몸집이 둥글둥글하고 얼굴도 둥근 카라마는 나이를 추측하기가 어렵다. 내가 처음 만났을 때는 49세였는데, 실제 나이보다 젊어 보이기도 하고 늙어

보이기도 한다. 내가 '카라마와 너무 닮아서' 선물한 '판다 티셔츠'를 입고 쿵후 동작을 하면서 "나랑 같이 사진 찍어!"라고 신나게 외치는 그의 정신연령은 더 추측 불가능이다.

그러나 카라마는 "청킹맨션의 보스"를 자칭하는 만큼 과연 많은 사람이 경의를 표하는 인물이었다. 그는 홍콩과 탄자니아 간의 풀뿌리 비공식 중고차 비즈니스의 개척자이고, 아프리카의 15개 이상 나라의 중고차 딜러들과의 네트워크를 가졌다. 탄자니아 홍콩조합Tanzania Hong Kong Union의 창시자로서 현재 부조합장이기도 하다. 홍콩에 처음 온 교역인들은 앞서 와 있던 교역인들에게 "어려운 일이 있거든 청킹맨션에 가서 카라마를 찾아라"라는 조언을 받는 모양인데, 실제로 카라마에게 매일같이 그런 탄자니아인들이 상담을 하러 찾아왔다. 청킹맨션에서 가게를 꾸리고 있는 아시아인들도 그를 존경했고 싸움의 중재를 맡기기도 했다. 휴대폰의 연락처에는 탄자니아의 상장 기업 사장이나 정부 고위 관리부터 마약상, 성매매 종사자, 전과자까지 다종다양한 지인과 친구가 등록되어 있는데, 대통령 세 명을 수행해온 비서라는 거물 관료가 찾아오든, 불과 최근까지 교도소에 수감되어 있던 젊은이가 찾아오든 카라마는 평소의 가볍디가벼운 태도를 바꾸지 않고 접대한다.

"무슬림은 아내를 네 명까지 맞을 수 있어. 하지만 평

왼쪽: 보스답지 않은 보스, 카라마.
오른쪽: 저자와 카라마. 허물없이 찍은 스냅 사진도 비즈니스의 도구가 된다.

등하게 부양하고 모두를 행복하게 해줘야 해"라고 말하는 카라마는 인도네시아인 아내와의 사이에 딸이, '미스 빅토리아 호안 지역'에 선발되기도 했던 탄자니아인 아내와의 사이에 두 아들이 있으며, 각자 좋은 집을 지어주고 매달 생활비를 보내고 있다. 소문에 따르면 어머니가 다른 자식 여섯도 있다고 한다. 최근에는 "이제 아내는 필요 없지만 구차하게 굴지 않는 노인네는 의외로 여자에게 인기가 많거든" 하고 태연하게 자랑하면서 마다가스카르인 섹스 파트너와 주말마다 밀회하는데, 일요일 밤에 그를 만나면 "으… 허리가… 나도 이제 늙었어"라는 둥 연신 19금 농담을 한다.

하지만 평소의 카라마는 '빅 브러더', '보스'임을 잊어버린 듯한 '덜 된 인간적 기질'을 유감없이 발휘하는 탓에 젊은이들이 '어쩔 수 없구먼' 하는 표정을 지으며 열심히 도와주는 사람이기도 하다. 멋진 옷을 무척 좋아하지만 귀찮아서 세탁을 하지 않는다. 몇 번 입고 나서는 누군가에게 줘버리거나 비닐봉지에 아무렇게나 쑤셔넣고 또 새로운 옷들을 사들이기 때문에 쓸데없이 의류비가 많이 든다. 잘 버는 달에는 약 2만 4,000달러*를 벌어들이는 수완 좋은 비즈니스맨이지만 1,000달러밖에 벌지 못한 달에

---

* 본문에서 특별한 표시가 없는 한 '달러'는 미국 달러를 뜻하고, 홍콩 달러인 경우 '홍콩달러'로 표기했다.

도 누군가가 추어올려주면 모르는 젊은이에게도 호기롭게 한턱낸다. 그 결과 생활난에 쪼들려 풀 죽은 얼굴을 한 채 젊은이들에게 "다른 사람에게는 비밀로 하고 돈 좀 빌려줘" 하며 돈을 빌리기도 한다. 또 시간 관념이 없어서 약속을 전혀 지키지 않는다. 그런데도 신기하게 누구에게도 미움을 받지 않아서 제멋대로다 — 이렇게 말하는 나도 그를 참 좋아하니 정말이지 어이가 없다.

그와 알게 되고 어느 정도 시간이 흐르자 만나는 장소가 청킹맨션 2층에 있는 파키스탄 식당 비스밋라로 변경됐다. 카라마는 가게 주인과 친한 사이라 늘 아무것도 주문하지 않고 긴 식탁의 맨 끝 쪽 의자에 주야장천 앉아 있는데, 그가 말하길 "이 의자는 내 오피스로 영구 예약되어 있어"란다. 하지만 가게가 붐비기 시작하면 "카라마, 이제 슬슬 좀 나가"라며 쫓겨나는 광경도 종종 목격된다….

나는 점심 시간쯤 되면 예의 맨 끝 의자의 옆 의자에 앉아 따뜻한 레몬차 한 잔을 주문하고 그를 기다렸다. 카라마는 매일같이 "내일은 아침 10시부터 홍콩의 중고차 업자들을 만나볼 거야. 사야카에게 중고차 수출업이 어떤 건지 보여주고 가르쳐줄게", "내일은 오후 2시에 중고차 업자 모 씨와 약속이 있고, 그전에 중고 타이어도 매입할 거니까 11시 정각에 청킹맨션을 출발할 거야. 절대 늦으면 안 돼"라고 다짐을 두지만 시간에 맞춰 나타난 적은 한 번도 없다. 카라마는 동이 틀 무렵까지 모국의 친구나 가족과 채팅을 하거나 인터넷 서핑을 하는 등 완전히 밤낮이 바뀐 생활을 하고 있다. 친해지면서 알게 된 사실인데 그가 일어나는 시간은 빨라도 점심때가 지난, 대개 오후 2시 정도이고 늦으면 저녁이 다 된 시각이기도 하다. 잠을 잘 때는 휴대폰을 꺼두기 ― 또는 배터리가 나가서 ― 때문에 중요한 용무가 있을 때는 그를 따르는 젊은이들이 방까지 깨우러 가기도 한다.

카라마는 약속 시간에서 두 시간, 세 시간 늦어도 미안한 기색도 없이 싱글싱글 웃으며 인사를 건네고 늘 앉는 의자에 앉아 우선 나에게 담배를 청한다. 골초라서 만나는 모든 사람에게서 담배를 뜯어내는데, 청킹맨션의 주민들은 그의 건강을 심히 걱정해서 주려고 하지 않는다. 다들 "이걸 피우면 오늘은 더 없어", "오늘 몇 대 피웠는지 대답하면 한 개피만 줄게" 하면서 안 주려고 용을 쓰지만 마지막에는 애원하다시피 하는 그에게 져서 담배를 건네고 만다. 내가 전자담배로 바꾼 뒤에 많은 사람이 "사야카, 그거 카라마에게도 선물로 사줘. 이대로라면 저 인간은 폐암으로 죽을 거야"라고 부탁해서 한번 그에게 "시험 삼아 피워 보는 게 어때요?"라고 권했는데, "나는 후, 하고 연기를 내뿜는 게 무척 좋아. 그렇게 담배를 피우는 게 삶의 낙이거든"이라는 거절이 돌아왔다.

담배를 얻어낸 뒤에는 어젯밤 인터넷에서 찾은 동영

상이나 사진을 계속 보여준다. "노새가 한참 경주하다가 교미를 하기 시작해", "수영장으로 다이빙하는데 미끄러져서 발부터 빠져" 등등, 정말이지 별것도 아닌 동영상에 일일이 웃어주는 건 고행이다. 나는 중고차 비즈니스 필드워크에 한시라도 빨리 착수하고 싶었다. "오늘은 중고차 사업자 모 씨와 오후 2시에 약속이 있는 거 아니었어요? 벌써 30분이나 늦었는데 괜찮아요?" 하고 재촉해보지만 "노 프라블럼. 문제없음. 다이조부*"라며 꼼짝도 않는다. 할 수 없이 동영상과 사진을 다 보여줄 때까지 기다리니 이번에는 식사를 한다. 다이어트 중인 그는 무설탕 레몬차를 주문한 다음 "한 달만 지나면 멋진 남자가 될 거야" 하며 으스대지만 밥을 몇 그릇이고 더 먹기 때문에 전혀 의미가 없다. 그런 뒤에도 모국의 탄자니아인들과 영상 통화를 하거나 — 세 번에 한 번꼴로 나에게 휴대폰을 넘겨주며 친구들에게 스와힐리어로 인사를 해서 놀래 달라고 부탁한다 — 인스타그램에 스스로를 촬영한 동영상을 올리거나 인터넷 서핑을 하고, 지나가는 탄자니아인들과 즐겁게 이야기를 나누는 등, 그러다가 겨우 자리에서 일어나면 언제나 어둑어둑해질 무렵이다.

　그제서야 몸을 일으켜 청킹맨션 현관까지 가도, 비가 오거나 바람이 강하게 불어 추우면 "역시 내일 만나야

* 일본어로 '괜찮아'라는 뜻이다.

겠어"라며 약속을 바람맞힌다. 마치 하메하메하 대왕* 같다. '오늘은 일 안 해'라고 마음먹으면 "배가 부르니 낮잠(저녁잠?)을 자러 가야겠어"라며 숙소로 돌아간다. 이후 카라마를 다시 만나는 때는 밤 9시가 넘어서 일을 마친 탄자니아인들이 좁은 골목길에 모여들기 시작하는 시간대다. 잠이 덜 깬 얼굴을 한 채 나온 카라마는 우선 사람들에게 담배를 달라고 하고, 인터넷에서 찾은 것들을 보여주며… 그렇게 다시 시작이다.

이런 나날을 보내고 있으면 큰 의문이 솟아오른다. 이 사람은 대체 언제 일을 하는 걸까. 이렇게 게을러서야 거래처에서 화를 내지 않을까.

국경을 초월하는 비공식 비즈니스와 열린 호수성

예상대로 거래처 업자들은 카라마에게 화를 내는 모양이지만 그가 지각하거나 약속을 어기는 것은, 이 업자들과 교묘하게 흥정을 하거나 다른 이민자들과 싸워나가기 위한 전략/전술의 일부분이었다. 웃음의 포인트가 달라서

* 일본의 동요에 등장하는 인물로, '하메하메하 대왕은 아이들의 이름도 하메하메하. 바람이 불면 지각하고 비가 오면 학교를 쉬지'라는 가사가 나온다. 느긋하고 태평한 생활을 상징한다.

인지 나에게는 눈곱만큼도 재미없는 동영상이나 사진을 인터넷 서핑을 하며 부지런히 모으는 것도, 휴대폰 여러 대를 동시에 사용해 채팅을 하거나 영상 통화를 하는 것도 — 카라마와 동료들은 모두 한 휴대폰으로 전화하면서 다른 휴대폰으로 채팅을 하는 것이 가능하다 — 인스타그램에 한껏 멋을 부린, 자신의 동영상들을 도배하는 것도 홍콩에서 장사를 할 때 중요한 일 가운데 하나였다. 뿐만 아니라 '장난'이라고 생각했던, 나한테 지인들에게 스와힐리어로 인사를 시키는 행위도, 우스꽝스러운 포즈로 나와 사진을 찍는 것도, 그의 사업을 확장하는 데 약삭빠르게 '나'를 활용해가면서 내가 낄 자리도 마련해주는, '주고받기 give and take' 같은 그만의 지혜였다. 게다가 덜 된 인간임을 나타내는 증거라고 앞에서 이야기했던, 세탁을 하지 않고 연신 옷을 사들이는 것도, 낯모르는 젊은이에게 호기롭게 한턱내는 행위도 비즈니스의 일부분이라 할 수 있었다. 노는 것처럼 보이는 행위가 일이고, 문제아처럼 보이는 게 보스다운 자질이었던 걸까.

    아프리카인들은 중국어는 물론 영어 실력도 불안한 상태에서 확실한 사업 수완 따윈 없이 즉흥적으로 홍콩 및 중국에서의 교역에 나선다. 사업에서 성공하느냐 마느냐는 차치하고 그들에게는 일단 살아나갈 수 있는 구조가 있다. 홍콩의 아프리카계 주민들의 비공식 경제는 상상 이상으로 '현대적'이다. SNS를 이용한 상품 경매, 비공식 송금 시스템, 크라우드 펀딩, 사회 활동과 연동하는 공유경제…. 이와 동시에 청킹맨션의 보스와 그의 동료들은 우리에게 경제의 근원적인 모습을 적나라하게 보여준다.

선진국의 우리는 산다는 것과 경제가 격리되어 있는 듯한, 거대한 허구의 세계 시스템에 우리를 맞추며 살아가는 것 같다. '현대스러움'과 근원적인 경제의 논리가 인류사적으로 교차하고 있다. 청킹맨션의 탄자니아인들이 살아가는 모습은 미래 인류 사회가 어떠해야 하는지를 모색하는 이들, 공유·연결·특이점singularity·기본 소득basic income에 관심을 두는 모든 이에게도 흥미로울 것이다. 이들은 '아무도 신용하지 않는 것'을 규칙으로 삼는 세계에서 누구에게나 열린 호수성互酬性*을 기반으로 한 사업 모델과 생활 보장 구조를 동시에 구축하고 있다. 일본은 인연이나 자유에 대한 강조, 타자에 대한 배려, 타자와 맺는 관계의 번거로움 등과 같은 다양한 국면에서 막다른 골목에 들어서고 말았다. 이 책에서 홍콩에서 살아가는 탄자니아인의 삶의 모습과 그들이 형성하는 경제 구조를 독해하여

> * 문화인류학 용어로, 영어 reciprocity 등의 번역어다. 보통 '호혜'로 많이 번역되며 '상호성'으로 번역해야 한다는 주장도 있다. 그러나 이 책 뒷부분에도 나오듯이 이는 좋은 의미의 '혜(惠)'만을 주고받는 것이 아니며 '당한 만큼 갚아준다'는 의미도 담고 있기에 여기서는 국내에 번역된 가라타니 고진 등의 책을 참고하여 '호수성'으로 번역했다.

우리 미래에 대해 생각해볼 힌트를 제공할 수 있다면 좋겠다.

주

1. Mathews, Gordon(2011) *Ghetto at the Center of the World: Chungking Mansions, Hong Kong*, The University of Chicago Press.
2. 예를 들면, Bodomo, A.(2016) *Africans in China: Guangdon and Beyond*, Diasporic Africa Press.
3. Mathews, G., G. L. Ribeiro and C.A. Vega (eds.)(2012) *Globalization from Below: The World's Other Economy*, Routlege. 및 Mathews, G., L.D. Lin and Y. Yang(2017) *The World in Guangzhou: Africans and Other Foreigners in South China's Global Market*, University of Chicago Press.
4. 栗田和明, 『アジアで出会ったアフリカ人: タンザニア人交易』, 昭和堂, 2011.

제1장

청킹맨션의 탄자니아인들

매일 밤 10시 무렵 청킹맨션 옆 골목길에는 한 자릿수 탄자니아인들 혹은 십여 명의 탄자니아인들이 모여든다. 낮에는 이 골목에서 중국계 장사꾼들이 관광객 상대로 캐리어나 백팩을 판매한다. 탄자니아인들이 골목에 모여들기 시작하는 때는 중국계 장사꾼들이 장사를 마치고 난 밤 9시 전후로, 이 시간이 되면 인적이 끊기고 청킹맨션 내부에서 흘러나오는 형광등 불빛만이 겨우 비쳐 어둑어둑하다. 그들이 모여드는 곳에서 수 미터 안쪽에 누군가 노상 방뇨를 하기도 해서 독특한 냄새가 자욱하다. 그러나 앉기에 안성맞춤인 높이의 콘크리트가 벽을 따라 돌출되어 있어 장시간 사람이 모여 있기에 딱 좋다.

누군가가 나타나면 먼저 앉아 있던 사람들이 조금씩 붙어 앉으며 자리를 마련해준다. 모여든 사람들은 때로는 모국의 정치 이야기나 가십으로 이야기꽃을 피우지만 대체로 딱히 대화하지는 않는다. 담배를 피우고 휴대폰으로 인터넷 서핑이나 SNS를 하며 각자 시간을 보낸다. 무리를 짓고 있지만 기본적으로 자기만의 방식으로 저마다의 인생을 홍콩에서 만들어나가고 있다.

내가 홍콩에서 만난 탄자니아인들은, 홍콩에 머물며 주로 중개업을 하는 '장기 체류자(브로커)'와 홍콩 및 홍콩을 경유한 중국에서 상품을 대량 매입하는 '단기 체류자(교역인)'로 크게 나눌 수 있다. 청킹맨션 옆 골목에 모이는 탄자니아인 대부분은 면면이 똑같은 장기 체류자들이며, 홍콩과 중국에 상품을 구매하러 온 교역인들은 그때그때 바뀐다.

홍콩에 비교적 오래 체류 중인 탄자니아인들은, '난민'으로 사는 사람, '불법 체류over stay'를 하게 된 사람, 비자 없이 체류할 수 있는 기간을 중국과 마카오, 혹은 태국 등의 가까운 아시아 나라를 오가며 계속 갱신하는 사람으로 나뉜다. 탄자니아인은 비자 없이 3개월간 홍콩에 거주할 수 있는데, 의도한 건지 아닌지는 둘째 치고, 다양한 이유를 들어 난민이 되거나 불법 체류하게 된 사람이 많다.

장기 체류하는 탄자니아인들의 주된 일은 단기 체류형 교역인 수행attend, 중개업, 비공식적인 수출업·수입업이다—스와힐리어로 '중개업자', '브로커'를 의미하는 '다랄리dalali'라고 자칭하는 경우가 많은데 이 책에서는 편의상 '브로커'라고 하겠다.

이들 중에는 중국의 대학이나 전문학교에서 공부한 적이 있어서 영어만이 아니라 중국어, 광둥어도 유창한 사람들이 있다. 브로커들은 홍콩 및 중국, 특히 상거래의 메카인 광저우나 이우 등지에서 상품을 사들이거나 혹은 아프리카 여러 나라에서 광물 자원이나 농산물 등을 홍콩, 중국에 팔러 온 탄자니아 교역인들의 편의를 봐주고 수입을 얻고 있다. 브로커에게 의뢰하면 공항 마중부터 시작해 숙박 시설 예약, 식당이나 잡화점 등의 안내, 비즈니스 컨설팅, 홍콩에서 상품을 구매할 거래처/판매처 업자 중개, 통역, 가격 교섭, 계약 체결 서류 작성, 운송 수속 대행 등, 필요하다면 24시간 내내 곁에 붙어서 어떤 서비스든 제공해준다. 따라서 중국어는커녕 영어도 버거운 탄자니아인이 처음 홍콩에 오더라도 아무 걱정 하지 않아도 된다.

많은 교역인의 최종 목적은 홍콩에서 중국 비자를 취득해 광저우, 상하이, 이우 등지에서 상품을 대량 매입하는 것이다. 이렇게 홍콩이 경유지가 되는 경우에는 중국 비자 취득 대행, 중국으로 가는 기차·비행기·버스·페리 등의 티켓 구입, 중국 쪽 브로커와의 교섭 등도 홍콩 브로커에게 의뢰할 수 있다.

단, 브로커를 고용하면 나름 비싼 수행 서비스 요금 또는 중개 수수료를 지불하거나 홍콩/중국에서 사들인 상품 매출의 몇 퍼센트를 성공 보수로 지불해야 한다 ― 게다가 모든 브로커가 '선한 사람'인 것은 아니다.

또한 많은 장기 체류자가 단기 체류형 교역인을 수행

위: 밤의 청킹맨션.
아래: 청킹맨션 골목길에 모여든 탄자니아인들.

하고 중개하는 일만 하는 게 아니라 각자 개별적인 비즈니스를 굴리고 있다. 주로 중고차, 중고 가전제품, 휴대폰, 의류, 잡화 등의 수출업, 아프리카산 천연석이나 해산물 등의 수입업이지만, 이외에 '드러내놓고 하지 않는 부업'도 다양하다.

이제부터 이들의 생활이나 비즈니스에 대해 천천히 이야기하려는데, 우선 이 책의 주인공인 "청킹맨션의 보스" 카라마의 생활사를 소개하면서 어떤 경위로 이들이 홍콩에서 장사를 하게 되었는지, 어떻게 삶을 살아가는지 설명하려고 한다.

청킹맨션의 보스, 카라마의 생활사

카라마는 1968년 10월 11일에 탄자니아 최대의 도시 다르에스살람 근교의 찰린제에서 태어났다. 아버지는 잔지바르 출신의 오만계 아랍인, 어머니는 다르에스살람 출신의 자라모인으로, 카라마는 아랍계와 아프리카계에 속한 '혼혈double'이다. 굳이 따지자면 아프리카계 풍모를 가졌지만, 아랍에미리트 두바이에 사는 그의 형제 중에는 생김새가 "현지 아랍 사람으로 착각할 만한" 이도 있다 — 나는 카라마가 형제 사진을 보여주었을 때 몇 번이고 "이복형제가 아니라 정말 같은 양친에게서 태어난 형제가 맞아요?"라고 물어봤다.

탄자니아의 교육 제도는 초등교육 7년(Standard 1-7), 전기 중등교육 4년(Form 1-4), 후기 중등교육 2년(Form 5-6)이며, 카라마의 최종 학력은 전기 중등교육(Form 4) 졸업이다. 그는 학창 시절 공부를 무척 잘했다고 한다. 전기 중등교육 과정 4년 동안 학교 시험에서 1등을 놓치지 않았다. 그때 2등이었던 동기는 대학에 진학하여 현재는 탄자니아 모 부처의 장관이 되어 있단다. 무역업, 요식업, 축산업 등을 하며 폭넓게 비즈니스를 꾸려가던 카라마의 부친은 그가 전기 중등교육을 마치자 "그 이상 공부해봤자 뭐 하겠냐"라며 진학을 강하게 반대하고 자신의 장사를 도우라고 했다. 카라마는 "잔지바르 출신의 오만계 아랍인 대다수가 장사에서 성공해야만 비로소 어른이 되어 제구실을 한다고 생각하는데 아버지가 그 전형이었지"라고 들려주면서 예전에는 자신도 아버지의 사고방식에 그다지 의문을 품지 않았다고 한다. 그러나 홍콩과 중국 같은 외국에 오래 살게 되면서 이제는 고등교육을 받았으면 좋았을 거라고 생각한다.

카라마에게는 두 아내가 있고 젊은 여자친구나 혼외자도 여럿 있는데, '만약 나중에 아내를 한 명 더 맞는다면' 경제학 학위와 더불어 법학 학위를 취득하려는 스물다섯 살 여자친구를 선택할 거라고 입버릇처럼 말한다. 그가 탄자니아를 떠나 홍콩에 체류하고 있어도 여자친구라면 "모국에서의 비즈니스를 안심하고 맡길 수 있다"는 이유에서다.

    카라마가 홍콩에 온 계기는 모국에 있을 때 시작한 천연석 수출업이다. 카라마의 가문은 본인이 말하기를, 탄자니아의 '오만 제국 시대 왕족'의 후손이자 찰린제에서도 손꼽히는 유복한 집안으로, 이른바 명문가다. 친척들은 다양한 비즈니스를 하고 있으며, 아랍권의 여러 나라를 비롯해 해외에 거주하는 사람도 많다. 카라마는 졸업 후 친척이 경영하는 주유소 일을 도왔는데 2003년에 주유소가 망하는 바람에 모로고로주州 광산에서 천연석 도매를 하던 친척을 의지해 천연석 비즈니스를 시작했다. 이후 약 6개월 동안 모로고로주의 세 마을에서 시트린 등의 천연석을 구매해 이를 다르에스살람이나 아루샤로 운반하여 해외 수출업자에게 판매했다. 학우였던 뭇사(가명)가 다르에스살람에서 태국과 홍콩에 천연석을 수출 중이었는데, 카라마가 모로고로주 마을에서 구매한 천연석(22톤)을 좋은 가격에 사주었다. 자본을 획득한 카라마는 탄자니아 에너지광물부로부터 '광물 자원 수출업' 영업 허가를 취득한 뒤 홍콩에 천연석을 수출하는 비즈니스에 뛰어들었다. 2003년 12월 말, 카라마는 전 재산을 털어 천연석과 비교적 저렴한 케냐항공Kenya Airways의 항공권을 구입해 홍콩에 왔다. 천연석 수출 수속과 항공권 구입을 마치자 수중에는 50달러밖에 남지 않았다고 한다.

    뭇사에게 홍콩 시장에 진출하겠다는 계획을 말하자

그는 "길 안내 대신"이라며 작은 메모지를 줬다. 메모지에는 천연석을 매입하는 홍콩 업자의 주소와 당시 탄자니아인들이 자주 이용하던 청킹맨션 A동 7층의 저렴한 숙소 이름이 적혀 있었다 — 덧붙이자면 2019년 4월 현재 탄자니아인들이 숙소로 애용하는 곳은 B동 17층이다. 카라마는 이 두 정보에 의지해 홀로 홍콩에 왔다.

앞서 얘기한 대로 탄자니아인은 3개월간 무비자로 홍콩에 체류할 수 있지만, '불법 노동 목적' 입국이 아님을 확인하기 위해서인지 입국 심사 때 탄자니아로 돌아가는 항공권과 거래처인 중국 기업의 초청장, 또는 홍콩에서 상품을 매입하는 데 충분한 '쇼 머니show money'*를 제시하라는 요구를 받았다고 한다. 입국심사관은 카라마에게 50달러밖에 없다는 사실을 수상쩍게 여겼지만, 카라마는 뭇사가 건네준 홍콩의 천연석 구매업자의 사무실 주소를 보여주고 어찌어찌 무사히 입국했다. 그리고 공항에서 50달러를 환전했다. 약 380홍콩달러였다. 그야말로 불안해질 수밖에 없는 액수였지만 33홍콩달러를 내고 버스에 탄 뒤 별 탈 없이 청킹맨션까지 다다랐다. 가르쳐준 대로 A동 7층의 숙소를 찾아갔는데 엘리베이터에서 뭇사와 딱 마주쳤다.

* '재정 증명'을 뜻하는 말로, 영미권에서는 대체로 Proof of funds라고 한다.

천연석을 적재한 컨테이너를 실은 배가 탄자니아에서 출항해 홍콩에 도착하기까지는 보통 23일에서 26일 정도 걸린다. 상품이 도착하기를 기다리는 동안 카라마는 뭇사와 그의 동료들에게서 홍콩에서의 천연석 비즈니스에 대해 배웠다. 그리고 약 2개월에 걸쳐 탄자니아에서 수입한 천연석을 다 팔아치울 수 있었다.

　　그 후 뭇사와 동료들은 천연석 도매를 마치고 탄자니아로 돌아갔지만, 카라마는 혼자 홍콩에 남아 자기만의 시장을 찾기로 했다. '천연석 장사는 잘되면 막대한 이익을 얻지만 투기성이 너무 크다'고 생각했기 때문이다. 홍콩에서 새 사업을 시작하기로 마음먹은 카라마는 무비자로 체류 가능한 3개월이 끝나기 전에 중국이나 마카오로 나갔다가 홍콩에 재입국하기를 반복하면서 홍콩에 장기 체류하게 되었다.

카라마는 천연석을 판매해 얻은 이익으로 당시 '핫'한 비즈니스였던 휴대폰 수출업에 나섰다. 그러나 장사를 궤도에 올리지는 못했던 듯하다. 또 지금과 달리 2004년에는 홍콩을 경유해 중국으로 가는 교역인은 많아도 홍콩에 장기 체류하는 탄자니아인은 현재보다 훨씬 적었다. 중국으로 가는 교역인들은 길면 일주일, 짧게는 하루면 나오는 비자를 얻으면 곧장 중국으로 떠났기에 홍콩에서 함께 나날을 보낼 수 있는 동료가 없었다.

때로는 보스처럼 보일 때도 있다.

카라마는 당시를 되돌아보며, 저녁에 빽빽한 고층 빌딩 숲을 바라보면서 '여기에는 수많은 사람이 살고 있는데 아무하고도 이야기하지 않은 채 하루하루가 흘러가다니, 나는 왜 이 먼 곳까지 온 걸까'라고 수도 없이 생각하며 한숨을 쉬었다고 이야기해주었다. 게다가 과거 홍콩에서는 지금보다 아프리카계 사람에 대한 편견과 차별이 훨씬 심해서 전철의 빈 좌석에 앉으면 홍콩 사람이 황급히 일어나 다른 좌석으로 옮기거나, 엘리베이터에 같이 탄 젊은 여성이 코를 막거나, 떨어뜨린 물건을 주워서 말을 걸면 비명을 지르는 등, 현재는 완전히 익숙해진 일들에 큰 상처를 받았다고 한다. 카라마는 때로 길을 가는 낯선 홍콩 사람을 불러세워서 (사실은 아무것도 붙어 있지 않지만) "뭔가 붙었어요"라며 뺨과 입가를 쿡쿡 찌른 뒤 놀란 상대방이 소매 등으로 뺨을 문지르면 "떨어졌네요" 하며 빙긋 웃는 '장난'을 쳐서 상대방과 소소한 잡담을 시작한다. 내가 "정말이지 장난을 너무 좋아한다니까"라고 핀잔을 주면 그는 "(고독한 나날 속에서) 홍콩 사람과 친해지기 위해 머리를 좀 짜냈지"라고 답하면서 침울한 표정을 지었다.

카라마가 생활 방도를 찾기 위해 천연석 도매를 하면서 알게 된 중국인 장 씨(가명)에게 상담하자 그는 돌을 씻는 날품팔이 일을 줬다. 카라마는 매일매일 찬물로 천연석을 씻고 진흙을 벗기는 일을 했다. 늘 손이 물에 젖어 있어 손가락의 피부가 벗겨지고 돌 모서리와 파편에 베여 상처투성이가 되었다. 묵묵히 돌을 씻고 양동이에 담아 운반하거나 정리하는 일은 중노동이고 지루하기도 했다. 매일 아홉 시간 일하고 손에 넣는 돈은 150홍콩달러. 당시는 지금보다 청킹맨션의 숙박료가 싸서 1박 50홍콩달러로 원룸을 빌릴 수 있었다. 그리고 남은 돈 중 50홍콩달러로는 식비와 교통비를 해결한 뒤 50홍콩달러는 저축했다. 휴일이면 전철로 옷가게들이 밀집한 삼수이포에 가서 탄자니아로 수출할 만한 의류를 찾았다. 그러는 사이에 잘 팔리는 옷에 대한 안목이 생겼고 어디에 가면 좋은 물건을 싸게 살 수 있는지도 알게 됐다.

 어느 날 카라마는 우연히 청킹맨션에서 만난 탄자니아 교역인에게 부탁을 받아 삼수이포의 의류 상점가를 안내했다. 자기 물건을 사러 가는 김에 데려가줬을 뿐인데 넉넉히 사례비를 받았다. 그래서 홍콩, 중국에 상품을 구매하러 오는 아프리카 교역인을 청킹맨션 등지에서 찾아 삼수이포를 안내하거나, 잘 팔릴 상품 찾기를 도와주거나, 홍콩인 가게 주인과의 교섭을 대신해주고 수수료를 받자고 생각했다. 이후 카라마는 하루에 300홍콩달러를 벌게 되어 돌 세척 일을 그만두고 브로커 일에 전념했다.

 몇 달간 일하자 카라마의 이름이 처음 홍콩에 온 교역인들 사이에 퍼져 그의 휴대폰 연락처에는 고객 이름이 넘쳐나게 됐다. 카라마는 "솔직히 말하자면 홍콩에 처음 온 아프리카인을 속이는 건 쉬운 일이었어. 하지만 나는 처음에 약속한 수수료 외에는 받지 않으려 했기 때문에 많은 사람에게서 신뢰를 얻었지" 하고 자부심을 드러냈다.

천연석 장사에서 중고차 장사로의 전환

홍콩에 온 지 약 1년이 지난 2005년 초에 카라마는 중고 가전제품 수출업에 나섰다. 가품이 많은 중국이 아니라 삼수이포의 노점이나 아웃렛 등에서 패션 브랜드들의 싸게 파는 의류품을 찾아내면 생각지 못한 이익을 얻을 수도 있지만, 역시 의류품은 중국의 것이 압도적으로 싸서 그다지 큰 비즈니스가 되지 않았다. 서철선 캄성로드역에서 버스로 수십 분 가면 나오는 캄틴에는 중고 냉장고, 텔레비전, 자전거, 자동차 등을 판매하는 가게들과 해체업자들의 사업장이 모여 있다. 고층 빌딩이 빽빽이 들어선 홍콩 중심부와 달리 단층집과 저층 빌딩이 남아 있고 녹지가 많다. 현재는 청킹맨션에 이어 아프리카계 주민의 거주 지역이 되었지만 당시에는 흔한 교외 동네였다.

 냉장고나 텔레비전 같은 중고 가전제품 수출업은 큰 이익을 남길 수 있어서 2006년경에는 한 달에 2,000달러에서 3,000달러를 벌어들였다. 이때 중고 가전제품만이 아니라 중고차도 수출하면서 비즈니스를 확대했다. 그는 해체업자와 중고차 판매업자들을 한 명 한 명 찾아다니며 성실하게 인간관계를 구축했다고 한다. 평소 태평함의 '끝판왕'처럼 사는 카라마가 매일 이른 아침부터 밤까지 두 발로 걸어다니며 넓은 지역 곳곳에 퍼져 있는 업자들을 만나 쌀쌀맞게 거절당하기도 하면서 끈질기게 거래를 개척해갔다는 추억담에 내가 "정말로 그렇게 영업사원처럼 일했단 말이에요?"라고 실례가 될 수도 있는 말을 툭 던지자, 카라마는 "물론이지. 이제는 걸어다니지 않지만 식사량은 그대로니까 점점 둥글둥글해졌어"라며 재치 있게 응수했다.

실제로 카라마와 함께 홍콩의 중고차 해체업자들과 판매업자들 — 중국계 또는 파키스탄계 주민이 많다 — 을 찾아가니 그들은 멋대로 가게 냉장고를 열어 주스를 마시거나 직원용 점심 식사를 먹으며 자기 집처럼 구는 카라마를 따뜻하게 맞아주었다.

카라마의 이름은 점차 탄자니아 외의 아프리카 여러 나라의 중고차 딜러들에게도 퍼지게 되었다. 그는 모국 탄자니아는 물론, 케냐, 우간다, 콩고(민주주의공화국), 브룬디, 르완다, 말라위, 잠비아, 모잠비크, 나이지리아, 가나, 감비아, 니제르, 코모로, 마다가스카르… 아프리카의 15개 이상 나라의 딜러들과 고객 네트워크를 구축하기에 이르렀다.

그해 카라마는 홍콩에 돈을 벌러 온 작은 체구의 인도네시아인 여성과 사랑에 빠졌다. 얼마 동안 만남을 거듭했고 여자친구가 임신하자 이를 계기로 청킹맨션의 작은 방에서 동거하기 시작했다. 그 뒤 큰 마음을 먹고 임대료 2,500홍콩달러를 지불해 코즈웨이베이에 아파트를 빌려 신혼 생활을 시작했다.

그러나 딸이 태어나고 얼마 지나지 않은 2007년 7월에 불법 노동한 사실이 결국 발각됐다. 홍콩 체류 가능 기간을 연장하기 위해 중국으로 떠났다가 홍콩에 재입국하려 했을 때 입국을 거부당하고 탄자니아로 강제 송환되고 말았다.

어쩔 도리 없이 일단 모국으로 돌아왔지만 자나 깨나 홍콩에 남겨둔 딸 생각이 머릿속에서 떠나지 않아 4개월 뒤인 11월에는 홍콩에 밀입국하기로 결심했다. 중고차 수출업을 통해 친해진 파키스탄인 친구의 도움을 받아 우선 중국에 밀입국한 다음 난민이나 망명자 들과 함께 어선을 타고 홍콩으로 밀항했다. 카라마는 같이 탔던 난민들과 함께 체포되어 수용소에 수감되었지만, 경제적 곤궁을 호소해 홍콩 정부로부터 난민으로 인정받았다. 나는 카라마와 알게 된 후, 신기하게도 아프리카 여러 나라 중 비교적 안정적인 탄자니아 출신임에도 어떤 경위로 난민으로 인정받았는지 궁금해서 곧바로 그 이유를 물어본 적이 있다. 카라마는 과장된 몸짓을 곁들이면서 "난민이 될 생각은 전혀 없었어. 요만큼도 없었지"라고 대답한 뒤 이렇게 설명했다.

"홍콩에 밀입국하기로 결심한 건 오로지 딸 때문이야. 내가 돌아가지 않으면 마음 약한 아내와 어린 딸이 절대로 헤쳐나가지 못할 거라고 확신했거든. 홍콩에 밀입국했을 때 형무소에 수감되지 않고 나올 수 있는 유일한 방법은 거짓 난민이 되는 것뿐이었어."

난민으로 인정받으면 홍콩에 합법적으로 장기 체류할 수 있다. 거주비 지원, 식료품 쿠폰 제공, 의료 혜택 등의 사회 서비스를 받을 수 있다. 하지만 홍콩의 주거 임대료는 세계에서 1, 2위를 다툴 정도로 높아서 이 정도의 지원으로는 도저히 살아갈 수 없다. 홍콩 정부는 도로 등의 공공시설을 청소하는 일자리처럼 일부 정해진 직업에 난민이 취업해도 된다고 허락하지만, 새로운 운명을 개척하려고 온 이들이 그런 소소한 일을 하고 싶어할 리 없다. 또 난민 인정을 받으면 홍콩에서 한 발짝도 나가지 못하게 된다. 국외로 나가면 난민으로서의 지위를 잃고 재입국도 어려워진다 — 카라마 같은 이들은 "이름을 바꾸고 새 여권을 취득하면 별 문제없어"라고 말하지만 말이다. 어쨌거나 카라마는 이날부터 현재까지 10년 가까이 모국 땅을 밟지 않고 있다. 그러기는커녕 기차나 배로 금방 갈 수 있는 중국과 마카오조차 가지 못하게 됐다. 최근에 그는 향수병에 시달릴 때가 많아졌다고 푸념을 한다.

그렇게 카라마가 허둥지둥 청킹맨션에 돌아오자 다시 한번 타격을 가하는 사태가 기다리고 있었다. 일찍이 친절하게 비즈니스 노하우를 가르쳐주었던 동료들이 "이제 카라마는 두 번 다시 홍콩에 오지 못하게 되었으니 중고차 비즈니스는 내 거다"라며 축배를 들고 있는 현장을 목격한 것이다. 카라마는 자신의 불행을 기뻐하며 축배를 드는 동료들의 모습을 보고 아연해졌고 한동안 인간 불신에 빠졌다 — 지금 와서는 다 옛날 일로 넘긴 것처럼 얘기하지만 "질투가 가장 큰 적"이라는 말이 입버릇이다.

그럼에도 홍콩에 돌아온 이후 몇 년 동안의 장사는 대체로 순조로웠고 즐거운 일도 많았던 듯하다. 그는 매일 캄성로드의 중고차 해체업자와 판매업자 들을 만나 쓸 만한 중고차를 찾은 뒤 아프리카 국가에 있는 고객들에게 전화와 메일로 영업을 했고, 한 달에 7,000달러, 장사가 잘 될 때는 1만 달러를 벌었다. 홍콩 및 중국에 상품을 대량 매입하러 오는 젊은 교역인과 초보 브로커에게는 '형님'으로 존경받았고 젊은이들을 데리고 밤이면 밤마다 센트럴이나 완차이의 바와 클럽에 몰려갔다. 홍콩 클럽에 모이는 유럽인과 미국인을 대상으로 성매매를 하는 아프리카계 성 노동자들도 그를 믿고 의지하는 바람에 젊은 여성부터 연상의 여성에게까지 "하여튼 인기가 많아서 곤란했어"라며 카라마는 히죽거렸다.

2009년 무렵에는 의류품이나 화장품을 매입하러 정

기적으로 홍콩에 들르던 탄자니아인 여성 피파(가명)와 새롭게 사랑에 빠졌다. 피파는 탄자니아 북서부 빅토리아 호 부근의 음완자 출신으로 인도계이자 아프리카계인 '혼혈'이며, '미스 빅토리아 호안 지역'에 선발된 적도 있는 늘씬하고 키가 큰 미녀다. 피파와의 사이에서도 아들을 얻어 약 8년 동안 내연 관계를 지속한 뒤에 정식으로 결혼했다. 물론 인도네시아인 아내와는 크게 싸웠다. 그때까지 얌전하고 마음 약한 성격이라고 믿었던 인도네시아인 아내는 "재규어로 돌변"했단다. 인도네시아인 아내와의 사이에서 태어난 딸 하디샤는 사랑스럽고 똑똑한 소녀로 자라서 일터부터 탄자니아인 회합까지 카라마가 가는 곳이면 어디든 따라다녔는데, 피파와 만날 때만은 "아빠 싫어", "가지 마" 하며 무서운 얼굴을 했다고, 카라마는 곤란한 기색으로 이야기했다.

    카라마는 중고차 수출업으로 벌어들인 이익의 대부분을 가족과 모국의 친척을 지원하는 데 쓰거나 모국의 다양한 프로젝트에 투자했다. 우선 400헥타르에 달하는 농경지를 구입했다. 나아가 농산물 가공 공장을 설립했다. 해체 현장에서 싼 가격에 건축 자재를 사들여 친척이 경영했던 주유소도 재건했고 현재 그 옆에 슈퍼마켓을 건설 중이다. 피파와 아들을 위해 다르에스살람의 신자 지구에 호화로운 집도 지었다. 여유가 있을 때는 삼수이포에서 아동복을 잔뜩 구입하거나 중국으로 교역하러 가는 탄자니아인들에게 부탁해 구두와 가방을 싸게 사들여 고향 찰린제 아이들에게 선물했다. 그런 자선 활동에 대해 카라마는 "지역 명사"이자 청킹맨션 보스의 "중요한 역할"이라고 말한다 — 이 이야기는 제6장에서 다시 하겠다.

쑥쑥 커가는 딸을 보며 카라마는 '이대로 홍콩에 살다가는 딸이 어머니의 나라든 아버지의 나라든 어느 쪽 문화도, 언어도 제대로 알지 못한 채 성장하는 게 아닐까'라는 고민을 하기 시작했다. 그리고 고심 끝에 딸과 아내를 인도네시아에 돌려보내기로 결심했다. 탄자니아인 친척에게 딸을 맡기기보다 엄마와 함께 인도네시아 공동체에서 사는 게 나을 거라고 생각한 것이다. 하지만 막상 인도네시아로 떠나는 딸과 아내를 배웅하러 공항에 가니 딸과 떨어지고 싶지 않아서 "역시 헤어질 수 없어" 하면서 대성통곡하며 날뛰는 바람에 동료 탄자니아인들이 그를 뒤에서 꽉 붙든 후에야 겨우 딸과 아내를 보낼 수 있었다고 쑥스러운 듯 회상했다.

그 뒤에는 아내의 고향에 집을 짓고 지금도 매달 생활비로 400달러, 필요에 따라 학비와 의료비 등을 보내고 있다. 나와 같이 있을 때도 인도네시아인 아내로부터 빈번히 영상 통화가 걸려오는데 몇 분 지나면 카라마는 "하디샤를 바꿔줘"라고 요구한다. 하디샤가 "지금 텔레비전을 보고 있어서 안 돼"라고 거절하면 보기만 해도 우스울 정도로 풀이 죽어 귀여운 아버지다.

2011년경에는 홍콩에서 중고 가전제품이나 중고차를 사들여 수출하는 탄자니아인 수가 급증했다. 경쟁 상대가 늘어 카라마의 비즈니스는 예전만큼 잘 풀리지 않았다. 때로는 생활비까지 모자라 이리저리 머리를 쥐어짤 수밖에 없었다.

음력 정월이 다가오는 1월 하순부터 5월 무렵까지 홍콩과 중국의 비즈니스는 전반적으로 침체한다. 그래서 여유가 있는 달에 중고차를 구입해놓은 뒤 비즈니스가 저조한 시즌에 이를 판매해 생활비를 마련하거나, 홍콩과 중국을 오가는 교역인들이 친절히 대접받은 데 대한 보답으로 그가 꾸준히 사 모은 휴대폰들을 자신의 물건과 같이 수출해주어 소액을 벌기도 했다. 2013년쯤에는 탄자니아 홍콩조합을 설립하기 위해 분주했고, SNS를 이용해 비즈니스 안정화를 꾀하는 독자적인 구조도 구축했다. 이 탄자니아 홍콩조합과 SNS를 이용한 비즈니스 구조에 대해서는 이후 자세히 소개하겠다.

이제 카라마는 "킹 사이즈 침대에 아이들을 재우고 그 가운데에서 왕처럼 자는 게 꿈이야"라고 말한다. 그러면서도 내게 묻는다. "그런데 사야카, 일본에서는 어떤 장사를 해야 돈을 벌어?"

사려 깊은 무관심

종종 청킹맨션을 '마굴'이라든가 '범죄의 온상'이라고 표현한다. 그런데 인터넷상의 기사나 블로그 등을 통해 실제로 숙박해본 손님들이 '평범하고 저렴한 숙소였다'라고 평한 후기도 찾아볼 수 있다. 많은 배낭여행자가 묵고 있듯이 조금 좁지만 저렴한 숙소로 충분히 쾌적하게 이용할 수 있는 데다, 애당초 관광이나 취재 장소는 한정되어 있기에 평범하게 숙박하는 데 아무 문제가 없다. 무허가 식당 같은 곳들은 간판을 밖에 내놓지 않아 동료가 아니라면 찾아가기도 어렵다. 점심때는 허가를 받은 식당이지만 심야에는 간판과는 다른 비공식 식당으로 전대되는 경우도 종종 있는데, "나는 ○○의 친구인데 안에서 기다리고 있다"라고 동료의 이름을 대지 않으면 문조차 열어주지 않는다. 당연히 표면적인 생업이 있으면 뒤에서 하는 장사를 일부러 광고할 리 없다. 누가 합법적인 체류자이고 누가 불법 체류자, 불법 노동자인지를 알기란 여러 의미에서 쉽지 않다. 비공식적인 영업이나 마약 거래 등의 범죄는 아는 사람의 눈에는 다 보이지만 알지 못하는 사람은 눈앞에서 벌어지고 있어도 모른다.

내가 그런 일들에 대해 속속들이 알고 있다고 말하려는 게 결코 아니다. 모르고 넘어갈 수 있는 일, 알게 되면 각오가 필요한 일에 '굳이 발을 들이지 않는' 태도, '이 이상은 알고 싶지 않다'는, 일보 직전에 멈추는 태도를 청킹맨션에서 오래 살아온 사람들도 실천하고 있다는 이야기다. 그러한 태도는 자신의 인생을 평온하게 살아나가기 위한 지혜이기도 하고 이런저런 사정을 안고 있는 사람들과 사귀기 위한 배려도 될 수 있다. 나 역시 몰라도 되는 일은 어렴풋이 눈치채더라도 모르는 척하기로 했다.

카라마의 말에 의하면 홍콩 교도소에는 400명이 넘는 탄자니아인이 수감되어 있다고 한다. 불법 체류·불법 취업 혐의로 구금된 사람 외에 마약 밀수나 절도 등의 범죄를 저질러 수감된 사람도 있다. 탄자니아보다 홍콩과 중국의 마약 소비자 가격이 더 높다. 이 수감자들은 홍콩과 중국에 마약을 들여온 사람들이다.

물론 이들은 일찍이 청킹맨션의 주민들이었고, 현재 잠재적인 범죄자들이나 형기를 마친 전과자들 역시 여전히 청킹맨션에서 살고 있다. 이들이 양복을 입은 비즈니스맨이거나 가족을 사랑하는 좋은 아버지이거나 경건한 이슬람 교도 여성인 경우도 드물지 않다.

《더이스트아프리칸The EastAfrican》* 2017년 7월 21일 기사에 따르면 7월 시점에 2,000명 이상의 탄자니아인이 불법 약물 소지·매매로 해외 교도소에 수감되어 있으며,

---

* 케냐의 네이션미디어그룹(Nation Media Group)이 발행하는 주간지.

그중 케냐 교도소에 660명, 이란에 630명, 남아프리카공화국에 296명, 중국에 265명, 인도에 260명이 수용되어 있다고 한다.

2015년 탄자니아 정부는 마약 거래에 관한 기존 법을 폐지하고 당국은 2017년 2월에 '마약과의 전쟁war on drugs'을 선포했다. 탄자니아 정부는 확실한 증거가 불충분한 단계에서 '거물/총책big fish'급 마약 딜러 용의자 목록을 공개했다. 목록 속 많은 이가 홍콩과 중국에서 교역에 종사했기에 홍콩과 중국에 빈번히 드나들던 교역인들이 모국인들에게서 의심 가득한 눈길을 받게 됐다.

실제로 탄자니아에서는 '갑자기 팔자가 좋아졌거나' '성실하게 벌어서는 얻기 힘든 부를 이룬' 주변 인물을 마약 매매를 했을지도 모른다고 밀고하는 '마녀사냥' 같은 사태가 일어났다. 2017년 3월경 홍콩의 탄자니아인들 사이에서는 마약 관련 이야기가 자자했다.

용의자 목록에 오른 어떤 젊은이는 자신은 컴퓨터 하드웨어 무역상으로 성공했을 뿐이라고 분노하며 정부 관계자에게 전화를 했다고 한다. 사실인지는 알 수 없다. 그가 마약을 취급한다고 하는 이도 있고, 절대로 그럴 사람이 아니라고 하는 이도 있다. 내가 본 그는 농담을 좋아하고 친절한 젊은이였다. 나는 중국 광저우에 갔을 때 홍콩의 탄자니아인들에게 줄 선물을 구입한 적이 있다. 탄자니아인들의 자녀들에게 줄 장난감과 잡화 등이었다. 그 젊은이는 내가 커다란 꾸러미를 안고 역으로 향하는 걸 봤다는 동료의 이야기를 듣고 일부러 전화를 해줬다. 혹시 누군가가 맡긴 짐은 아닌지, 만약 그렇다면 자신이 안(에 마약이 들어 있지 않은지)을 확인할 테니까 기다리라고 말이다.

홍콩과 광저우에서 만난 탄자니아인들은 친해지면 누구나 몰래 충고한다. "아무리 좋아 보이는 사람이라도 짐을 맡아서 운반해주면 안 된다", "청킹맨션 ○동 △층 × 호실에 놀러 가지 마라", "○○의 무리와 이야기하거나 다 같이 놀러 가는 건 상관없다. 하지만 단둘이 나가서는 안 된다", "누구도 믿지 마라." 하지만 그렇게 충고하면서 늘 '나 외에는'이라는 전제를 깔고 있다. 또, 반드시 "내가 알려줬다고 사람들에게 절대로 말해서는 안 된다"라며 귓속말을 하고, 당사자 앞에서는 "그는 신뢰해도 된다. 10년 넘게 알고 지내왔는데 한 번도 싸운 적이 없다"라고 하며 시치미를 뗀다.

오랫동안 홍콩에서 장사해온 탄자니아인들은 어디서 무엇이 거래되는지, 누가 어떤 범죄에 관련되어 있는지, 특정 행동이 어떤 의미를 갖는지 알거나 혹은 암암리에 알아챈다. 하지만 그렇다고 해서 당사자와 관계를 끊는 것도, 거리를 두고 표면적이기만 한 관계를 지속하는 것도 아니다. 특정한 이가 친구로서 보여주는 일면은, 그것은 그것대로 진심으로 받아들인다.

2016년 어느 날, 청킹맨션 옆 골목에 레너드(가명)라는 낯선 젊은이가 나타났다. 레너드는 상하이의 대학을 갓 졸업한 뒤 영어 교사로 일하면서 중국에서 외국계 기업을 창업하려고 자금을 모으는 중이었다. 레너드는 흡수성이 좋고 얇고 잘 구겨지지 않는 생리대 등의 위생용품 무역업을 계획했다. 중국 공장들을 일일이 돌아다니며 상품 설명을 듣고 있는 영상을 보여주면서 미래의 꿈을 말하는 그는 활기가 넘쳤다. 중국 유치원 아이들에게 영어를 가르치는 일도 즐거웠던 듯 "다들 처음에는 제 얼굴을 보고 크게 울음을 터뜨렸어요"라고 수줍게 들려주면서 아이들에게 둘러싸여 있는 사진을 소중히 간직하고 다녔다.

하지만 영어 교사 고용 계약을 갱신할 때 문제가 생겼다. 자세히 이야기하지는 못하지만 레너드는 합법과 비합법의 경계에 있는 방법으로 비자를 취득해야 했다. 그래서 홍콩의 업자hustler들을 의지하게 되었지만, 일단 여권이 없는 그는 어느 천연석 브로커의 집에 틀어박혔고, 청킹맨션 내 식당과 심야의 골목길 외에는 모습을 드러내지 않았다. 어느 날 식당에서 만난 초췌한 얼굴의 레너드는 자기를 돌봐주던 천연석 브로커가 갑자기 몹시 화를 내며 집에서 쫓아냈다고 털어놓았다. 어떻게 좀 도와 달라고 울며 매달리는 바람에 어쩔 수 없이 그 천연석 브로커와 교섭을 해봤다. 그는 레너드를 쫓아낸 이유를 이렇게 설명했다.

"레너드는 고생해본 적이 없는 도련님이야. 정부 기관에서 일하는 부자 부모님이 학비를 대줘서 중국 대학에 다니고, 멀쩡한 일자리도 계속 있었잖아. 그러다가 처음으로 공식적인 방법으로는 어쩌지 못하는 문제에 직면한 거지. 나한테는 돈을 대주는 부모도 친척도 없었어. 내 힘으로 살아가기 위해 다양한 일을 해왔다고. 나는 그의 친척도 친구도 아냐. 어쩌다 알게 된, 어려움에 처한 젊은이를 도와줬을 뿐이야. 그런데도 그는 원래 자기는 우리와 다르다, 이렇게 될 줄 몰랐다고 불평만 해대고 (우리를 보면) 흠칫흠칫하기만 하니까 열받더라고. 나는 한 번도 레너드에게 뭔가 해 달라고 한 적도 없고, 앞으로도 도련님에게 뭔가를 부탁할 일은 없을 거야. 레너드한테 머리를 좀 식히고 돌아오라고 전해줘."

아니나 다를까 나 역시, 사람들에게 잠자리부터 식사까지 챙겨받고 있으면서 만날 때마다 "○○가 ××를 하고 있었어요", "○○가 ××를 감추고 있는 것 같아요"라며 공연한 비밀을 폭로하고, "빨리 상하이로 돌아가고 싶어요", "엄마한테 전화했더니 걱정하면서 우시더라고요" 하며 징징거리는 레너드가 조금 짜증스러웠다. 누구나 소문을 이야기하고 다니지만 레너드의 표현에는 자신과 그들은 다른 인간이라는 뉘앙스가 포함되어 있었고, 동료에 대한 감사와 배려도 전혀 느껴지지 않았다. 무사히 비자를 갱신해 상하이로 돌아가게 된 날, 교통비가 없다는 레너드에게 나와 사람들이 기차표를 살 수 있는 돈을 모아서 줬다. 그 뒤 레너드는 나에게 "다들 기차를 타고 가라고 하지만 오랫동안 기차를 타면 피곤한 데다 비행기를 타면 금방 갈 수 있으니 몰래 돈을 빌려주지 않겠어요?"라고 물었고 나는 무심코 욱해서 "엄마에게 부탁하지 그래?"라고 쏘아붙이고 말았다.

카라마는 내가 화를 내는 게 재미있었던 모양인지 레너드를 보낸 이후에 "레너드가 너무 어리광을 부린다고 사야카가 화났어"라고 무척 즐거워하며 말을 퍼뜨렸다. 탄자니아인들은 "뭐, 레너드는 감사할 줄 모르는 겁쟁이 애송이지만 그의 인생은 그의 것이니까 어쩔 수 없지"라고 하며 웃었다. 내가 "레너드가 다시 찾아오면 어떡할 거예요?" 하고 묻자 다들 "어려움에 처했으면 도와줘야지. 동포는 도와줘야 하니까"라고 당연하다는 듯이 대답했다.

홍콩의 탄자니아인들은 "다들 자신의 비즈니스를 하고 있어", "타인의 인생은 타인의 것이야"라고 말하며 남이 살아가는 방식에 그다지 참견하지 않는다. 하지만 그들은 "믿지 마"라고 이야기하면서도 우연히 만난, 정체를 알 수 없는 젊은이를 기꺼이 집에 머물게 한다. 믿지 말라고 내게 충고했던, 바로 그 인물과 서로 식사를 한턱 내고, 서로 돈을 빌려주고, 때로 다른 입장에서는 "그는 신용할 수 있는 사람이야"라고도, "믿었는데 배신당했어"라고도 한다. 겉으로 드러내고 하는 사업과 내놓고 할 수 없는 사업, 표면상의 얼굴과 뒷모습, 페르소나와 민낯이라는 이 분법적인 인간관에 따라 '신용'을 설명하는 것과 개인적으로 교제하는 타자를 '믿거나' '믿지 않는' 것은 서로 별개의 일이다. 그의 또 다른 얼굴을 마주하지 않고서도, 또 다른 얼굴에는 전적으로 신뢰가 결여되어 있어도, 특정한 얼굴은 진심으로 '신뢰'할 수 있다. '우정'에 대해 생각해보면, 신뢰란 본래 그런 것인지도 모른다. 이는 무관심이 아니라 다양한 사정을 감안하여 일부러 관심을 두지 않기로 결심한 배려이기도 하다.

다음 장에서 이야기하겠지만 홍콩의 탄자니아인들은 탄자니아 홍콩조합을 결성하여 궁지에 빠졌을 때 서로 돕는 '커뮤니티'를 구축하고 있다. 이 커뮤니티에 모이는 사람들은 연령이 다양하며, 양복을 입은 사람이 있는가 하면 불량배같이 차려입었거나 티셔츠와 샌들 바람으로 다니는 사람도 있고, 가족이 있는 사람, 독신인 사람, 이혼한 사람도 있다. 월 수입이 6만 달러가 넘는 부호도 있고 매일 끼니를 걱정하는 사람도 있다. '제각각'이면서, 아니, '제각각'이기에 그들은 연결될 수 있다.

다음 장에서는 홍콩의 탄자니아인들이 어떻게 조합을 결성했는지 살펴보려고 한다.

제2장

'겸사겸사'가 구축하는 안전망:
'플랫폼'으로서의 탄자니아 홍콩조합

이 장에서는 홍콩에서 살아가는 탄자니아인들이 조합을 결성하기까지의 경위를 설명하고 유동성과 이질성이 높은 이들이 어떤 논리로 조합을 운영하고 있는지 논하려고 한다.

홍콩에서 커뮤니티를 구축하기

다음 장의 그래프는 홍콩관광국의 데이터를 바탕으로 아프리카인의 홍콩 입국 횟수를 나타낸 것이다.

홍콩으로 건너오는 아프리카인은 2000년대 중반 무렵부터 급속히 증가해 2007년을 정점으로 감소하는 경향을 보이는데, 구리타 가즈아키에 따르면 이는 2008년 8월, 베이징 올림픽 이후 출입국 관리 규제 강화의 결과라고 한다. 탄자니아인 입국자만 다른 데이터가 공개되어 있지는 않기에 정확한 숫자는 알 수 없지만, 구리타는 독자적인 계산에 기초하여 2007년에 홍콩으로 온 탄자니아인 입국자 수를 1만 4,988명이라고 추계한다.[1] 단, 이 1만 4,988명 가운데 대다수는 홍콩 또는 홍콩을 경유하여 중국 남부의 도시로 전자제품이나 의류, 잡화 등을 대량 매입하러 가는 교역인이다. 그들은 대량 매입이 끝나면 며칠에서 몇 주 사이에 귀국하지만, 빈번히 홍콩, 중국, 다른 아시아 국가들과 아프리카 국가들을 오가기 때문에 이들을 '상업적 여행자Business Travelers'라고 부르는 연구자들도 있다.[2]

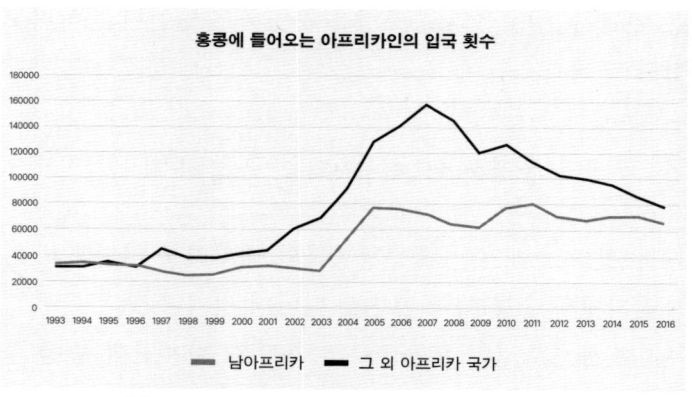

출처: A Statistical Review of Hong Kong Tourism 2002~2016

구리타는 홍콩, 중국 및 동남아시아 국가 등의 환태평양 지역을 돌아다니는 탄자니아 교역인들 사례를 바탕으로, 기존 이민 연구에서는 현재 이동 중인 사람mover이 아니라 과거에 이동하여 현재는 정착한 거주자resident가 더 주목받고 있으며, 거주자들의 커뮤니티 형성과 주류 사회와의 관계가 주요 논점이 되었고, 이동하는 사람에 초점을 맞춘 커뮤니티 연구의 가능성은 충분히 논의되지 않았다고 지적한다.[3] 따라서 그는 '장기 체류자', '단기 체류자'라는, '체류(혹은 정주)'의 방식을 조명하는 호명이 아닌 '빈번한 이동자Frequent Travelers'와 '느린 이동자Slow Travelers'라는 구별을 제안한다. 그리고 환태평양 지역, 아랍에미리트, 아프리카 국가들과 같은 여러 대량 매입지와 판매지를 이동하는 그들의 인구 동태 및 커뮤니티가 복수의 교역 지점을 잇는 이동자移動者들을 매개로 형성되는 결절점임을 밝히고 있다. 이 지적은 적확하다. 이 논고의 주요 대상은 홍콩에 불안정하게 장기 체류 중인 사람들이지만, 이들 역시 '정주자'가 아니라 언제 어느 지역으로 이동해도 이상하지 않은 '느린 이동자'에 지나지 않은 데다 이들 커뮤니티에는 '빈번한 이동자'도 참여하며, 애당초 '안정적인 멤버십'으로 이루어지는 커뮤니티라는 발상이 이들의 동태에 적합하지 않다는 사실은 이들의 조합을 이해하는 데 중요하다.

카라마는 "나는 여섯 번째로 홍콩에 비즈니스를 하러 온 탄자니아인이야"라고 했다. 단골 파키스탄 식당 앞 통로에서 "그러면 첫 번째부터 다섯 번째는 어떤 사람들인가요?"라고 물으니 홍콩에 장기 체류하는 탄자니아인이 어떻게 증가했는지에 대한 소사小史를 들려주었다.

　　홍콩에서의 비즈니스를 처음 개척한 사람은 1992년에 홍콩에 온 잔지바르 출신 남성 차우(가명)라고 한다. 그는 탄자니아에서 잡은 랍스터와 상어 등의 어패류를 도매로 팔려고 홍콩에 왔다. 어패류 사업으로 한몫 잡은 차우는 홍콩에서 물류 회사인 W사를 설립했다. 그런 다음 친척인 모하메드(가명)와 하미시(가명)를 불러들여 같이 W사를 운영했다.

　　본사는 의류점과 전자제품점이 늘어선 삼수이포에 두었다. 차우는 의류와 전자제품을 대량 매입해 다르에스살람 항구와 잔지바르 항구로 내보내 시내 소매점들에 도매로 공급했다. 당시 홍콩 출입국관리국의 관리는 현재보다 느슨해서 차우는 체류 가능 기간이 끝나가면 중국 선전이나 마카오로 건너가 기한을 갱신하며 홍콩에 계속 체류했다.

　　이윽고 차우에게서 의류나 전자제품을 도매 구입하던 탄자니아 고객들이 홍콩에 직접 대량 매입하러 오게 됐다. 그들은 먼저 시작한 친척이나 친구에게서 교역 시스템 등을 배우고 홍콩으로 건너왔다. 이 연쇄 이주chain migration를 통해 1995년 무렵부터 2000년대 초에 걸쳐 탄자니아 교역인 제1진이 도착했다. 이들 중에는 다르에스살람 출신이 많고 이주 전부터 서로 아는 사이였기도 해서 지금도 비교적 긴밀한 관계를 유지하고 있다.

2000년대 초에 차우는 은퇴하고 탄자니아로 귀국했다. 홍콩에 남은 모하메드와 하미시는 토르말린이나 자수정 같은 천연석, 보석용 원석gemstone 수입업에 눈을 돌렸다. 천연석 비즈니스는 이미 서아프리카 상인들이 하고 있었지만 모하메드와 하미시는 동아프리카 국가들과 모잠비크에서 채굴한 천연석에 주목해, 홍홈에 모여 있는 중국계 천연석 업자들에게 도매로 판매하는 사업을 개척해나갔다.

천연석 비즈니스 브로커로서 성공한 또 다른 사람은 그 뒤에 도착한 마가리(가명)다. 그의 파트너가 카라마에게 천연석 비즈니스를 가르쳐주고 홍콩에 올 계기를 만들어준 뭇사라고 한다. 천연석 비즈니스도 모국의 고객이 직접 홍콩으로 거래하러 오면서 천연석 교역인이 증가함과 동시에 브로커로서 체류하는 사람들도 나타났다.

2004년경 홍콩의 아프리카계 상인들 사이에서는 휴대폰(카피 휴대폰, 재생 휴대폰, 중국 기업 휴대폰 등) 비즈니스가 성행한다. 많은 탄자니아 교역인이 삼수이포 또는 홍콩을 경유해 광저우로 가서 휴대폰을 대량 매입했다. 그중에서는 홍콩에 머물며 교역인들의 편의를 봐주고 돈을 버는 사람도 나왔다. 천연석 브로커 가운데에는 카라마처럼 중고차나 중고 가전제품 중개업으로 업종을 전환하는 사람들이 생겨 수출업을 담당하는 장기 체류자도 증가했다.

그런데 이미 이야기했듯이 카라마는 2007년에 홍콩 재입국을 거부당해 중국을 경유해 어선을 타고 밀입국한 뒤 난민 인정을 받았다. 그는 홍콩에서 '망명 인정asylum case'을 받은 최초의 탄자니아인이라고 한다. 카라마가 난민으로 인정받은 2000년대 후반에는 탄자니아에서 젊은이들이 교역 목적이 아니라 노동 목적으로 홍콩에 건너오게 되었다. 동시에 앞서 설명했듯이 홍콩 정부는 중국이나 마카오 등지를 오가면서 비자를 갱신해 홍콩에 체류하는 아프리카인에 대한 단속을 강화했다.

이때 카라마의 난민 신청은 교도소에 수감되지 않기 위한 고육책이었지만, 이후 그는 홍콩에 오는 이들에게 난민 신분 취득이라는 장기 체류의 길을 가르쳐주게 되었다. 탄자니아인이 난민으로 인정받는 이유는 다양하다. 악덕 사채업자에게 거액의 빚을 져서 귀국하면 어려움에 빠지게 된다, 민족 분쟁이 있는 지역 수장의 아들이라서 귀국하면 복수당한다, 주술사라는 누명을 썼으나 벗을 길이 없다 등등이다.

내 친구 오마리는 모국에 아내가 있지만 청킹맨션에서 막 알게 된 낯선 탄자니아인 남성과 함께 손을 잡고 이민국을 찾은 뒤 공무원 앞에서 키스를 하는 등의 연기를 끈질기게 반복했다. 그리고 "우리는 엄격한 이슬람 교도 가정에서 태어난 게이인데 동성 파트너가 있다는 사실이 발각되면 반드시 죽습니다"라고 호소해서 난민 인정을 받았다고 한다 — 물론 인정받지 못하는 경우도 많고 인정받기까지 시간도 걸린다.

　　이러한 이유들은 오마리의 호소처럼 새빨간 거짓말인 경우도, 다소 과장되기는 했어도 사실인 경우도 있다. 동성애자에게 냉담한 정책을 펼치는 탄자니아에서 살 수 없어서 홍콩에 왔다는 지인도 있다. 또한 그들이 곧잘 이유로 드는 '경제적 곤란' 또한 정말로 심각한 사람도 있다. 예를 들어 치디(가명)는 아버지에게서 물려받은 가게가 오랫동안 세금을 체납했다는 등의 이유로 은행에 매달 2,500달러를 변제해야 했다. 연체되면 할머니와 친척의 부동산이 차압당하기에 그는 홍콩에서 브로커로 일하면서 심야에는 자동차 해체를 하거나 화물 하차 아르바이트 등의 날품팔이 일을 하며 매달 어떻게든 변제하고 있다.

　　홍콩에서 난민은 '일할 권리'를 인정받지 못하기에 치디의 일용직 노동도, 카라마와 동료들의 중개업도 법적으로는 '불법 노동'이다. 몇 가지 일을 동시에 하는 치디는 언제 봐도 지쳐 있어서 카라마와 동료들과 파키스탄 식당에서 잡담을 나눌 때도 금방 테이블 위에 엎드려 잠들어버린다. 하지만 급여 수준이 낮은 모국에서는 이렇게 거액의 빚을 변제해나가는 것 자체가 불가능에 가깝다. 실제로 치디의 친척과 친구 들은 "만약 평범한 젊은이가 이런 경우에 처했다면 분명 자살했을 것이다"라고 평했다고 한다. 어쨌든 카라마의 난민 신분 취득을 계기로 난민으로 홍콩에 체류하는 탄자니아인의 수가 증가한 것은 사실이다.

또한 홍콩에 장기 체류하는 탄자니아인의 약 40퍼센트는 여성이다. 이 여성들 중에는 의류품이나 전자제품 수출업, 천연석 중개업을 하는 사람도 있지만, 대부분 센트럴과 완차이의 클럽에서 백인을 상대로 성매매를 해서 생계를 꾸려간다.

이들에게도 독자적인 연쇄 이주 시스템이 있다. 일반적인 방법은 다음과 같다. 홍콩의 클럽에 모이는 유럽인과 미국인을 상대로 성매매를 해서 부를 쌓은 여성('레이디 보스'라고 불린다)이 모국의 젊은 여성에게 항공권과 일정 기간 동안의 숙박 비용, 옷값 등을 제공하고 홍콩으로 불러들인다. 그렇게 오게 된 여성들은 레이디 보스에게 항공권 비용, 숙박비, 옷값 등을 갚으면서 이른바 '계약된 고용살이'를 끝내면 자립형 성 노동자가 되고, 이후 레이디 보스로 성장해 젊은 여성을 불러들인다. 그렇게 해서 성공해 은퇴한 사람 중에는 봉제 회사나 화장품 회사를 설립한 창업가도 있다.

한편 성 노동자 가운데에는 '슈거 대디(또는 '스폰서')'라고 불리는 나이 든 남성 후원자가 있는 사람도 있고, 거꾸로 그들이 '슈거 마미'로서 홍콩에 거주하는 젊은 아프리카인 남성의 후원자가 되어 재정적인 지원을 하는 경우도 있다. 남성 장기 체류자 가운데에는 비즈니스가 궤도에 오르기 전까지, 혹은 비즈니스가 부진에 빠졌을 때 이 여성들에게 재정적인 지원을 받는 이가 많다. 이처럼 여성들이 먹여 살리는 젊은 남성을 '키벤텐kibenten'이라고 부른다 — 미국 애니메이션 〈벤텐Ben 10〉에서 유래했다고 하는데 애석하게도 나는 이 애니메이션을 본 적이 없다.

여성들의 난민 인정 신청 이유도 거액의 빚, 강제 결혼, 남편이나 연인의 폭력 등과 같이 다양하며 그중에는 거짓말도 있고 진실도 있다. 청킹맨션 옆 골목에서 만난 이 여성들은 붙임성이 좋고 친절해 보였다. 심야의 골목에는 남아시아인, 아프리카인, 유럽인, 미국인 등 다양한 인종의 술주정뱅이가 지나간다. 개중에는 알코올이나 약물 의존증에 걸렸거나 정신적으로 병든 사람도 있다. 그리고 하나같이 섹시한 차림을 한 탄자니아인 여성들에게 치근거린다. 술주정뱅이를 상대하는 것쯤이야 이 여성들에게 식은 죽 먹기지만, 때로는 혀가 꼬부라진 술주정뱅이의 신상 이야기를 들어주거나 친절히 집까지 바래다주기도 한다.

탄자니아 홍콩조합의 결성

이와 같이 홍콩에는 일정 수의 장기 체류자가 존재하게 되었다. 난민, 망명자, 불법 체류자, 성 노동자 등의 집합

체인 그들은 뭔가 일이 생기면 공식 경로를 의지하기 힘들다.

카라마와 동료들의 이야기에 따르면 탄자니아 홍콩조합이 결성된 계기는 2009년에 일어난 사건이다. 어느 날 홍콩 체류 탄자니아인 모리(가명)가 병으로 쓰러졌다. 동료들이 난민에게 무료 의료 서비스를 제공하는 공립 퀸엘리자베스 병원으로 데려갔지만 25일 뒤에 모리는 사망했다. 카라마와 동료들은 모리의 가족에게 연락했지만 가족에게는 모리의 시신을 모국으로 데려올 재정적인 능력이 없었다.

카라마와 동료들은 모리의 시신을 모국으로 운구한다는 미션을 수행하기 위해 일시적인 그룹을 결정했다. 카라마가 대표가 되었고, 서기관과 위원majumbe 다섯 명을 선출했다. 이들은 당시 홍콩과 중국에 체류 중인 탄자니아인들에게서 기부금을 받아 1만 1,000달러를 모으는 데 성공했다. 그리고 모리의 시신을 운구한 뒤로 이들은 정기적인 모임을 갖게 됐다.

2013년, 그러한 모임을 기반으로 탄자니아 홍콩조합이 발족하여 메신저 앱인 왓츠앱에 그룹 페이지를 개설하고 중국 베이징에 있는 탄자니아 대사관에도 정식으로 통지했다.

탄자니아 홍콩조합의 활동 내용은 세 가지다. 첫째, 병이나 사고로 사망 시 모국으로 시신 운구·강제 송환 등

불의의 사태를 맞았을 때 상호 부조. 둘째, 홍콩과 중국 및 아프리카 국가들의 정책 전환 등에 대한 정보 교환. 셋째, 홍콩에 거주하는 다른 이민자나 주류 사회와의 갈등 해결·중재. 조합은 26인의 발기로 발족했고 그 뒤 조합원이 서서히 증가했다. 조합원 내에서 선거로 조합장과 부조합장이 선출된다. 집회는 매주 토요일 또는 일요일에 청킹맨션 옆 골목, 청킹맨션에서 가까운 이스트침사추이역 정원, 또는 중고차 판매업자와 해체업자가 많이 모여 있는 캄틴에 사는 탄자니아인들의 아파트에서 열린다.

이후 탄자니아 홍콩조합은 광저우에서 결성된 조합과 연계를 구축해나갔다. 2015년경 홍콩에 체류하는 탄자니아인은 대략 70명, 광저우에 체류하는 탄자니아인은 80명으로 불어났다. 구리타가 광저우에서 들은 이야기로는 100명 이상이라는데 유동적이기 때문에 정확한 숫자는 파악하기 힘들다. 또한 마카오, 말레이시아, 태국에 거주하는 탄자니아인 커뮤니티와 네트워크를 구축하여 불의의 사태가 생기면 아시아 국가 곳곳에 있는 탄자니아인 커뮤니티로부터 기부를 받을 수 있게 되었다. 나아가 조합은 민족이나 국적nationality의 틀을 넘어 확대되었다.

2016년 1월, 홍콩에 체류 중인 우간다인 여성이 사망했다. 홍콩 거주자가 동아프리카 국가들 중 가장 많은 탄자니아 조합에도 그의 시신을 모국으로 운구하기 위한 협력 요청이 들어왔다. 당시 케냐 조합의 인원은 25명 정도,

위: 탄자니아 홍콩조합의 집회.
아래: 조합원들. 뒤쪽 줄 오른쪽 끝이 카라마, 그 옆은 저자와 저자의 친구.

우간다 조합의 인원은 50명 정도였다고 한다.

　이 사건을 계기로 카라마는 우간다 조합 및 케냐 조합 대표자들과 연락을 취하게 됐다. 홍콩의 탄자니아 조합, 케냐 조합, 우간다 조합에서 각 두 명씩 대표들이 모여 6인의 동아프리카위원회kamari ya watu sita가 열렸다. 이 위원회에서 동아프리카연합 홍콩조합Union of East African Community Hong Kong(이하 동아프리카 연합조합)의 결성이 결정되었다.

　그리고 네 가지 사항을 정했다. 첫째, 세 나라의 조합장들이 매년 돌아가면서 동아프리카 연합조합의 대표를 맡을 것. 둘째, 그해의 조합장을 맡은 나라 외의 두 나라의 조합장이 부조합장을 맡을 것. 셋째, 연합조합의 조합원이 되려면 1인당 100홍콩달러를 입회비로 낼 것. 넷째, 회합은 두 달에 한 번 열며, 모든 동아프리카인 출신자와 관련된 문제 등을 함께 이야기할 것.

　2017년 2월에는 청킹맨션이나 근처에 커뮤니티 활동을 위한 사무실 마련을 목표로 하는 데 합의했다. 현재는 비영리단체NPO로서 동아프리카 출신자를 위해 경제적 편의를 꾀하는 일을 검토하고 있다.

이렇게 홍콩의 탄자니아인들이 조합을 형성하고 있다는 사실을 설명했다. 그런데 일반적으로 조합 활동은 조합원 간의 상호 공헌·상호 부조, 즉 호수성을 기반으로 하는 것이라고 상정된다. 그렇다면 주로 난민이나 망명자, 불법 체류자, 성 노동자 등 적잖이 떳떳하지 못한 데가 있는 사람들로 구성된 조합이 '왜 그를 도와야만 하는가'라는 의문에 대해 '어려울 때는 피차 마찬가지'라는 호수적인 논리로 생각하는 게 가능할까. 병 때문에 사망한 경우와 불법 노동의 결과로 안게 된 문제 사이의 차이 — '자기 책임'이란 어디까지를 말하는 걸까 — 를 묻기가 매우 까다로운 사람들에게 호수성이란 무엇일까. 나아가 앞에서 이야기했듯이 이 조합은 유동적으로 홍콩과 아프리카 국가를 오가는 사람들도 잠재적·주변적 구성원으로 품고 있다. 죽음은 누구에게나 찾아올 불행이다. 하지만 조합에 계속 공헌할 거라고 기대하기 어려운 사람, 어쩌다 만났을 뿐인 사람의 불행에 응답한다는 것을 이들은 어떠한 논리로 이해하고 있는 걸까.

　　이제 구체적인 조합 활동 사례를 소개하면서 반드시 '선한 시민', '선한 친구', '선한 이웃'이 아닌 사람, 서로가 서로를 '신뢰할 수 없다'고 단언하는 사람들이 서로 돕는 구조와 논리에 대해 생각해보려 한다.

누구에게나 찾아올 수 있는 불행이 생겼을 때 서로 돕는다는 것

탄자니아 홍콩조합의 활동 중 가장 중요한 것은 조합원

사망 시에 시신을 운구하는 비용의 기부다. 많은 아프리카 국가에는 여행지나 돈을 벌러 간 곳에서 사망한 사람은 반드시 고향에서 매장되어야 한다는 암묵적인 규범이 있다. 탄자니아에서도 시신을 운구하려면 트럭 수배 등에 많은 돈이 들기 때문에, 도시로 돈을 벌러 나온 가난한 사람은 회복 가능성이 거의 없는 병에 걸리면 가족에게 부담을 주지 않으려고 큰 병원에서 치료받기를 포기하며 스스로 버스를 탈 체력이 있는 동안 고향에 돌아가기를 선택하는 경우가 많다. 하물며 해외에서 사망했을 때 시신 운구에 드는 비용은 일반 가정이 부담하기 어려운 액수다. 타국에서의 죽음은 '당한 이가 누구건 동포의 지원을 필요로 하는 불행'으로 인정받기가 비교적 용이한 사태인 것이다.

나는 2016년 10월부터 2017년 3월까지의 해외 체류 중 네 번의 부고를 접했다. 그 가운데 한 사례를 바탕으로 그들이 어떤 조합 활동을 하고 있는지 구체적으로 설명하겠다.

2017년 2월 9일, 탄자니아 홍콩조합 창립 멤버이며 오랫동안 홍콩과 중국을 중심으로 아시아와 아프리카 국가들 사이에서 교역을 해왔던 멘기가 사망했다. 그의 사망은 2주 정도 전에 중국에서 탄자니아로 귀국한 조지프가 심야에 전화를 걸어와 알게 되었다. "멘기가 사망했다는 소식 들었어?"라고 묻는 그의 목소리에서 초조함이 묻어났다. 사실 당일 아침, 나는 청킹맨션 2층의 단골 파키스탄 식당에서 우연히 멘기와 만나 긴 테이블에서 함께 홍차를 마셨다. 멘기와 이야기한 것은 그때가 두 번째로, 그는 농담을 하며 쾌활하게 웃었다. 놀란 나는 즉시 카라마에게 전화하여 안타깝게도 멘기의 사망이 사실임을 확인했다.

멘기는 상품을 매입하고 청킹맨션으로 돌아오던 도중에 코피를 흘리며 쓰러져 동료들이 즉시 퀸엘리자베스 병원으로 이송했다. 그러나 의사 넷과 간호사 다섯 명이 치료한 보람도 없이 심야에 뇌사 판정을 받았다고 한다. 뇌졸중이었다.

이튿날 탄자니아 홍콩조합의 현 조합장인 이사가 긴급 집회 공지를 왓츠앱 그룹 페이지에 올렸다.

19시 반, 46인의 조합원이 일을 마친 후 이스트침사추이역 옥상 정원에 모였다. 차가운 바람이 거칠게 부는 가운데 그들은 하나둘씩 도착해 정원 내에 각자 자리를 차지하고 잡담을 하거나 담배를 피우거나 문자메시지를 확인했다. 이렇게 느슨한 분위기가 떠도는 가운데 긴급 집회가 시작됐다.

우선 카라마는 모인 조합원들에게 멘기가 사망했음을 설명하고 "[죽음은] 모두가 지나는 길이고, 먼저 간 멘기의 일을 자신의 일처럼 생각했으면 합니다. 남은 사람들이 힘을 모아 그[의 시신]를 귀국시키는 임무를 수행합

시다"라고 호소했다.

멩기는 이슬람 교도였기에 먼저 모든 이슬람교 조합원이 쿠란의 한 구절을 제창했고, 이어 그리스도교 조합원 한 명이 대표로 성서의 한 구절을 암송해 애도를 표했다—조합은 대략 이슬람 교도 80퍼센트, 그리스도 교도 20퍼센트로 구성되어 있었다. 그 뒤 청킹맨션 아프리카 식당의 요리사 쇼마리가 멩기의 마지막 모습을 자세히 설명했다. 이를 들은 여성 조합원들 사이에서 훌쩍이는 소리가 흘러나왔다. 카라마는 "멩기[와 함께한 추억]에 대해 말하고 싶은 조합원이 있습니까"라고 물으며 모두의 얼굴을 돌아보았다. 한 사람이 손을 들고 앞으로 나왔다.

30대 중반의 이 남성은 처음에 홀로 광저우로 상품을 매입하러 갔을 때 일면식도 없는 젊은이였던 자신을 친절하게 도와준 사람이 멩기였으며, 그의 부고를 듣고 크게 충격을 받았다고 토로한 뒤 마지막으로 "그를 위해 힘을 모읍시다"라고 호소했다.

그다음에는 홍콩, 마카오, 태국 비즈니스를 개척한 탄자니아인 선구자 가운데 한 사람이라는 나이 지긋한 남성이 손을 들고 멩기는 고락을 함께해온 전우 같은 존재였다고, 이후에 건너온 탄자니아인 누구나가 아시아 국가에서의 비즈니스를 개척한 그에게 은혜를 입고 있다고 주장했다.

이어서 남아프리카인 여성이 손을 들었다. "탄자니아

인이 아닌 내게도 친절하게 대해준 그를 아버지처럼 생각해왔습니다"라고 영어로 말한 다음 "그는 언제나 농담을 했기에 오늘의 슬픈 소식도 농담이라고 생각했습니다. 혼란스러워서 뭐라고 말해야 할지 잘 모르겠네요"라고 하며 목이 메어 눈물을 흘렸다.

이 회합에는 홍콩과 광저우의 케냐 조합과 우간다 조합의 대리인도 참가했다. 케냐 조합 대리인은 스와힐리어로 "탄자니아인 동포들에게 진심으로 애도의 뜻을 전합니다. 우리 케냐인은 같은 동아프리카 공동체 구성원인 동포와 슬픔을 공유하고 고난을 함께 이겨낼 준비를 하고 있습니다"라고 자못 격식을 갖춘 발언을 했고, 우간다 조합 대리인은 "내가 이 자리에서 발언할 수 있는 것은 그저 탄자니아인 동포에 대한 진심 어린 애도의 마음뿐입니다"라고 담담하게 영어로 말했다. 그 외에도 몇 사람이 멘기와의 추억과 사람됨을 이야기하면서 그를 위해 협력해야 한다고 호소했다.

발언이 끝나자 모두 슬픔에 잠긴 동시에 일종의 연대감이 즉흥적으로 형성되어 있었다. 다들 둥글게 카라마를 둘러싸고 그의 발언을 기다렸다. 마치 타이밍을 재고 있었던 듯 카라마는 긴급 집회의 주된 목적인 시신 운구 절차의 역할 분담과 필요한 경비 기부에 관해 설명하기 시작했다.

카라마는 지금까지의 경험에 비추어 시신 운구에는

약 1만 달러(약 7만 8,000홍콩달러)가 필요한데, 다행히 멘기는 (난민이 아니라) 여권을 갖고 아시아와 아프리카 국가들을 오갔기 때문에 병원에서의 수속과 행정 수속에 시간이 걸리지 않을 것이며, 약 8,000달러(약 6만 3,000홍콩달러) 정도면 어떻게든 이 임무를 마칠 수 있을 거라고 예측했다. 또 멘기의 딸이 중국인과 결혼해 중국에 살고 있으며, 탄자니아 광저우조합과 연락을 취했는데 그쪽이 필요 경비의 절반을 부담하기로 했다고 이야기했다.

이 설명을 듣고 현 조합장인 이사가 "1인당 1,000홍콩달러(약 120달러)씩 기부했으면 합니다"라고 제안했다. 성 노동을 생업으로 삼고 있는 여성이 "홍콩에서 장사를 하는 사람이라면 그게 어떤 비즈니스이든 1,000홍콩달러 정도는 마련할 수 있을 것"이라고 말하자 그에 동의하는 목소리가 이어졌다. 케냐 조합과 우간다 조합 대리인도 "최선을 다해 조합원들에게서 기부금을 모으겠습니다"라고 약속했다.

이후 카라마는 각 절차를 담당할 사람을 차례대로 지명했다. 기부금 모금 담당 네 명, 행정 수속 담당 두 명, 관과 시신 보존embalming 담당 두 명, 가족과의 연락 담당 한 명, 중국 조합과의 연락 담당 한 명. 기부금 모금 담당자들이 정해지자 금세 이름과 액수를 적는 종이가 돌았다.

잠시 뒤 이마라는 20대 후반 남성이 "홍콩에 있는 탄자니아인의 이름과 연락처를 전부 적어야 해요"라고 외쳤다. 그는 "(오늘 집회에 오지 않았고) 기부를 하지 않았는데 자신이 불행을 겪었을 때는 도움을 받으려는 인간들이 있어서는 안 됩니다. 이참에 누가 동포ndugu이고 누가 아닌지 확실히 가려야 해요"라고 주장했다.

이에 찬동하는 목소리도 있었지만 반대의 목소리도 있었다. 어느 여성은 "아까 홍콩에 있는 사람이면 1,000홍콩달러 정도는 당연히 낼 수 있을 거라는 의견이 나오긴 했지만 우리는 다른 조합원이 어떤 비즈니스를 하는지 간섭하지 않아요. 그러니 각자 얼마를 낼 수 있을지 알 수 없습니다"라고 의견을 말했다. 몇몇 젊은이가 찬동했고 "기부액은 각자의 재정적 능력에 따라 다를 수 있어요", "이번에 기부할 수 없는 사람에게 배신자 딱지를 붙여서는 안 돼요. 지금은 비즈니스가 잘 풀리지 않을 수 있고, 다음에는 기부를 할 수도 있지 않습니까"라는 반론이 연이어 나왔다. 카라마는 "기부는 기부이고 1,000홍콩달러는 어디까지나 목표에 지나지 않으니 여유가 없는 사람은 가능한 만큼만 기부하면 돼요"라고 이야기하고 이마와 그에게 찬동하는 사람들에게는 "누구에게나 말하기 어려운 사정이 있으니 기부를 강요해서는 안 됩니다"라고 못을 박았다.

현재 수중에 돈이 있는 사람은 그 자리에서 기부를 했고 돈이 없는 사람은 일주일 내로 담당자에게 기부금을 내기로 했다. 또 각자 분담해서 이날 집회에 결석한 조합원들에게 기부를 요청하기로 했다.

조합원들은 다시 뿔뿔이 흩어졌다. 그런데 사실은 기부 관련 절차가 일단락되고 난 뒤 작은 사건이 있었다. 앞서 발언한 남아프리카계 여성이 '뇌사'에 의문을 품고 아프리카인 환자를 오랫동안 수용하기를 내키지 않아 하는 의사들이 멘기를 죽인 게 아니냐고 얘기했기 때문이다. 식물인간이 된 멘기의 생명 유지 장치를 제거한 것은 살인이 아니냐는 토론이 시작되었고 결국 이튿날 병원에 가서 그가 어떻게 죽었는지 확인하기로 했다고 한다.

어쨌든 약 일주일 뒤 탄자니아 홍콩조합은 광저우조합, 케냐 조합, 우간다 조합의 기부금을 더해 1만 1,700달러를 모금하는 데 성공했다. 시신 운구에 드는 경비를 빼고 남은 금액은 멘기의 딸의 학비로 쓰기로 동의했다고 한다.

유동적인 멤버십이 살아 있는 조합 운영

탄자니아 홍콩조합의 긴급 집회가 열렸을 때, 탄자니아 최대의 도시 다르에스살람의 만제세 지구에 있는 멘기의 자택 앞에서도 우연히 마침 귀국해 있던 홍콩과 중국의 조합원들이 긴급 집회를 열고 있었다. 다르에스살람의 자택에서는 멘기의 사망 소식이 전해진 날부터 밤샘이 시작되어 시신이 도착한 19일까지 열흘간 이어졌다.

멩기의 자택 앞에 모인 조합원들은 밤샘과 장례 절차 그리고 이에 필요한 기부금에 대해 이야기를 나눴다. 내게 멩기의 사망을 확인하는 전화를 걸었던 조지프가 멩기의 가족 대표 겸 조합원 집회의 위원장을 맡았다.

탄자니아의 밤샘과 장례 때는 조문객에게 아침, 점심, 저녁 식사를 제공해야 한다. 세계 최빈국 가운데 하나인 탄자니아의 장례식에는 고인의 친척과 친구만이 아니라 생전에 고인과 아무 교류가 없었던 수많은 주민도 식사를 목적으로 모여든다. 특히 멩기처럼 지역 명사로 간주되는 사람이 사망한 경우, 막대한 수의 조문객을 대접하는 일에는 고인의 명예와 가족의 위신이 걸려 있다.

갑자기 남편이 사망하여 망연자실한 멩기의 두 아내를 대신해 100명이 넘는 조문객의 식사 준비를 도맡은 사람은 광저우에서 막 귀국한 멩기 남동생의 아내 앤절라였다. 앤절라는 홍콩에 거주했을 때 청킹맨션에서 탄자니아인들에게 음식을 판 경험이 있었고, 광저우에서도 창고업을 하는 남편을 돕거나 무역업을 하면서 고향 음식을 만들어 광저우 탄자니아인들에게 판매했다. 물론 앤절라도 광저우조합의 조합원이며 조지프 같은 이들과 가족처럼 지내왔다.

조지프와 동료들은 홍콩 및 중국에서 교역이나 비즈니스를 한 사람(귀국한 조합원)에게서는 탄자니아 홍콩조합 조합원이 낸 금액과 비슷하게 1인당 100달러를, 이

지역 조문객에게서는 1인당 5,000~2만 5,000탄자니아실링(약 2달러~11달러)의 기부금을 받기로 했다. 기부금 중 식비로 사용될 금액을 계산해 매일 앤절라와 함께 대접할 식사 메뉴를 의논하는 게 그들의 주된 일이었다. 나는 2월 13일에 홍콩에서 다르에스살람으로 건너가 조합원 모임에 합류한 뒤 앤절라를 도와 조문객에게 제공할 식사를 준비했다.

멘기의 시신은 2월 18일에 탄자니아 홍콩조합 조합원들과 함께 홍콩 공항을 출발해 19일 15시를 지나 다르에스살람 공항에 도착했다. 멘기의 여권에 인생의 마지막 입국 도장이 찍혔고, 귀국해 있던 조합원들이 눈물 지으며 소형 트럭 짐칸에 관을 싣고 장례를 지내는 자택으로 돌아갔다. 흐느끼는 조문객들 사이를 뚫고 관이 자택 안으로 운구되자 멘기와 대면한 가족의 비통한 울음소리가 울려퍼졌다. 시간이 좀 지나자 멘기의 남동생(앤절라의 남편)인 토드가 나와 유족을 대표해 조문객들에게 인사를 하고 모두 함께 두아(이슬람의 기도)를 창화했다. 그 뒤 조문객들은 모스크로 이동했다.

19시 반, 관을 실은 차를 선두로 매장에 입회할 조문객을 태운 십수 대의 차량이 일렬로 늘어서서 멘기의 고향이 자리한 모로고로주로 출발했다. 조합원은 모두 홍콩에서 중고차를 구입해 갖고 있기에 그들이 분담해 매장에 입회할 조문객들을 태웠다. 관이 흔들려 떨어지지 않도록

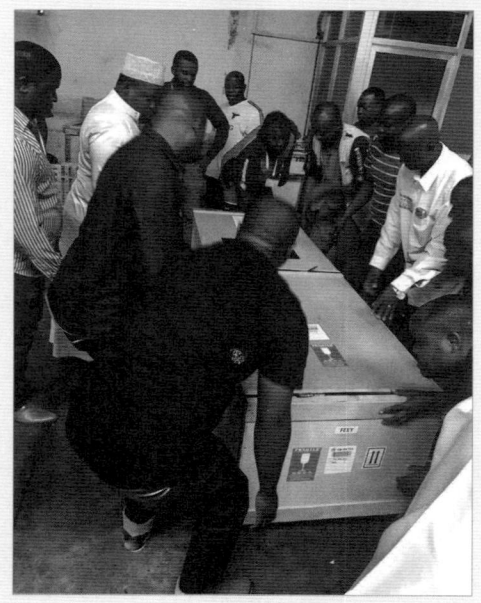

위: 다르에스살람에서의 장례식 광경.
아래: 멘기의 관을 운구하는 조합원들.

느린 속도로 이동해야 해서 모로고로주의 고향 마을에는 23시 가까이 되어서야 도착했다.

멩기의 시신이 그대로 고향집 안으로 운구되자 친척으로 짐작되는 여성들의 울음소리가 밖으로 새어나왔다. 멩기의 고향집 앞에 깔린 비닐 시트 위로 거대한 텐트가 쳐져 있었고 다르에스살람에서 온 조문객들은 거기서 뒤엉켜 잤다. 이 텐트는 건축 자재와 함께 중국에서 다르에스살람을 경유해 수입해온 것이었고, 이튿날 매장 의식을 위한 식대는 친척들이 마을 사람들로부터 기부받은 돈과 조지프 및 동료들이 모은 기부금에서 남은 돈으로 충당했다. 다르에스살람과 모로고로주를 오가는 상인들이 텐트 및 조지프와 동료들이 모은 기부금을 사전에 친척들에게 전달해놓았다.

이튿날인 20일, 매장에 입회하는 조문객들은 아침과 점심 식사를 대접받은 뒤 다시 두아를 제창했고, 남성들이 시신을 장지로 운구하여 의식을 치른 뒤 매장했다. 일부 조문객은 다시 다르에스살람으로 떠났고 또 그중 몇 사람은 홍콩과 중국으로 돌아갔다.

이처럼 홍콩에서 갑작스럽게 죽음을 맞은 멩기의 시신을 다르에스살람으로 운구하고 고향 모로고로주에서 매장하기까지의 과정은 유동적으로 아시아, 아프리카 국가들을 오가는 사람들의 '연계 플레이'에 의해 실현되었다.

탄자니아 교역인들은 장사를 하기 위해 광저우와 홍콩을 빈번히 오간다. 또 홍콩, 중국, 탄자니아 사이를, 탄자니아의 도시와 농촌 사이를 교역을 위해 오간다. 이렇게 서로 다른 지점을 이동하는 사람들이 장사와 교역 과정에서 기부금과 필요한 물자를 서로 전하고 역할을 분담한다. 현재는 국경을 넘나드는 연계가 정보통신기술ICT의 발전에 따라 더욱 편리해지고 있다. 다르에스살람에서의 밤샘과 장례식, 모로고로 마을에서의 매장 상황은 왓츠앱의 그룹 페이지에 올린 동영상과 인스타그램의 라이브 방송으로 홍콩 조합원들에게 실시간으로 중계되었다. 다르에스살람에서 장례식이 치러질 때 홍콩에서는 고인을 추억하는 모임이 열려 이들은 홍콩과 탄자니아의 장례식을 동시에 경험했다.

카라마는 말한다. "본인이 탈퇴를 원하지 않는 이상 어디로 이동하든 조합원으로 살아갈 수 있어." 교역인 대부분이 홍콩과 중국에서 태국, 인도네시아, 미국 등으로 활동 영역을 확대해 여러 비즈니스 거점을 연결하며 장사하는 현재, 이런 멤버십은 '상업적 여행자', '빈번한 이동자'로서 거주 안정성이 없는 이들이 어디서나 살아갈 수 있는, 혹은 어디서 사망해도 고향에 돌아갈 수 있는 가능성을 강화하고 있다.

'무리하지 않음'을 기준으로 삼기

그러나 누구에게나 찾아오는 죽음은 때로 조합원 간의 호수성을 뛰어넘는 논리를 필요로 한다. 2016년 12월, 한 탄자니아인이 첫 홍콩 체류 중에 사망하고 말았다. 탄자니아 홍콩조합의 조합원 중 누구도 이 사람을 알지 못했다. 그럼에도 카라마와 조합원들은 베이징에 있는 탄자니아 대사관의 협력 요청을 받아들여 시신을 인계했다. 그리고 그의 가족을 찾아 연락을 취했는데 가족은 시신을 운구할 재정적 능력이 없다고 털어놓았다. 카라마와 조합원들은 할 수 없이 같은 방법으로 기부금을 모아 동포의 시신을 모국으로 운구했다.

홍콩과 중국에 오직 단기간 체류하며 카라마 같은 브로커를 고용하지 않는, 탄자니아와 아시아 국가들을 매우 가끔 오가는 '상업적 여행자' 가운데에는, 홍콩 또는 중국의 비즈니스 환경에 익숙지 않은 데 더해 홍콩의 남아시아계 이민자나 중국계 비즈니스 파트너와 쓸데없는 문제를 일으키는 이들도 있다. 이러한 경우에도 조합이 중재와 해결을 요청받는다. 친절히 대해줘도 비즈니스에 실패해 두 번 다시 홍콩과 중국에 오지 않는 사람이 많은데도 말이다. 결과적으로 홍콩과 중국에 오랫동안 머물고 있는 사람들은 필연적으로 홍콩과 중국에 어쩌다 건너오는 사람들보다 더 많은 죽음과 어려움의 해결에 돈과 노력을 낭비하게 된다.

나아가 조합원들의 조합 활동 공헌도에도 차이가 있다. 탄자니아 홍콩조합의 조합원들은 '법'을 다소간 위반하고 있는데, 그럼에도 마약을 판매하거나 절도와 성매매를 병행하는 사람인지 중개업을 하거나 의류, 전자제품 등의 교역에 종사하는 사람인지에 따라 '교도소와의 거리', 또는 일어나는 문제의 성격이나 빈도에 차이가 있다. 한편 종교적인 신앙 때문인지, 개인의 신조인지, 아니면 냉정하게 위험 부담을 계산해서인지는 확실치 않지만 '밀수는 하지만 마약에는 손대지 않는다', '성매매를 하지만 절도는 하지 않는다'라고 굳게 결심한 사람도 많다. 이들은 '범죄'에 손을 댄 동포를 부정/거부하지는 않는다 ─ 범죄로 벌어들인 큰돈을 펑펑 쓰는 화려한 파티에 초대받으면 역시 좋아하면서 참가한다. 하지만 내가 짊어지지 않기로 한, 타자의 리스크를 지게 된다.

호수성을 기반으로 조합이 운영된다고 가정했을 때, 조합 활동에 공헌하지 않는 사람도 지원하는 이유는 무엇일까? 위험도가 높은 범죄 행위에 손댄 동료가 어려움에 빠졌다고 도울 필요가 어디에 있는가? 자업자득 아닌가?

카라마를 비롯한 조합원들과 생활하다 보면 조합 활동에 대한 실질적인 공헌도, 특정한 어려움, 궁지에 빠지게 된 '원인'을 거의 불문하고, 마침 홍콩에 있는 그 타자가 처한 상황(결과)에만 응답하여 가능한 범위 내에서 지원해주는 태도가 폭넓게 관찰된다. 이는 죽음이라는 특별한 사태에만 한정된 것이 아니다. 또한 조합 활동과 타자에 대한 세세한 규칙이나 규범을 가능한 한 만들지 않는다/애매한 채로 둔다는 의도가 있음을 알 수 있다. 앞에서 얘기한 사례가 보여주듯이 이들의 집회에서는 다양한 의견이 나오는데, 최종적으로는 '여러 사정이 있으니 세세하게 따지지 말자'는 결론에 도달한다 — 무임승차자 문제도, 기부금을 상황에 따라 달리 받자는 제안도 다시 문제 삼지 않았다.

이러한 태도를 취하는 데는 몇 가지 배경이 있다. 첫째, 홍콩조합 집회에서 한 여성이 발언했듯이 기본적으로 이들은 조언을 요청받지 않는 이상 타자의 비즈니스와 행위에 끼어들지 않기에 그 사람의 '사정'을 자신이 속속들이 알 수 없음을 이해하고 있다. 나는 연구자로서 이들의 생활사나 비즈니스에 대해 묻거나 들으면서 조사를 해왔는데, 대상자가 어떤 일을 태연히 설명해주더라도 주위 사람들이 내게 "그에게 말하기 어려운 사정이 있을지 모르니 놔둬"라고 충고한 적이 있다. "그 이상은 알려고 하지 않는 편이 서로에게 좋지 않겠어?"라는 조언도 받곤 했다. 타자의 복잡한 사정은 알 수 없는/알고 싶지 않은 것이기에 타자의 '자기 책임'인지 아닌지를 판단하기란 어렵다. 2017년 4월에 사망한 아프리카 식당 요리사 쇼마리는 중증 알코올 의존증 환자로, 어느 날 갑자기 동료들

앞에서 졸도했다. 그러나 어째서 그가 알코올에 의존하게 되었는지 물어도 답을 찾기란 지난한 일이다.

두 번째 배경으로는 그들만의 독자적인 인간관·주체관이 있다. 어디까지가 '자기 책임'이고 어디부터가 '불운'의 영역인지를 묻는 것은 원래 매우 어려운 일이지만, 이들은 애초에 개별적인 실천·행위의 귀결을 타인에 대한 인물 평가 — '노력이 부족하다', '생각이 안이하다', '별로 착하지 않다' 등 — 와 연결 지어 말하는 것 자체를 거의 하지 않는다. 물론 사정을 아는 개개인에게서 이야기를 들어보면 이런 사태가 되어 안타깝다고 말하긴 하지만, 완전히 당사자의 책임으로 돌리는 말은 거의 하지 않는다. 2019년에 퀸엘리자베스 병원으로 이송되어 집중치료실에 들어간 성 노동자 베이베(가명)를 몇 사람과 함께 문병하고 돌아오는 길에 중고차 브로커 알리(가명)는 이렇게 말했다.

"베이베는 성매매를 하니까 매일 (섹시하게 보이기 위해) 얇게 옷을 입고, 술을 퍼마시고, 담배를 엄청 피우고, 번 돈을 노는 데 탕진해서 결국 병이 들었어. 베이베는 막 태어난 쌍둥이를 남겨놓고 홍콩에 왔는데 불쌍하게도 쌍둥이는 엄마 얼굴도 몰라. 하지만 처음부터 이렇게 살아왔던 건 아냐. 사야카, 홍콩에 있는 탄자니아인이 병에 걸리는 가장 큰 원인이 뭐라고 생각해? 많은 사람이 처음에는 일을 조정하지 못하는 병에 걸려. 그러다가 (알코올 의존증 등의) 진짜 병에 걸리는 거야. (홍콩과 모국은 물가가 다르니까) 우리는 모국에서는 상상할 수 없는 큰돈을 벌어. 누구나 생각하지. 홍콩에서 한 끼를 사먹을 돈이면 탄자니아에서는 몇 명이 먹을 수 있을까, 하고 말이야. 그러니 돈을 더 벌려면 뭘 해야 좋을까, 이러이러한 장사에 투자하자, 라며 일 생각을 해. 그러다가 생각지 못하게 큰돈을 버는 날이 이어지면 앞으로도 어떻게든 되겠지 싶어져. 거꾸로 전혀 벌지 못하는 날이 계속되면 갑자기 모든 게 허무해지고. 이렇게 먼 곳까지 와서 나는 뭘 하고 있는 걸까, 하고 말이지. 계기는 사람마다 다르겠지만 누구나 될 대로 되라는 기분에 빠질 때가 있어. 그렇게 일을 그만두고 한가해지면 돈을 벌려고 머리를 쓰던 때에는 생각지도 못했던 일들을 고민하기 시작해. 모국과 홍콩 생활의 차이나 남겨둔 가족에 대해 생각하거나, 모처럼 홍콩에 있으니 내 인생을 즐기자, 범죄로 돈을 버는 동료들이 부럽다, 저 인간은 버는데 나는 벌지 못하는 이유는 뭔가 등등. 이 시점에서는 큰 병이 아니야. 대부분의 사람은 고민하는 데 질려서 얼마 뒤에 평범한 날들로 되돌아가. 그런데 장사는 중요하단 말이지. 머리 쓰는 것을 포기하면 추락하는 건 순식간이거든." 그리고 이렇게 덧붙였다. "일이 꼬여 범죄자가 되거나 불치병에 걸린 동료가 있다 해도, 그런 녀석은 어찌 되든 상관없다고 생각하지 않아."

앞서 이야기했듯이 이들은 늘 "아무도 믿지 않아"라

고 단언한다. 이는 '본성', '드러내놓고 할 수 없는 사업'을 몰라서 그런다기보다 누구나 처한 상황에 따라 좋은 방향으로도, 나쁜 방향으로도 변모할 가능성이 있다는 이해에 기초하고 있다고 보인다. 카라마와 동료들은 "저 사람은 지금 잘나가니까 돈을 빌려줘도 괜찮아", "저 사람은 지금 수입한 천연석 품질이 나빠서 크게 손해를 보고 있으니까 조금 주의하는 게 좋아", "저 사람의 연인도 함께한다면 그는 좋은 녀석이니까 놀러가"라고 '지금'의 상황에 한정하는 형태로만 타자를 평가한다. 언뜻 냉정하게도 보이지만 이는 일종의 관용과도 표리일체다. 즉, '페르소나'와 그 뒷면에는 '민낯'이 있는데 '민낯'을 모르니까 신뢰할 수 없다, 라고 생각하는 게 아니라, 책임을 돌릴 수 있는 일관된 불변의 자기自己 같은 건 없다고 인식하고 있는 듯하다.

세 번째 배경은 난민으로 거주하지 않는 조합원들은 유동적으로 아시아와 아프리카 국가들을 오가기 때문에 구성원 사이의 엄밀한 호수성을 고려/계산하는 것 자체가 어렵다는 점이다. 나는 앞서 이야기한 홍콩조합의 긴급 집회에 참가해 1,000홍콩달러를 기부했다. 며칠 후에 탄자니아로 건너가 귀국해 있던 조합원들의 집회에 참가했을 때도 기부가 시작되었기에 일단 지갑을 열었는데 "중국과 홍콩에서 귀국한 조합원들의 기부금 액수는 홍콩 쪽이랑 거의 같네요"라고 감상을 말하자 조합원들이

"아, 그래요?"라면서 홍콩에서의 기부금 액수를 몰랐다고 한 다음, "혹시 거기에서도 기부했어요? 그렇다면 여기서는 안 내도 괜찮아요" 하며 기부를 거절했다. 즉, 누가 다른 장소에서 얼마나 공헌했는지 정확히 공유되지 않았다. 마침 홍콩도 모국도 아닌 곳 — 예를 들어 마카오나 태국 등 — 에 있었다면 조합 활동에 공헌하지 않아도 아무 문제가 없다.

또 본인이 희망하면 어디로 이동하더라도 관계가 지속되지만, 본인이 바라지 않는다면 자연 소멸한다. 2018년 3월에 홍콩으로 건너온 후 난민으로 8년 넘게 체류했던 두 탄자니아인이 비즈니스를 그만두고 귀국했다. 그들과 늘 함께했던 자하브(가명)에게 "쓸쓸하지 않아?"라고 물었더니 그는 "잠시 동안은 쓸쓸해도 금세 잊어"라고 하며 미소 지었다. 이처럼 멤버십이 불안정한데 조합에 대한 공헌도를 '상호 부조'의 조건으로 삼기란 어렵다.

말하자면 이들은 '서로 돕는 인간을 구별·평가하는 기준을 명확화하기'와 '상호 부조의 기준·규칙을 명확화하기,' 어느 쪽도 하지 않는다. 오히려 조합 운영과 조합 내 상호 부조 면에서, 엄밀한 기준과 약속에 의해 '서로 무리하거나 스트레스를 크게 받는 것'을 되도록 회피하기를 규칙으로 삼고 있다고 보인다.

'겸사겸사'의 논리

'청킹맨션의 보스'인 카라마는 지금까지 낯선 젊은이들을 포함해 수많은 사람을 돌봐줬다. 그에게 이유를 물으니 "그야 내가 청킹맨션의 보스이니까"라고 대답한다. 하지만 매사 귀찮아하는 성격의 카라마가 많은 젊은이를 돌봐줄 수 있었던 비결을 있는 그대로 말하자면 '적당히' 하기 때문이라고 나는 생각한다.

이들의 일상적인 상호 부조의 대부분은 '겸사겸사' 이루어진다. 예를 들면 2017년 1월경 카라마와 동료들은 불법 체류가 적발돼 3개월간 교도소에 수용되었다가 나온 마바야를 돌봐줬다. 카라마는 마바야가 무일푼이 되었다는 걸 알아서 점심과 저녁 식사 시간에 우연히 마주치면 밥을 사줬다. 하지만 딱히 더 신경을 써서 밥 먹자고 부르지는 않았고, 마주치지 않으면 한턱 내지도 않았다. 그래도 그날 장사가 잘된 누군가가 우연히 그와 마주치곤 했기에 ─ 그들이 식사를 하러 가는 레스토랑은 항상 똑같다 ─ 마바야는 늘 식사를 했다. 상대가 안내해줬으면 하는 곳이 목적지로 가는 길 도중에 있다면 데려가고, 침대가 비어 있으면 머물게 해준다. 아는 일이라면 친절히 가르쳐주고, 겸사겸사 해줄 수 있는 일이라면 흔쾌히 받아들인다. 하지만 부담스러운 상담은 선선히 거절하고, 자신의 상황에 따라 약속을 연락도 없이 어기며, 부끄러운 기색도 없이 "어이, 재패니즈!" 하고 웃으면서 찾아온다.

앞서 설명한 국경을 초월하는 '연계 플레이'도 이 '겸사겸사'의 논리로 작동한다. 마침 우연히 중국에서 홍콩으로 온 사람이 연락 담당을 맡고 기부금을 모은다. 상품 구매를 마치고 모국으로 귀국하는 사람은 홍콩과 중국에서 모인 기부금과 텐트를 나른다. 이 '겸사겸사'의 연계는 시신 운구에 한정된 일이 아니다. 홍콩에 난민으로 거주하는 탄자니아인은 모국에 있는 가족에게 줄 물건을 마침 귀국하는 교역인에게 맡기고 그 교역인은 '겸사겸사' 전달한다. 자금이 없어 홍콩에 건너오지 못하는 사람은 교역인에게 캐리어의 남는 공간만큼 자신의 상품도 '겸사겸사' 구매해 달라고 부탁한다. 누구나 '무리하지 않는다'는 태도를 견지하고 있기에 이 상호 부조는 도움을 주는 사람에게 과도한 부담이 발생하지 않는다.

그들은 "타인을 도울 수 있는 사람이 반드시 있다"고 말한다. 돈을 벌 수 있다는 얘기에 솔깃해 앞선 이가 준 종잇조각 하나를 '길 안내' 삼아 중국과 홍콩에서 장사를 시작한 그들에게 '궁지에 빠진 경험'을 물으면 다들 수없이 겪어본 인생의 위기를 들려준다. 그 위기들을 극복할 수 있었던 것은 집회에서 조합원들이 말했듯이 우연히 만난 누군가에게 도움을 받았기 때문이다. 하지만 이 '분명 누군가가 도와준다'라는 신념은 '동포에게 친절히 대해야 한다'는 기대가 아니라, 각기 다른 인간들이 갖고 있는 서로 다른 가능성에서 주고받기give and take의 기회를 발견해내는 각자의 '지혜'에서 비롯한다. 이미 이야기했듯이 카라마의 휴대폰에는 정부 고관이나 대기업 사장, 사기꾼, 도둑, 전과자까지 온갖 사람이 등록되어 있다. 이들과의 네트워크는 '겸사겸사'에 의해 구축되어왔다. 상대를 불문하고 돕는 까닭은 자신이 어려운 지경에 처했을 때 도움을 줄 수 있는 인물이 달라지기 때문이다.

어느 날 카라마가 내게 물었다. "사야카, 사기를 당했을 때 가장 도움이 되는 정보를 가르쳐줄 수 있는 사람이 누구인지 알아?" 내가 "음… 경찰이나 변호사?" 하고 대답하자 "아니지. 그야 사기꾼의 친구인 게 당연하잖아. 누가 나중에 도움이 될지 모르는 거야. 왜냐하면 미래는 아무도 모르거든. 성공한다면 대기업 경영자인 동료가 중요해질 수 있어. 하지만 체포당하면 수감자인 동료가 중요해지는 법이야. 일본에 가는 날이 온다면 일본인인 사야카에게 길 안내를 부탁하겠지만, 어쩌면 태국에 가게 될지도 모르지. 중요한 것은 동료의 숫자가 아냐. [유형이 다른] 이런저런 동료가 있는지야"라고 말한다.

이처럼 타자의 '사정'에 개입하지 않고, 구성원 사이의 엄밀한 호수성이나 의무와 책임도 불문한 채, 무수히 확대 증식하는 네트워크 내 사람들이 각자 '겸사겸사' 할 수 있는 일을 하는 '열린 호수성'을 기반으로 삼음으로써 이들은 부담 없는 '서로 돕기'를 촉진하고 국경을 초월하는 거대한 안전망safety net을 만들어나가고 있다.

이 '열린 호수성'은 구성원 간의 신뢰와 호수성을 키움으로써 '선한 사회'를 목적 지향적으로 구축하고자 하는 '시민 사회 조직'의 논리보다 ICT나 사물인터넷IoT, AI 등 테크놀로지의 발전에 의해 주목받게 된 공유경제나 공짜경제Freeconomics 사상과 더 가까운 것처럼 보인다. 즉, 이들의 조합을 승차 공유 서비스 우버나 숙소 공유 서비스 에어비앤비, 또는 불특정 다수 유저의 게시물을 통해 다양한 정보를 무료로 이용하는 여러 사이트 같은 '플랫폼'이라고 생각하면 논리가 통한다. 조합 활동은 이들이 비즈니스를 위해 구축한 SNS상의 경매 시스템이나 전자화폐가 오가는 크라우드 펀딩과 밀접하게 연동된다.

다음 장에서는 이들의 비즈니스 양상과 시스템에 대해 이야기해보겠다.

주

1 栗田和明, 「移動する者から見た移民コミュニティー: 広州へのタンザニア人交易人に注目して」, 『流動する移民社会: 環太平洋地域を巡る人びと』, 昭和堂, 2016.

2 Müller, A. and R. Wehrhahn 2013 Transnational Business Networks of African Intermediaries in China: Practices of Networking and the Role of Experiential Knowledge. *Journal of the Geographical Society of Berlin* Vol.144. No.1: pp. 82-97.

3 栗田和明, 앞의 책, pp. 3-4.

제3장

홍콩 브로커의 일

 이 장에서는 카라마나 브로커들의 일상적인 비즈니스에 대해 소개하겠다. 이들은 SNS를 이용해 독자적인 크라우드 펀딩과 일종의 공유경제 시스템을 구축하고 있다. 이들의 놀랄 만한 공유경제의 구조를 설명하려면 우선 보통 어떤 비즈니스를 하고, 홍콩의 업자나 아프리카 국가들의 고객과 어떤 관계를 구축하고 있는지 밝힐 필요가 있다.

 청킹맨션에 장기 체류하는 많은 탄자니아인 브로커는 카라마와 마찬가지로 중고차, 중고차 부품, 중고 전자제품 등을 취급한다. 홍콩의 업자나 고객과 교섭하는 기술, 교제 방식 등은 브로커마다 다를 수 있지만 기본적인 비즈니스 방법은 똑같다. 왜냐하면 그들에게 중고차 비즈니스의 노하우를 가르쳐준 사람이 "청킹맨션의 보스"인 카라마이기 때문이다.

 중고차 판매업자와 해체업자가 집결해 있는 곳은 캄셩로드역에서 택시로 수십 분 가면 나오는 캄틴이다. 이 일대의 중고차 판매업자나 해체업자는, 주로 중국에서 홍콩으로 유입된 이민자들이 속한 중국계 주민들 및 파키스탄게 주민들이다.

카라마 같은 중고차나 중고차 부품 브로커가 돈을 버는 방법은 크게 세 가지다.

첫 번째는 아프리카계 교역인의 에이전트로서 돈을 버는 방법이다. 탄자니아와 그 외의 아프리카 국가에서 홍콩에 중고차를 대량 매입하러 온 교역인/수입상/소비자(이하 고객이라고 함)를 캄틴의 중고차 판매업자나 해체업자의 사무실, 매장, 해체 작업 부지 등으로 안내한 뒤 원하는 상품을 함께 찾는다. 그리고 중국계/파키스탄계 업자와의 가격 교섭이나 계약서 작성, 운송 수속 등을 대행하거나 도와주면서 고객으로부터 '수수료'를 받는다. 그들의 벌이는 대부분 이 첫 번째 방법에서 나온다.

두 번째는 캄틴의 중국계/파키스탄계 중고차 판매업자의 에이전트로서 돈을 버는 방법이다. 몇몇 단골 중국계/파키스탄계 업자에게서 취급 차종의 정보를 받고 아프리카 국가의 고객들에게 영업해 판로를 찾은 뒤 중국계/파키스탄계 업자로부터 '수수료'를 받는 것이다.

세 번째는 팔릴 만한 상품을 직접 찾아서 모국의 고객에게 수출하는 방법이다. 고객들에게서 의뢰가 없는데 홍콩의 업자들에게서도 의뢰가 없는 날, 안목 있는 브로커들은 캄틴의 해체업자들 가게를 방문하여 아프리카 시장에 팔릴 만한 '가성비 좋은' 중고차, 부품, 전자제품 등을 찾는다.

그들은 '이거다' 싶은 상품을 찾으면 중고차의 외관, 내장, 엔진 등을 사진으로 찍어 왓츠앱 등의 SNS를 통해 아프리카 국가에 있는 고객이나 브로커 또는 홍콩에 있는 다른 브로커에게 보낸다. 그리고 "금세기 최고로 가성비 좋은 중고차를 발견했습니다! 단골이시니까 특별 가격으로 판매할게요"라는 식으로 영업을 한 뒤 구매자를 찾으면 수출까지의 수속을 맡아준다. 이 경우 1대당 수수료를 받는 게 아니라 홍콩 업자가 설정한 가격보다 높은 가격에 판매하는 것이므로 마진을 얻는다. 카라마 같은 브로커들은 홍콩 업자와 가격을 교섭한 결과 4,000달러에 사기로 한 중고차를 아프리카 국가의 고객에게 4,500달러에, 혹은 6,000달러에 팔기도 한다.

이 세 방식 가운데 카라마가 가장 마음에 들어 하는 것은 아프리카계 고객으로부터 구체적인 의뢰를 받아 대량 매입을 돕고 1대당 수수료와 운송 대행 수수료를 받는 첫 번째 방식이다. 카라마는 아프리카계 고객이 모국에 있을 때부터 빈번히 연락을 취하며 고객을 위해 청킹맨션이나 주변의 저렴한 숙소를 예약하거나, 입국 심사 때 문제가 발생하지 않도록 업자에게 초청장 작성을 의뢰하면서 바쁘게 일하는 동시에 고객이 도착하는 날까지 매일 김칫국을 마시며 자신이 얻을 이익을 이야기한다.

"사야카, 다음 주 월요일에 오는 손님은 탄자니아에서 유명한 여행사의 경영자야. 사파리 투어에 쓸 랜드로

버를 5대 정도 구입하겠다는데, 어떻게든 설득해서 8대를 팔았으면 좋겠어. 그래서 1대당 수수료 400달러×8대면 3,200달러를 버는 거지." "사야카, 역시 랜드로버는 5대로 하고 사파리용으로 미니 버스를 추천해볼까 봐. 오늘 ○○씨네 가게에서 마침 괜찮은 물건을 2대 찾았거든. 랜드로버 수수료가 400달러이고, 미니 버스는 600달러로 교섭한다면 내가 버는 돈은…."

기다리고 기다리던 고객이 도착하면 브로커는 공항까지 마중 나간 뒤 환전, SIM 카드 구입, 세 끼 식사 등의 모든 일을 챙겨주고 매일 함께 중고차를 찾으러 나선다. 고객이 있는 동안만큼은 카라마도 오전 11시쯤에 일어난다 — 사실은 같은 숙소에 있거나 가까운 숙소에 머물고 있는 고객이 문을 두들겨서 깨어난다.

하지만 두 번째 방식인 홍콩 업자로부터 판매 위탁을 받는 일은 그다지 맡고 싶은 생각이 없는 듯하다. 고객의 상품을 찾기보다 홍콩 업자가 팔고 싶어 하는 차의 판로를 찾기가 훨씬 어렵기 때문이다.

또 세 번째 방식은 안목 있는 자신이 물건을 고르기 때문에 판로를 찾는 일 자체는 두 번째 방식보다 쉽지만, 교통비를 지불하고 대량 매입하러 온 '진짜배기 고객'과 달리 이쪽 손님들은 예상 외의 구매를 위한 돈을 금방 준비할 수 없기에 업자가 정한 예약 기한까지 대금을 보내지 않는다든가, "역시 사지 않을래요"라고 연락을 해와서

중고차들을 둘러보러 해체업자를 찾아가다.

헛수고로 그치는 경우가 많다.

아프리카계 고객의 에이전트로서 첫 번째와 세 번째 방식으로 일하는 경우는 나중에 자세히 다루려고 한다. 우선 두 번째 방식에 밀접하게 관련된, 브로커와 홍콩의 중고차 판매업자·해체업자 간의 거래 양상에 대해 설명하겠다.

거래 상대가 나를 그리워할 때 만나러 가기

카라마는 매일 점심때가 지나야 잠자리에서 일어나 약속 시간에 늦거나 바람맞힌다. '거래처에서 화를 내지 않을까'라는 내 의문은 처음 그와 함께 판매 위탁을 맡긴 거래처를 방문한 날에 해결되었다. 역시 업자는 카라마에게 화를 냈다.

2016년 11월의 어느 날, 카라마는 파키스탄계 중고차 판매업자 이스마일(가명)과 오전 10시에 캄틴에 있는 그의 사무실에서 만나기로 약속했다. 자세히는 설명하지 않을 건데, 이스마일은 오랫동안 일본에 거주하며 다양한 장사를 해봤고 일본어도 유창하다. 이날 그는 2억 엔을 투자해 기타큐슈에서 대량 매입한 중고차들이 홍콩에 도착하기를 기다리고 있었고, 카라마 같은 브로커들을 끼고 그중 일부를 아프리카 시장에 팔려고 계획 중이었다. 하지만 늘 그렇듯이 점심때가 지나 일어난 카라마는 14시가 넘어서야 이스마일의 사무실에 도착했다. 이스마일은 사무실에 나타난 카라마를 보자마자 "카라마, 시간은 금이야. 나는 지금까지 100번도 넘게 당신에게 얘기했지. 성실하게 일하면 언젠가 거물과 인연을 맺고 성공할 수 있어. 왜 성실하게 일하지 않는 거야?"라고 영어로 쓴소리를 내뱉기 시작했다.

그러나 카라마에게는 마이동풍이다. 처음에는 미안한 표정을 지어 보이며 영어로 "사야카, 내가 어제 탄자니아에 있는 아내에게 산기가 있어서 아침까지 못 잤다고 이스마일에게 얘기해줘"라며 적당히 변명을 둘러대지만 끊임없이 잔소리를 계속하는 이스마일에게 금세 질린 듯 나에게 이스마일의 사장 의자에 앉아 폼을 잡은 자기 사진을 찍어 달라고 떠들거나, "여기 마살라차가 캄틴의 파키스탄 사무실 중에서 가장 맛있어"라고 하며 느긋하게 직원에게 홍차를 부탁하는 등, 평소처럼 가벼운 태도를 취했다.

카라마에게 잔소리를 해봤자 효과가 없다는 걸 깨달은 모양인지 이스마일은 한숨을 쉬며 이번에는 내게 일본어로 카라마에 대해 투덜거리기 시작했다. 이스마일은 일본에서 고생하며 장사해본 경험 덕에 성실하게 일하는 태도의 중요성을 배웠다고 한다. 성실하게 일하면 좋게 평가해주는 사람이 반드시 나타난다는 것이다. 그러나 이런 이야기를 수없이 해도 카라마는 약속 시간에 맞춰 오는 법이 없고 신용에 금이 가는 행동을 한다. 예를 들면, 카라마 같은 브로커들만이 그러는 게 아니긴 하지만, 다른 업자에게서 이스마일이 판매한 것과 차종만 같고 상태가 나쁜 차를 싸게 사들인 뒤 이스마일이 취급하는 일본 직수입 차라고 속여 판다고 한다. 동시에 이스마일은 카라마가 지금까지 자신의 차를 수십 대나 팔아줬다고도 설명하고, 그의 고객 네트워크가 얼마나 넓은지 알며 비즈니스 수완도 높이 사기에 어떻게든 마음을 고쳐먹기를 바란다고 이야기했다. 그 뒤 다시 영어로 "나는 카라마가 성실하게 일한다면 큰일을 맡겨도 좋다고 생각해. 성실하게 일하라고 스와힐리어로 그를 설득해주지 않겠어?"라고 나에게 요청했다. 영어로 이야기했으니 카라마도 알아듣지 않았을까 싶었지만 혹시나 해서 스와힐리어로 이스마일의 말을 통역했더니 카라마는 태연히 "다 들었어"라고 하며 윙크했다.

카라마도 영어로 "사야카, 이스마일에게 나는 내일부터 다시 태어난 카라마New Karama로 성실하게 일할 거야, 매일 아침 9시까지 여기에 올 거라 약속한다고 일본어로 이야기해줘"라고 했다. 서로 영어를 할 줄 아니 나를 중간에 끼우지 말라고 화를 내면서 이스마일에게 일본어로 그의 말을 전하자, 아니나 다를까 그도 대수롭지 않게 넘겨버리더니 "슬슬 사업 이야기를 하자"고 한다.

이스마일은 일본에서 홍콩으로 도착 예정인 중고차

목록 파일을 카라마에게 보여주면서 어떤 차들을 아프리카 고객에게 팔 수 있는지 상담했다. 카라마는 파일을 쓱 훑어보면서 "다 너무 비싸"하며 얼굴을 찌푸렸다. 카라마는 "앞으로도 사들일 거라면 지저분하거나 찌그러졌어도 상관없으니까 더 싼 차로 해야 해"라고 이스마일을 설득했다. 그리고 구체적으로 가르쳐 달라는 이스마일의 요청에 응해 탄자니아에서 잘 팔리는 차종과 가격대 정보를 종이에 적어줬다. 이스마일은 크게 기뻐하며 종이를 건네받은 뒤 "이제 은행에 가야 하니까 내일 또 만나자고"하며 사무실을 나섰다.

우리는 몇몇 해체업자를 찾아다니며 잘 팔리는 중고차를 물색하고 고객들에게 보낼 중고차 사진을 몇 장 찍은 다음 귀갓길에 나섰다.

돌아오는 전철 안에서 카라마에게 "이스마일이 화를 냈잖아요"라고 말하자 "파키스탄인은 사람은 좋은데 도화선이 짧아서 금방 폭발하는 게 탈이야"라고 한탄했다. 나는 이어서 "내일부터 정말로 아침 9시에 이스마일의 사무실에 갈 거예요? 근데 카라마, 그렇게 일찍 일어날 수 있어요?"라고 농담처럼 물었다. 그러자 카라마는 의외로 진지한 얼굴을 하면서 "9시면 여유롭지. 돈을 벌 수 있다는 걸 알았으니까 철야한 뒤 아침 6시부터라도 일할 거야. 사야카에게는 아직 그런 모습을 보여줄 기회가 없었지만, 내가 돈벌이를 목전에 두었다면 아침 일찍부터 밤 늦게까지 캄틴을 몇 킬로미터씩 걸어다닌다는 건 다들 아는 사실이야. 하지만 내일 이스마일의 사무실에 갈 건지는 우선 손님의 반응을 보고 나서 결정해야지" 하고 대답했다.

청킹맨션에 도착한 카라마는 같은 동 숙소에 머물고 있는 말리인 거물 브로커에게 전화를 걸어 "지금 이야기하는 건 당신에게 황금 같은 기회야. 일본에서 거의 신차나 다름없는 중고차가 100대 정도 도착할 예정인데, 이 건은 아직 나밖에 몰라. 관심 있으면 지금 즉시 몇 대 살 건지 결정해줬으면 해. 내일이면 다른 사람에게 넘어갈지도 모르니까 지금 결정해야 한다"라며 즉시 영업을 시작했다. 심야에 카라마를 다시 만나자 그는 싱글벙글거리면서 "말리인이 토요타 알파드 2004년 모델 등을 20대 정도 구입하겠다고 했어. 사흘 내로 이야기를 매듭지어야지"라고 하며 이스마일의 말대로 수완 있는 비즈니스맨임을 증명해 보였다. 하지만 이튿날 카라마는 여느 때와 다름없이 점심때가 지나서야 일어났다.

말리인과 교섭 후 카라마는 이스마일의 일을 하지 않았고, 다시 나와 함께 이스마일의 사무실을 방문했을 때는 2주 정도 지난 후였다. 카라마는 또 설교를 들었고 이스마일은 "일을 맡기려고 했는데 왜 안 온 거야?"라고 전과 다름없이 쓴소리를 내뱉었다.

돌아오는 길에 "성실하게 일하는 게 아니었어요? 이스마일에게 가면 차 판매를 잔뜩 맡아서 그만큼 수수료를 벌 수 있잖아요? 왜 매일 가지 않는 거예요?"라고 물어보았다. 그러자 카라마는 매우 흥미로운 대답을 했다.

"매일 이스마일을 만나러 가면 그는 나를 아랫사람으로 생각하기 시작할 거야. 이스마일이 화를 낸다고 그의 말에 따르는 태도를 보이면 나를 자기 직원처럼 취급하겠지. 나는 파키스탄인과 수년 동안 일을 해왔기 때문에 이건 예측이 아니라 사실이야. 만약 이스마일에게 고용되면 이스마일만 돈을 벌고 나는 그의 돈벌이를 위해 일을 하게 돼. 우리 아프리카인이 홍콩의 업자들과 대등하게 비즈니스를 하려면 그들이 나를 그리워할 무렵에 가는 게 딱 좋아."

카라마는 그들이 진심으로 화를 내지 않도록 때때로 달래줄 필요가 있다고 하면서도 무릇 자신들을 대등하게 보지 않는 사람들에게 '다루기 쉬운 인간'이 되지 않는 게 매우 중요하다고 설명했다. 지각이나 약속을 깨는 행동 전부가 계산된 것은 아니지만 자신만의 길을 가는 일은, 아프리카인 또는 불안정한 이민자/난민인 그들이 실질적으로는 힘에 차이가 있는 홍콩의 업자들과 대등한 관계를 구축하기 위한 흥정의 일환인지도 모른다.

실제로 카라마와 브로커들은 늘 '대등', '균등'이라는 말을 입에 올린다. 기억을 떠올려보면 카라마를 처음 만났을 무렵에도 그는 나에게 다음과 같은 의뢰를 했다. 카라마는 내가 그와 신용 거래를 해줄 일본의 중고차 업자를 찾아주기를 바랐다. 일본의 중고차 업자는 카라마와 브로커들에게 우선 중고차들을 보내고, 카라마가 그 중고차들을 홍콩에 있는 아프리카계 브로커나 아프리카의 15개 이상 국가의 고객들에게 판매하는 것이다.

카라마가 담당할 일은 마케팅, 판매, 갖가지 트러블의 해결이다. 카라마가 말하기를, 아프리카 국가의 고객으로부터 대금을 징수하거나 불만 처리를 해야 하니 거래 관리 비용이 높지만 이때 생길 수 있는 트러블을 자신이 책임 지고 해결한다는 것이다. 즉, 일본의 중고차 업자가 아프리카 국가의 고객과 거래할 때 따르는 불편을 카라마에게 일임할 수 있다. 단, 일본의 중고차 업자와 카라마는 '대등한 비즈니스 파트너'이며 구매 대금이나 운송 경비를 뺀 순이익은 '균등'하게 나눈다.

이 의뢰 내용을 들었을 때 나는 "안 돼요. 그런 업자를 찾는 건 힘들어요. 왜냐하면 이건 기업에 전혀 알지도 못하는 카라마를 신용하라고 설득하는 일이잖아요"라고 답하며 솔직하게 난색을 표했다. 카라마는 선선한 얼굴을 하며 "그래서 일본인인 사야카가 있는 거잖아. 사야카는 교수니까 보증인으로 나무랄 데가 없거든"이라고 했다. 내가 그의 보증인이 되어 곤란한 사태에 휘말릴지도 모르는 위험 부담을 지는 건 절대 사양이라고 불만을 내비치자 카라마는 "물론 사야카는 내 비즈니스 파트너가 되는 거니까 이익은 우리 둘이 똑같이 나눌 거야. 비즈니스는 누군가를 신용하지 않으면 시작되지 않아. 사야카가 나를 신용할 마음이 들거든 그렇게 하자는 이야기지"라고 대답하더니, 이제 이 이야기는 끝이라는 듯이 어제 인터넷에서 찾은 웃긴 동영상을 보여주기 시작했다.

카라마를 전속 에이전트로 삼고 싶어 하는 파키스탄계 업자

카라마와 동료 브로커들과 함께 중고차 업자들을 찾아다니는 사이에 그들이 몇몇 파키스탄계/중국계 업자와 친밀한 관계를 구축하고 있음을 알게 됐다. 파키스탄계 업자를 방문하러 가면 종종 홍차를 대접받거나 캔에 든 주스를 받는다. 중국계 업자는 대개 쌀쌀맞은 태도를 취하지만, 더운 날 우리가 걸어서 돌아다니느라 땀투성이가 되면 시원하게 있으라고 나무 그늘에 벤치를 가져다주기도 한다. 친한 업자의 사무실에서 카라마와 브로커들은 멋대로 냉장고를 열어 주스를 마시거나, 찬장을 뒤적여 식빵이나 비스킷을 찾거나, 때로는 주방에 들어가 직원용으로 준비된 점심을 데워 먹기도 한다. 처음에는 마치 자기 것처럼 행동하는 모습에 놀랐지만 업자들은 "카라마는 형제니까", "벌써 10년 넘게 알고 지냈으니까" 하며 너그럽게 넘긴다. 파키스탄계 업자 중에는 카라마를 전속 에이전트로 고용하고 싶어 하는 이들도 있다.

2018년 3월 20일에 찾아간 파슈툰인 중고차 업자는 18년 전부터 중고차 비즈니스를 시작해 대만, 말레이시아, 한국 등지에서도 장사를 했다. 지금도 본거지는 대만에 있고 사장인 그는 홍콩 지사에 가끔씩만 온다고 한다. 사장은 오랜만에 만난 카라마와 다정하게 포옹을 나눈 뒤 나에게 "내가 벌써 몇 년 전부터 '함께 대만에서 비즈니스를 하자'고 카라마를 설득하고 있는데 (한번 홍콩을 떠나면 난민 자격을 잃어버리기 때문에) 카라마가 좀처럼 결심을 내리지 않아. 얼른 하지 않으면 한몫 잡기 전에 우리는 할아버지가 될 거야"라고 말했다. 백발의 사장은 카라마보다 두 살 아래이지만 겉보기에는 카라마보다 나이 들어 보인다고 한탄했다. 그러자 카라마는 "괜찮아. 나이보다 마음이 중요한 거지. 내 마음은 아직도 이팔청춘이야. 영원한 소년이지"라고 하며 가슴을 펴더니, 홍콩을 떠나면 반드시 대만에 가겠다고 약속했다. 물론 대등한 '비즈니스 파트너'로서.

    업자들에게 카라마 같은 브로커는 고객 확보, 판로 개척, 잘 팔리는 상품 정보 입수와 관련해 중요한 고객이다. 하지만 그들이 브로커를 이용하는 배경에는 아프리카 국가의 고객과 직접 거래할 때 발생할 수 있는 다양한 불편을 회피하려는 이유가 크게 자리하고 있는 것 같다. 아프리카 국가의 고객이 대량 매입을 하는 시스템에 대해서는 나중에 설명하겠지만, 우선 홍콩의 업자가 고객을 신뢰할 수 있는지를 가려내기란 매우 어렵다. 업자들은 '판매 계약 완료'로 분류해 팔지 않고 놔둔 중고차의 대금이 기한까지 입금되지 않거나, 분명 수출한 중고차가 항구에 도착하지 않았다는 클레임이 들어오거나, 판매한 고객이 아닌 다른 사람이 중고차를 인수하러 와서 문제가 된 경우 등의 사례를 종종 이야기해준다. 카라마 같은 브로커를 끼고 거래를 하면 이러한 위험 관리를 전부 브로커에게 전가할 수 있는 것이다.

 단, 브로커와 홍콩의 업자의 관계가 반드시 '윈윈'인 것은 아니며, 잠재적으로는 이해가 대립한다. 우선 어떤 점에서 이들의 이해가 서로 대립하는지 설명하겠다.

홍콩의 업자와 아프리카계 브로커의 관계

캄틴의 중고차 판매업자·해체업자의 비즈니스는 이스마일의 경우처럼 ①일본에서 중고차를 수입해 홍콩에 모이는 각국의 수입업자에게 판매·전매하는 형태 ②중국 및 홍콩에서 폐차를 포함한 중고차를 대량 매입해 판매·전매하는 형태로 이루어져 있다. 일본의 경매 등에서 사들여 홍콩에 수입하는 업자가 취급하는 중고차는 상태가 좋고 종류도 다양하지만 상대적으로 가격이 높다. 이스마일과 같은 파키스탄인인 하심(가명)은 2000년대 전반부터 중국과 홍콩에서 중고차를 사들여 판매하고 있다. 그가 취급하는 것은 폐차 직전의 사고 차량과 출시년도가 오래된 차이며 가격이 매우 싸다. 카라마 같은 아프리카계 중고차 브로커가 매일 고객을 안내해 데려가거나 잘 팔리는 중고차를 찾아 만나러 다니는 상대는 오로지 하심과 같은 유형의 업자다. 다음 사례는 이 후자 유형의 업자와 거래하면서 생기는 일이다.

2018년 2월 26일, 나는 카라마에게서 갑자기 2,400달러를 빌려 달라는 부탁을 받았다. 큰 액수라 망설여져서 냉담하게 거절했는데 ― 그 때문에 잠시 서먹서먹해지기도 했다 ― 그가 내게 돈을 빌리려고 한 경위에는 나름대로 합리적인 이유가 있었다. 며칠 전 카라마는 탄자니아의 시티 버스 회사 사주인 사이디(가명)에게서 시티 버스로 사용할 토요타 코스터 6대와 소형 트럭(차종 불명) 2대, 합계 8대의 주문을 받았다. 그동안 사이디는 아랍에미리트 두바이에서 직접 차를 대량 매입해왔지만 두바이보다 홍콩에서 1대당 평균 2,000달러가량 싸게 구입할 수 있다는 사실을 알고 이번에는 홍콩으로 대량 매입하러 왔다고 한다.

홍콩에 익숙하지 않은 사이디는 처음 보는 업자와의 교섭에 실패해 불량품을 비싸게 사들이게 될지도 모르는 위험을 회피하려고 카라마에게 1대당 수수료 400달러를 지급하는 조건으로 대량 매입 가이드를 의뢰했다. 나는 비싼 수수료(카라마의 높은 실수령액)에 놀랐다. 하지만 홍콩의 업자에게 속아 대폭 수리해야 하는 중고차를 비싼 가격에 샀다는 실패담을 들은 적이 있는 사이디는 1대당 400달러의 수수료를 "싸다"며 기뻐했다고 카라마는 말했다. 이렇게 약속한 시점에서 브로커인 카라마가 받을 금액은 400달러×8대, 즉 3,200달러가 될 예정이었다. 그러나 카라마는 자기가 코스터 6대의 예약금을 미리 파키스탄계 중고차 업자에게 지불한 뒤 이 차들을 사이디에게 직접 판매할 계획을 꾸몄다.

업자의 판매 가격은 1대당 4,000달러였기에 사이디를 업자의 가게로 데려가면 중고차는 이 가격에 판매된다. 여기서 카라마가 6대의 예약금 2,400달러를 업자에게 먼저 지불하고 자기 상품으로 만들면 업자는 카라마와 고객 사이의 교섭에 개입하지 않기 때문에, 가령 카라마가 1대당 4,500달러에 판매한다면 1대당 수수료 400달러와는 별도로 1대당 500달러의 돈을 벌 수 있다. 이 경우 카라마는 3,200달러 외에 500달러×6대=3,000달러를 추가로 얻어 거의 두 배의 이익을 올리게 된다는 계산이 나온다. 두바이에서보다 싸게 손에 넣기만 하면 사이디는 500달러 정도 마진을 올려도 "싸다"고 좋아하며 살 거라고 카라마는 말했다.

그러나 카라마가 주위 사람들에게 빚을 지면서까지 예약금을 마련해 직접 고객에게 중고차를 판매하려 했던 이유는 이익을 더 얻기 위해서만은 아니었다. 사이디는 일반 소비자가 아니라 시티 버스 회사의 사주이므로 앞으로도 정기적인 주문을 할 거라 예상할 수 있다. 만약 사이디와 파키스탄계 업자가 직접 교섭하고 문제없이 거래가 끝나 서로를 신뢰할 수 있음을 알게 되면, 다음부터 사이디는 카라마를 끼지 않고 업자에게 직접 주문할 것이다. 브로커에게 수수료를 주지 않아도 되니 더 싸게 거래할 수 있으니까 말이다(게다가 카라마가 몰래 마진을 올린 가격으로 사는 일도 없다). 업자도 카라마에게 지불하는 수수료만큼 조금 더 비싸게 팔 수 있을 것이다. 카라마는 캄틴의 파키스탄계 업자들에게 지금까지 데려간 "귀중한 고객의 70퍼센트를 빼앗겼어"라고 불만스럽게 말했다.

지금까지 이야기했듯이 홍콩의 중고차 판매업자·해체업자는 기본적으로 아프리카 고객과 신뢰 관계를 수립할 수 있으면 브로커를 끼지 않고 직접 거래하기를 바란다. 실제로 아프리카계 브로커를 끼고 다수의 아프리카 국가 고객들과 관계를 구축해온 파키스탄계 업자 가운데에는 우간다의 수도 캄팔라나 탄자니아 최대의 도시 다르에스살람에 지점을 여는 사람/열 계획을 말하는 사람이 늘고 있다. 최근 들어 카라마가 귀국을 절실히 바라는 이유 중에는 아프리카 국가들에 진출하는 업자와의 '채널'을 모국의 브로커(예비군)보다 앞서 획득하려는 계산도 있는 듯하다. 한편 아프리카 국가의 고객들도 홍콩에서 대량 매입 시 업자와의 교섭 방법을 알면 브로커를 끼지 않고 자신의 안목과 교섭력으로 비즈니스를 이끌어가기를 바랄 것이다.

즉 카라마 같은 브로커들은, 홍콩 지리 및 업자의 방식과 수법에 익숙하지 않은 아프리카계 고객과 아프리카계 고객의 방식과 수법에 익숙하지 않아 신뢰할 만한 고객을 가려낼 수가 없는 업자 사이에서 '신용'을 보증하고 '수수료'나 '마진'을 챙기는 비즈니스를 하고 있는 것이다. 바꾸어 말하면 '고용되지 않고 대등한 파트너로서 자영업을 하는' 브로커들의 비즈니스는 양자 사이의 '신용 결여'로 인해 성립되며, 아프리카계 고객과 홍콩의 업자가 직접 거래를 거듭하여 신용을 수립하면 필요 없어지는, 혹은 자율성을 포기하고 어느 한쪽을 위해 일하는 '노동자'가 되고 마는 불안정성을 지니고 있다.

카라마와 브로커들도 홍콩(및 중국)과 아프리카 시장 둘 다 눈 감으면 코 베어가는 무정부적인 시장이기에 자신들의 틈새 산업의 원천이 되고 있다는 사실을 알며, 때로 실제로 일어난 트러블 사례를 SNS에 소개하기도 한다. "홍콩의 아프리카인을 신용하지 마라", "홍콩 사람을 신용하지 마라", "우리를 통하지 않으면 뼈아픈 일을 겪게 된다"고 말이다.

이 책의 다음 장에서 이야기할, 브로커들이 SNS를 이용해 구축한 교역 시스템은 아마존이나 알리바바 같은 기업들이 제공하는 시스템과 마찬가지로, '신뢰의 결여'를 그대로 자원으로 두면서 파키스탄계/중국계 업자와 아프리카계 고객 사이에 자신들이 개입하는 '독자적인 신용 시스템'을 만들려는 시도이다.

중고차 대량 매입 투어

우선 중고차 대량 매입 투어의 구체적인 양상을 사례로 들며 브로커와 고객 그리고 브로커끼리의 관계성을 분명히 밝힘으로써 이들 장사의 특징과 안고 있는 과제를 검토하려고 한다. 우선 일상적인 물품을 구입하는 투어를 묘사해보겠다.

2018년 3월 20일, 카라마는 아바시(가명)와 사미르(가명)라는 교역인을 안내했다. 둘 다 40대 전반의 남성으로, 아바시는 홍콩에서의 대량 매입이 이로써 네 번째였고 사미르는 처음이었다. 둘은 3월 15일 목요일에 홍콩에 도착해 16일 금요일에 캄틴의 중고차 판매업자·해체업자 들의 가게를 한번 둘러보고, 19일 월요일에는 구입할 중고차·중고 부품을 점찍은 다음, 20일에는 점찍어놓은 차를 구입하기 위해 캄틴을 다시 방문했다.

오전 11시에 카라마는 단골 파키스탄 식당에서 둘과 만난 뒤 청킹맨션을 나와 왼쪽으로 향했다. 다시 왼쪽으로 꺾어 조금 걸으면 나오는 이스트침사추이역에서 전철을 타고 캄성로드역으로 출발했다. 홍콩에는 옥토퍼스八

達通라는 IC카드가 보급되어 있지만 카라마는 매일 표를 산다. "매일 전철을 타니까 IC카드를 사면 편하지 않겠어요?"라고 물은 적이 있는데 "나는 지금까지 옥토퍼스를 스무 번도 넘게 잃어버렸어. 어차피 잃어버릴 테니 표만 사기로 했지"라는 대답이 돌아왔다. 역시 덜 된 인간이다.

캄셩로드역에는 각 지구로 가는 버스들이 있지만 카라마와 브로커들은 대개 택시를 이용한다. 카라마는 '직진', '앞', '왼쪽', '오른쪽', '여기서 정차' 등의 간단한 광둥어를 반복하며 캄틴에 있는 여러 단골 중고차 판매점과 해체업자의 가게로 택시를 능숙하게 안내한다.

택시에 올라타면 카라마는 늘 운전기사의 명패를 확인하고 "미스터 ○○"라고 친밀하게 부른 다음 "당신은 홍콩에서 태어났나요? 아니면 중국 본토 출신인가요?"라고 말을 건다. 운전기사들은 대체로 무시하지만 카라마는 "여기는 미스터 카라마. 홍콩에서 라이브로 보내드립니다. 오늘은 미스터 ○○의 안전 운전으로 캄틴으로 가고 있어요. 예이, 예이! 미스터 ○○, 아프리카의 시청자 여러분께 한마디 해주세요!"라고 크게 떠들며 인스타그램 라이브 방송을 시작한다. 운전기사들은 한껏 기분이 고조된 카라마에게 쓴웃음을 지으면서도 그가 내민 스마트폰 화면을 보고 손을 흔들어주기도 한다. 영어가 능숙한 운전기사들은 때때로 세상 돌아가는 이야기를 한다. 사실 이런 행동은 카라마 나름의 배려이고 일을 하기 위한 기술이기도 하다.

캄틴의 택시 운전기사 대다수가 이곳을 방문하는 아프리카계 브로커들을 태운 경험이 있다. 그들은 브로커가 손님이 원하는 중고차를 찾기 위해 몇 곳이고 판매업자와 해체업자의 사무실을 방문하고 매장이나 폐차장을 수십 분 돌아보는 동안 불안한 마음을 갖게 된다. 그래서 대다수 운전기사는 아프리카계 브로커에게 좋은 인상을 갖고 있지 않다. 기다리는 동안 요금이 올라가는 데도 카라마와 브로커들은 신경 쓰는 기색도 없이 운전기사를 기다리게 한다. 운전기사들은 교대 시간이 가까워지거나 손님이 많아지는 시간대에는 받아야 하는 요금을 포기하고 그냥 가버리기도 한다. 후미진 산길에 있는 해체업자의 가게를 방문하는 도중에 택시가 가버리면 수십 분을 걸어 간선도로까지 돌아가야 하기에 브로커들에게는 큰 타격이다. 또한 조금 안된 일이기도 하다. 홍콩에 처음 온 교역인들은 대체로 "운전기사에게 미안한 일을 했네요"라고 하며 충격을 받는다.

운전기사 중에는 손님 한 명은 택시에 남아 있도록 요구하는 사람도 있다. 어느 날 택시를 붙잡아두는 역할을 맡은 나는 운전기사와 잡담을 나눴다. 사람 좋아 보이는 30대 중반 정도의 운전기사는 홋카이도 여행을 다녀와서 일본이 무척 좋아졌다고 이야기한 다음 목소리를 낮추더니 "쓸데없는 참견이지만 저 사람(카라마)은 주의하는 게 좋아요. 나는 저 사람을 자주 태웠는데, 여자도 몇 명 있었고, 데리고 다니는 젊은 남자도 늘 달라져요. 내 생각에 저 사람은, 아마 일본어로 말하자면 야쿠자 두목 같아요"라고 충고했다. 차로 돌아온 카라마에게 스와힐리어로 이를 얘기해주자 그는 "중고차를 사러 오는 교역인 중에는 여자도 있으니까"라고 대꾸하며 웃어넘겼지만, 야쿠자 두목이라는 말을 의식했는지 손님에게서 선글라스를 빌리더니 기분 탓인지는 몰라도 평소보다 어깨에 힘을 주며 몸을 뒤로 젖혔다. 어쨌든 카라마는 자신을 경계하거나 꺼림칙하게 여기는 운전기사들과 우호적인 관계를 구축해 그들이 불안해져서 도망가거나 길거리에서 승차 거부를 하지 않도록 매일 노력하고 있다.

　　아바시와 사미르를 안내한 날의 운전기사는 "나는 지금까지 아프리카인은 다들 가난하다고 생각했어요. 그런데 손님들을 보니 저보다 부자인 것 같아요. 보통 홍콩인은 하루 종일 택시를 타고 돌아다니지 않고 매일 중고차를 매입할 자본도 없어요. 손님들은 어떻게 해서 돈을 버나요?"라고 솔직한 질문을 던졌다. 카라마가 투철한 서비스 정신을 발휘해 사실 아프리카인은 마술을 부려서 돈을 벌고 있으며, 자신도 마술사라는 이야기를 하기 시작했고 — 그 이야기를 믿으려는 운전기사에게 내가 카라마는 브로커이며 그가 데려온 사람들은 고용주라고 설명했다 — 마지막 거래처 사무실에 도착할 즈음에는 운전기사와 완전히 허물없는 사이가 됐다. 요금을 지불할 때가 되자 카라마는 즉각 "우리는 이제 친구니까 택시 요금 좀 깎아줘요"라고 농담처럼 이야기했다. 운전기사는 바로 "노 머니, 노 프렌드!"라고 딱 잘라 대답했고 카라마는 "어이 쿠야" 하고 외치며 요금을 지불했다. 카라마와 손님들의 매입 투어는 매번 놀라움과 기대가 넘치는 여행이다.

아바시와 사미르의 홍콩 쇼핑 내역

본론으로 돌아와 아바시와 사미르가 구입한 물건에 대해 이야기해보겠다. 앞서 설명했듯이 카라마와 둘은 금요일과 월요일에 여러 해체업자를 찾아다녔고, 아바시와 사미르가 원하는 중고차들을 점찍고 가격도 확인했다. 처음에 방문한 해체업자 사업장에서 아바시는 1대에 3,500달러인 미쓰비시후소 캔터 2대, 탄자니아에서 장거리 버스로 사용되는 스웨덴의 스카니아의 부품들을 3,480달러에 구입했다. 또 사미르는 탄자니아에서 시티 버스로 많이 사용되는 토요타 코스터 2대를 각각 3,800달러에 구입했다. 각자 대금을 그 자리에서 일괄 지불하고 영수증을 받았다.

그 뒤 카라마는 직원과 교섭해 500홍콩달러를 주고 파키스탄계인 모하메드와 라시디 형제(가명. 이하 모하메드 형제)의 가게까지 구입한 중고차들을 탁송했다. 모하메드 형제는 중고차 판매·해체업을 하면서 물류업도 겸하고 있어서 그들의 부지에는 컨테이너 차량 전용 주차장이 있다.

　우리는 한 발 앞서 택시로 모하메드 형제의 사무실로 갔다. 모하메드 형제는 중고차나 폐차를 보관해둔 부지 바로 가까이에 간이 숙박 시설을 소유하고 있어서 브로커나 교역인이 그곳에 머물기도 한다. 카라마는 일찍이 이 숙박 시설에 몇 달 머문 경험이 있어서 모하메드 형제와는 가족처럼 지내는 듯했다.

　카라마는 아바시와 사미르를 데리고 건물 2층에 있는 사무실로 올라가 모하메드 형제와 컨테이너 운송료, 운송 기일 등을 교섭했다. 사미르는 운송 대금 교섭 과정에서 컨테이너를 다른 교역인과 공유했을 때 그 교역인의 화물에 문제가 생기면 다르에스살람 항구에서의 통관에 시간이 걸린다는 이야기를 듣고 모하메드 형제의 사업장에서 캔터 1대를 더 구입하기로 했다(126쪽 사진 참고).

　모하메드 형제의 중고차·폐차 화물장에서는 다른 교역인이 구입한 버스를 컨테이너에 넣는 작업을 하고 있었다. 의자를 전부 뜯어낸 버스 안에 냉장고를 비롯한 중고 전자제품과 부품이 빈틈없이 들어찼다(126쪽 사진 참고). 컨테이너에 버스를 넣을 때 생긴 상하좌우의 틈에는 뜯어낸 의자를 쑤셔 넣었다. 이 작업들을 담당하는 직원을 '패킹 엔지니어'라고 부르며, 낭비하는 공간 없이 최대한 많은 상품을 채워 넣는 것이 이들의 기술이다.

우리는 다른 해체업자에게서 구입한 차들이 무사히 모하메드 형제의 부지에 도착한 것을 확인하고 나서야 캄틴의 중심가로 갔다. 사미르가 구입한 토요타 코스터는 뒤쪽 창문이 열리지 않는 차종이어서 혹서가 이어지는 탄자니아에서 시티 버스로 사용하기에는 부적절했다.

그래서 홍콩에서 창유리와 창틀을 구입해 여닫을 수 있는 형태로 수리하기로 했다. 카라마가 모하메드 형제의 사무실 엔지니어와 교섭한 결과, 수리비는 4,000홍콩달러로 정해졌다. 우리는 우선 중심가에서 창유리와 창틀을 파는 상점을 찾았지만 크기가 맞고 저렴한 창틀을 찾을 수 없었다. 카라마는 중국제 창틀은 잘 부서지기 때문에 내일 해체 예정인 중고 버스를 찾아 창틀만 구입하자고 제안했다.

그 뒤 우리는 나이지리아인과 인도네시아인 부부가 경영하는 중고 가전제품 상점으로 가서 컨테이너의 남는 공간과 중고차 내부에 채울 제품을 물색했다(128쪽 사진 참고). 아바시와 사미르는 이 상점에서 전자레인지와 주스 메이커 등의 가전제품, 꽃병 받침대 등의 가구, 완구를 구입했다. 이 상품들도 모하메드 형제의 사무실까지 배송시켰다.

카라마와 나는 모든 쇼핑이 끝날 때까지 구입한 가전제품 등을 맡아 달라고 교섭하기 위해 모하메드 형제의 사무실로 돌아갔다. 아바시와 사미르는 중고 가전제품 상점에서 우연히 만난 탄자니아인 중고차 브로커 바로지와 함께 다른 중고 가전제품 상점들을 돌아보기로 했다.

사미르가 구입한 물품 목록

물품	홍콩달러
오븐(제조사 불명)	200
파나소닉 전자레인지	150
대형 주스 메이커	200
대형 식품 보온기	800
장난감 차(대)	60
장난감 차(소)	40
철제 꽃병 받침대	100
침대 협탁	200
차에 설치할 부품	150
전기 주전자	60
합계	1960

모하메드 형제의 사무실에서 수속을 마치고 돌아오는 길에 버스 정류장에서 아바시와 사미르와 다시 만났는데, 둘은 60홍콩달러짜리 침대 시트를 다섯 세트 구입했다고 전했다. 이 침대 시트들도 탄자니아의 상점에 팔 상품이었다. 우리가 지하철을 타고 청킹맨션으로 돌아온 시각은 18시 30분경이었다.

이튿날인 21일, 나는 다른 교역인과 약속이 있어서

아바시, 사미르와는 저녁에 단골 파키스탄 식당에서 만났다. 둘은 이날도 물건 구입 투어에 나서 실리콘 주걱과 케이크를 만들 때 쓰는 알루미늄 틀 등의 조리 도구를 비닐봉지 세 개 분량만큼(합계 4,800홍콩달러) 구입했다 — 최근 탄자니아의 중산층에서 케이크 만들기가 유행 중이라 잡화점에 팔려는 듯했다. 또 폐차된 중고 버스를 해체해 어제 찾지 못했던 창유리와 창틀을 무사히 손에 넣었다고 들려주었다.

전리품인 조리 도구를 확인하면서 둘에게 내일의 일정을 묻자 계획했던 쇼핑은 거의 끝나 이제는 구입한 중고 가전제품, 가구 등을 컨테이너에 채워넣는 작업을 감독할 거라고 했다.

모레인 23일에 둘에게 일이 어떻게 되고 있는지 묻자 22일에는 창틀을 빼내는 해체 작업에 시간이 걸려 패킹을 끝내지 못한 데다 사미르의 몸이 좋지 않아 병원에 갔기 때문에 이날도 그저 모하메드 형제의 사무실을 방문했다고 말해줬다.

24일 토요일에 나, 아바시, 사미르, 브로커 바로지는 카라마를 따라 라이치콕역 근처의 의류 쇼핑몰에 갔다. 아바시에게는 18세인 첫째 아들, 중학생인 첫째 딸과 둘째 아들, 아직 아기인 둘째 딸, 이렇게 네 자녀가 있고, 사미르에게는 6세, 2세 6개월, 1세 6개월의 세 딸이 있다고 했다. 둘 다 선물로 한 벌에 50홍콩달러쯤 하는 저렴한 아

왼쪽: 구입한 캔터를 확인하는 중.
오른쪽: 컨테이너에 물건을 채우는 모습(패킹).

동복을 열 몇 벌 구입했다. 사미르는 "이제 지갑이 텅텅 비었어"라고 우는소리를 하면서도 그 뒤 전철을 갈아타고 몽콕역과 매우 가까운 관광지인 레이디스마켓을 돌아보거나, 운동화 상점 거리에서 스스로에게 주는 선물로 사려고 운동화를 살펴보거나, 약국에서 아바시의 꽃가루 알레르기를 완화할 약을 찾기도 했다. 이로써 카라마가 안내한 쇼핑 투어는 종료되었다.

브로커라는 직업

25일, 쇼핑을 무사히 마친 아바시와 사미르를 공항까지 배웅하자 카라마의 일은 귀국한 이들로부터 다르에스살람 항구에서 차질 없이 상품을 수령했다는 연락을 받는 것만 남았다. 둘이 구입한 물건 목록을 보면 중고차와 부품 외에도 다양한 상품을 구입했음을 알 수 있다. 이 구입 비용 말고도 운송비, 관세, 물류업자까지의 탁송비, 택시비, 카라마에게 지불하는 수수료가 지출되었다(1대당 수수료×대수). 여기에 항공권 요금과 숙박비까지 더해도, 대수에 따라 달라지긴 하지만 다르에스살람에서 중고차를 구입할 때보다 훨씬 싸게 사들일 수 있다고 한다.

쇼핑 투어에 동행한 뒤 카라마 같은 브로커의 일이 다방면에 걸쳐 있다는 사실을 새삼 깨달았다. 이번 투어에서 카라마가 받은 사례금, 즉 중개 수수료는 중고차 1대

중고 가전제품과 잡화가 가득한 상점.

당×400달러다. 아바시는 캔터 2대와 스카니아 1대를 구입해서 3대×400달러=1,200달러이고, 사미르는 시티 버스 2대와 캔터 1대를 구입했기에 3대×400달러=1,200달러이다. 그래서 총 2,400달러를 수수료로 받았다.

이번에는 두 명을 한꺼번에 안내한 덕에 열흘간 수행하면서 비교적 큰돈을 벌었지만, 안내하는 고객이 한 명뿐이고 중고차를 1대밖에 구입하지 않는 데다 체류 기간이 20일에 가깝더라도 카라마가 들여야 하는 수고는 거의 비슷하다.

대다수 고객은 가전제품이나 가족에게 줄 선물 등도 구입하기를 원하는데, 이는 투어에서 '옵션'이고 브로커는 이런 작은 상품들 구입을 안내해주는 일에 대해서는 수수료를 받지 않는다 — 의류품이나 휴대폰 전문 교역인이라 중고차를 구입하지 않는 경우는 제외한다. 동료 브로커인 바로지는 아바시와 사미르가 침대 시트를 구입할 때 동행했지만 수수료를 받지 않았다고 한다. 카라마와 브로커들은 공항 마중부터 시작해 환전과 SIM카드 구입 등을 돕고 식당 안내를 할 뿐 아니라 고객이 원하면 관광지, 바, 클럽에도 데려가고, 분위기가 달아오르면 여자를 소개해주기도 한다. 고객이 낯선 환경에서 아프면 약국이나 병원에 데려가고, 비자 등과 관련해 곤경에 처하면 출입국 관리소에 데려가는 등 완벽히 '맞춤화된customized', 극진한 대접을 받을 수 있는 투어를 실시한다.

카라마와 브로커들의 일은 언뜻 친한 친구에게 홍콩을 안내하는 것처럼 보이며, 캄틴의 택시 운전기사들이 착각했듯이 젊은 고객들을 데리고 다니는 카라마는 그야말로 수상쩍은 집단의 두목이다. 실제로 취업이 인정되지 않는 '난민'인 카라마와 브로커들은 '표면적인' 설명에 의하면, '친구'를 도와주고 얼마간의 '사례'를 받는 일을 할 뿐이다. 최근 일본에서는 친척이나 친구를 안내하는 척하는 중국계 무자격자 가이드의 무허가 관광 투어가 뉴스로 보도되고 있는데, 홍콩의 비공식적인 브로커들의 방법도 그들과 기본적으로 같다.

단, 이 브로커들이 '고용 계약'이나 '거래 계약' 같은 비즈니스를 어디까지 의식하고 있는지는 더욱 모호하다. 옵션별로 계산한 일당을 '에이전트 요금' 명목으로 받지 않고 중고차 대수에 따라 수수료만 받기를 선호하는 경향이 있는 까닭은, 이 실수령액을 홍콩에 직접 오지 않는 아프리카 국가들의 브로커나 고객에게 의뢰를 받아 중고차 수출을 대행하는 경우에 자기들이 붙이는 마진과 같은 것이라 생각하기 때문이리라.

단적으로 말하자면 고객이 체류하는 동안 브로커가 제공하는 각종 편의는 '부수적인' 서비스이며, '친절한 마음'이다. 물론 홍콩인들과 익숙하게 대화를 주고받고 홍콩에 관한 이런저런 이야기를 들려줄 때마다 존경의 시선을 보내는 동포들에게 친절히 대하며 얻는 기쁨도 있을 것이다. 하지만 경제적인 관점에서 이러한 친절은 결코 계좌상의 이익을 낳지는 않는다. 노력 대비 효과는 고객이 모국에 머물면서 홍콩의 브로커에게 비용을 선불하고 특정 상품의 수출을 의뢰할 때 훨씬 좋고, 이 점이 다음 장에서 설명할, SNS를 활용한 새로운 교역 시스템의 의의를 이해하는 데 중요한 포인트가 된다.

브로커는 브로커를 의지한다

동료이자 비즈니스상의 경쟁자인 중고차 브로커들 사이의 관계성은 어떠한지 이야기해보겠다.

2018년 5월 3일에 카라마에게 대량 매입 투어를 의뢰한 레마(가명)는 다르에스살람에서 부동산 회사를 경영하는 40대 남성이다. 그는 미니 밴 외에 토요타의 랜드크루저 프라도의 좌석, 토요타 코롤라의 헤드라이트를 구입하길 원한다는 까다로운 주문을 들고 왔다. 레마가 몇 년 전 아내를 위해 구입한 중고 프라도는 내부가 너무 낡았고, 운전기사를 고용해 택시 사업을 하는 데 쓴 코롤라는 헤드라이트가 망가졌다. 그런데 해체업자의 부지에 산더미처럼 쌓여 있는 엔진, 타이어, 알루미늄 휠 등과 달리 좌석이나 헤드라이트를 손에 넣으려면 팔지 못하는 '폐차'를 찾아 업자에게 해체해 달라고 설득해야 한다.

카라마와 레마는 오후 1시 무렵부터 해체업자들의 가

게를 돌다가 다섯 번째 사업장에서 겨우 해체해도 좋다는 랜드크루저를 찾았다. 그래서 2,000홍콩달러에 해체 작업을 의뢰했지만 중국계 업자는 영어를 전혀 할 줄 몰라서 이야기가 잘 전달되었는지 불안했다. 차를 그대로 산다는 사람이 있으면 팔겠다고 생각하는 업자들은 일단 해체에 동의했더라도 다른 이가 나타나기를 기대하며 작업을 지연시키기 일쑤이거나 말을 뒤집는 경우가 종종 있다. 그래서 카라마는 중국어를 유창하게 할 줄 아는 탄자니아인 브로커 패트릭에게 전화를 걸어 신속하게 해체 작업이 진행될 수 있도록 감독을 의뢰했다.

　　패트릭도 평소 브로커로 일하지만 일감이란 매일 있는 게 아니다. 한가할 때는 브로커들끼리 서로 돕기도 하는 모양이다. 제2장에서 밤 늦게까지 중고차 해체라는 날품팔이 일을 하는 치디의 사정을 설명했듯이, 일감이 들어온 브로커가 곤란한 처지의 브로커에게 해체 작업을 의뢰하고 비용을 지불할 때도 있다. 대부분의 폐차장에는 울타리가 있어서 비밀리에 아프리카인을 고용해 해체 작업을 할 때는 낮에도 울타리 문을 잠가둔다.

　　패트릭에게 감독을 맡긴 우리는 코롤라의 헤드라이트를 찾아 해체업자들의 사업장을 돌아다녔다. 그러나 적합한 폐차를 찾지 못했고, 해체업자들의 드넓은 부지를 걸어 돌아다니느라 피곤해진 카라마는 도중에 우연히 마주친 쇼마리에게 "한가하면 함께 헤드라이트를 찾아줘"

라고 요청하며 택시에 태웠다.

여섯 번째 해체업자의 사업장에서 카라마와 레마는 토요타 알파드의 흰 미니 밴을 발견했다. 업자가 부재 중이어서 전화를 걸어 가격을 교섭한 끝에 1만 홍콩달러(약 1,274달러)까지 가격을 낮췄다. 업자에게 캄틴 중심가에 있는 ATM에서 돈을 찾아 저녁때 지불하기로 약속했다.

레마가 알파드를 구입하기로 한 해체업자의 폐차장에서 쇼마리는 중고 오토바이 3대를 발견했다. 쇼마리는 기쁜 표정을 지으며 "녹슬어서 혼다의 비교적 최근 모델임이 드러나지 않아 다른 브로커의 눈에 띄지 않은 듯해요"라고 말했다. 쇼마리의 주업은 천연석 중개업으로, 그는 월요일에 천연석 중개 수수료를 받으면 곧장 오토바이를 사러 간다고 한다.

내가 이렇게 녹이 많이 슨 오토바이가 팔리느냐고 의문을 품자 "사야카가 중고 오토바이 가격을 전혀 몰라서 그래요"라며 나를 한심한 듯 보더니 이 3대를 7,000홍콩달러에서 1만 홍콩달러 사이의 가격으로 구입한다면 잘 수리해서 그 두 배 가격으로 팔 수 있다고 자신 있게 설명했다. 직접 오토바이를 타기도 하는 쇼마리는 오토바이가 둘도 없이 좋은 모양이었다.

쇼마리가 모델별 가격 차이를 설명하고 있는데 업자와 통화를 마친 카라마가 돌아왔다. 카라마는 즐거워하는 쇼마리를 힐끗 보며 "보물을 찾았구먼?" 하고 물었다. 쇼마리는 "아니에요. 사야카가 차종을 전혀 모르니까 설명해주고 있었을 뿐이에요"라고 무뚝뚝하게 대답했다. 카라마가 재빠르게 오토바이를 발견하고 "혼다인데? 시세가 얼마야?" 하고 묻자, 쇼마리는 "글쎄요"라며 역시 무뚝뚝하게 대답했다. 아까와는 다른 쇼마리의 태도를 의아하게 생각하고 있자니 쇼마리가 '비밀로 해 달라'라는 눈짓을 보냈다.

중심가의 은행에서 신용카드로 현금을 인출한 레마와 함께 되돌아가는 도중에 헤드라이트를 찾기 위해 들러본 사업장에서 우연히 닛산 엘그란드의 흰 미니 밴을 발견했다. 카라마가 업자에게 가격을 물으니 9,000홍콩달러라고 했다. 카라마가 토요타가 낫지 않겠느냐고 레마에게 조심스럽게 제안했지만 레마는 "1,000홍콩달러를 절약할 수 있고 토요타 알파드보다 상태가 좋으니 이걸 구입하고 싶어요"라고 주장했다. 카라마가 다시 중국계 업자와 교섭해 8,500달러까지 가격을 낮췄다.

카라마가 교섭하는 동안 나는 조금 떨어진 곳에서 쇼마리와 이야기를 나눴다. 쇼마리는 탄자니아 시장에서 팔 거라면 토요타가 올바른 선택이라고 설명했다. "탄자니아인은 하여튼 토요타를 보는 눈이 없어요"라고 하면서. 하지만 큰 거래를 마치고 돌아온 레마가 엘그란드는 어떠냐고 묻자 쇼마리는 "1,500홍콩달러라는 큰돈을 절약하셨네요"라고 천연덕스럽게 말했다.

다다음 날에 카라마와 만나니 패트릭이 연락했다고 알려주었는데, 해체 작업은 아직 끝나지 않았고 좌석 외 나머지 부품을 사들이고 싶다고 했단다. 카라마는 패트릭이 욕심을 내서 다른 부품 구매자를 찾으려고 시간을 벌고 있기에 해체 작업이 늦어진 게 틀림없다고 말했다.

한편 레마는 청킹맨션에 돌아온 뒤 카라마에게 설득당해 아까 구입을 취소했던 토요타 알파드도 추가 구입할 마음이 생겨 이튿날 둘이서 다시 그 사업장을 방문했다고 한다. 그러나 토요타 알파드는 어느새 구매 예약이 되어 있었다. 진상은 알 수 없지만, 카라마는 쇼마리가 누군가에게 알파드 건을 들고 갔기에 구석에 있던 알파드가 이렇게 빨리 팔린 게 틀림없다고 의심했다.

고객=친구 네트워크를 침범하지 않기

각 브로커에게 비즈니스의 자본은 개인적 네트워크로 구축된 고객 목록이다. 앞 장에서 이야기했듯이 브로커들은 다른 브로커가 고객을 상대하고 있는데 어쩌다 한가하거나 목적지가 같은 경우, '부담 없이' '겸사겸사' 해줄 수 있는 부탁이라면 선선히 받아들인다. 침대 시트를 구입하는 데 따라가거나, 해체 작업을 감독해주거나, 같이 부품을 찾는 등 특정 브로커의 일을 도와줘도 대가는 일상적으로 늘 해오던 밥 사기나 돕는 선에서 그치며, 도움을 준 사람이 해당 브로커에게 자신의 몫을 요구하지는 않는다. 다른 브로커의 고객에게 직접 의뢰를 받아도 그 고객에게 보수를 받거나 고객을 자기 쪽으로 빼 오려고 하지 않는다. 왜 그렇게 하지 않는지 물어보면 "○○는 그의 특별한 사람=친구/동료이니까 뺏지 않아", "동료의 친구를 돕는 것은 당연한 일이야"라고 이야기한다.

    카라마는 위험하지 않으면 내가 누구와 사이 좋게 지내든 누구와 놀러 나가든 툴툴대지 않으며 나를 상대하기 귀찮을 때면 오히려 적극적으로 누군가에게 나를 떠맡긴다. 하지만 그런 경우에도 나는 그의 친구이자 고객이라는 이해가 그의 머릿속에 자리 잡고 있다. 이런 이해는 다른 탄자니아인들도 공유하고 있으며, 그들은 내가 혼자서 심심한 듯이 앉아 있으면 "카라마는 어디 갔어?"라며 말을 건다. 카라마는 다른 용무가 있다(또는 푹 잠들었다)고 설명하면 "나는 지금부터 고객을 맞이하러 공항에 갈 건데 당신도 갈래?"라고 하는 등 그야말로 자신의 용무가 있는 김에 상대를 해준다. 그럴 때 그들은 친구로서 나를 상대하는 것이 아니라 — 그들은 나를 "친구"라고 말하긴 하지만 — 카라마 대신 그의 고객=친구를 상대해주는 게 아닌가 싶은 느낌을 받는다. 카라마는 늘 "혹시 사야카에게 무슨 일이 생기면 다들 나에게 뭐라고 할 거야"라고 말하고, 다른 탄자니아인들도 "사야카에게 나쁜 짓을 하는 놈은 없어"라고 하면서 그 근거로 "카라마가 절대로 가만

두지 않을 거니까", "카라마에게 면목이 없으니까"라고 한다.

또한 내가 카라마의 친구=고객/고객=친구라면 내 관계자도 그의 친구=고객이다. 2018년 3월, 내가 홍콩의 서아프리카 교역인을 조사하려는 대학원생 두 명을 홍콩에 데려오자 카라마는 "만약 ○○(대학원생)에게 무슨 일이 생기면 내가 큰일이야"라고 말했다. 체류 중인 고객의 안전은 호스트인 브로커가 책임을 지는 듯했다. 이처럼 고객=친구 네트워크를 침범하지 않는 행위는, 같은 장사를 하는 홍콩의 탄자니아인들이 '틈새 시장'을 나누어 가지는 데, 또 여러 고객을 상대할 때가 많은 이들이 연계하거나 서로 협력하는 데 중요한 암묵적인 규칙이 되어 있다.

그러나 동료와의 사이에서 암묵적인 규칙은 이것뿐이다. 탄자니아인들에게 고객 이외의 자원 — 상품, 상품 정보, 매입처, 교섭술, 비즈니스 요령 등 — 은 누구의 것도 아니다. 캄틴에 브로커별로 '구역'이 있는 것도 아니기 때문에, 곳곳에 자리한 중고차 판매업자나 해체업자의 부지에 쌓여 있는 수많은 중고차와 부품은 먼저 발견하는 사람이 임자다. 점찍어둔 중고차는 되도록 빨리 업자에게 예약금 등을 지불하고 정식으로 매매 계약을 맺지 않으면 금방 다른 브로커에게 빼앗긴다. 이제껏 살펴보았듯이 탄자니아인 중고차 브로커 대다수는 카라마에게 가르침을 받았거나, 또는 카라마에게 가르침을 받은 누군가에게서 장사 방법을 배웠기에 수법은 물론 교섭이나 설득 문구까지 똑같다. 친하게 지내는 업자들도 앞선 이에게 소개받았기 때문에 역시 같은 사람들이다. 고객의 요망에 합치하는 차종을 좀처럼 찾을 수 없을 때는 SNS 등을 통해 동료들에게 "RAV4를 본 적 없어?"라고 물어보는 게 일반적이며, 왓츠앱의 그룹 페이지에 "RAV4를 찾고 있음"이라는 식의 글을 올려 누군가가 정보를 보내주길 요청하기도 한다. 이러한 정보 교환은 이들이 고객의 요망을 효율적으로 들어줄 가능성을 높이는 수단이지만, 이틀이나 걸어다니며 겨우 발견한 상품을 다른 브로커에게 간발의 차로 뺏기면 분한 마음도 든다. 게다가 점찍어둔 차가 다른 브로커에게 팔렸기에 할 수 없이 타협해서 다른 차를 매입해 청킹맨션에 돌아오면, 사실 타협해서 산 차야말로 자신이 점찍었던 차를 구매한 브로커가 원래 찾아다녔던 차라는 안타까운 결말로 끝날 때도 종종 있다.

즉, 그들은 '고객 네트워크를 침범하지 않는다'는 원칙하에 '틈새 시장'을 나누어 가지면서 상품, 매입처, 비즈니스 요령, 교섭술 등은 '커먼즈commons'로서 공유한다. 앞서 이야기했듯이 인생 역전의 기회를 잡으려고 홍콩에 진출한 이들은 자영업을 선호하며, 업자에게 노동자로 고용되는 것뿐만 아니라 다른 브로커와 공동 경영을 하는 것도 좋아하지 않는다. 다른 이의 고객 네트워크를 침범하지 않음으로써 느슨한 '틈새 시장'을 확보해나가는 한

편으로, 장사 방법을 적극적으로 가르치고 배움으로써 경쟁자를 늘리고 그 경쟁자와 정보를 '공유'해나가는 것은 스스로 상품이나 매입처를 둘러싼 경쟁을 격화하는 행위로도 보인다. 그러나 여기에는 '겸사겸사' 무리하지 않고 서로 도움으로써 홍콩에서의 생활을 일구어나가는 '생활의 논리'와 시장 경쟁이라는 '비즈니스의 논리' 사이에서 안전망을 창출·유지하는 '일하는 방법을 공유하는 실천'이 있는 것으로 생각된다.

다음 장에서는 이들이 구축한 공유경제가 어떠한 일하는 방식·살아나가는 방식의 논리와 결부되고 있는지 검토한다. 각자의 경제적 이익과 자율적인 '생활 보장'을 양립시키며, 일에 따라붙는 무겁고 답답한 의존 관계를 교묘히 회피하기 위한 처방전도 엿볼 수 있을 것이다.

제4장

공유경제를 지탱하는 TRUST:
'그 사람다움'으로 연결되는 네트워크

이제까지 카라마 같은 중고차 브로커들의 일상적인 비즈니스에 대해 풀어놓으면서 이들이 매입처인 홍콩의 중고차 판매업자·해체업자, 고객인 아프리카계 교역인, 사업의 경쟁자이기도 한 동료 브로커와 어떠한 관계성을 구축하고 있는지 설명했다.

제3장에서 이야기했듯이 중개업은 홍콩의 지리와 업자의 거래 방식·수법에 익숙하지 않은 아프리카계 고객과, 아프리카계 고객의 거래 방식·수법에 익숙하지 않아 신뢰할 수 있는 고객인지 가려낼 수 없는 업자 사이에서 '신용'을 보증함으로써 수수료를 받거나 마진을 남기는 일이다. 카라마 같은 브로커들의 장사는 고객과 업자 사이의 '신용의 결여'에 의해 성립하기에, 양자를 직접 만나게 하지 않고 — 즉, 아프리카계 고객을 홍콩으로 오게 하지 않고 — 중개를 의뢰받는 게 중요하다.

또한 브로커들의 수수료나 마진은, 컨테이너의 빈틈에 채워 넣을 상품 또는 가족에게 줄 선물 찾기를 돕거나 홍콩에서의 각종 편의를 봐주고 받는 게 아니라 중고차 구입 대수에 따라 결정되기 때문에, 노력 대비 효과라는 측면에서도 고객이 모국에 머물며 브로커들에게 특정 상품의 수입을 의뢰하는 편이 좋다. 나아가 동료인 동시에 경쟁자이기도 한 브로커들은 '틈새 시장'을 나누어 가지기에 '고객 네트워크를 침범하지 않는 것'을 중시하지만, 그 외의 것들 — 장사 방식이나 업자와의 거래 — 은 누구에게나 열려 있으며, 상품은 먼저 사는 사람이 임자다. 따라서 그들 사이에서는 점찍어둔 중고차를 다른 브로커에게 빼앗기거나 꿩 대신 닭처럼 구입한 중고차야말로 다른 브로커가 찾던 차종이었다는 식으로 '짝이 안 맞는' 일도 벌어진다고 이야기했다.

이러한 사태들을 겪으면서 매우 자연스럽게 구축되어온, SNS를 활용한 'TRUST'(통칭)라는 시스템을 설명하고, 이들이 어떻게 해서 ICT나 전자화폐를 도입하여 상품과 비즈니스 정보를 공유하는 '커먼즈'를 협동해 축적·창출하고, 각각의 브로커와 상품을 매칭하며, 더불어 고객과 매입처 업자의 사정에 좌우되지 않고 비즈니스를 펼쳐나가고 있는지 밝히려 한다.

SNS를 활용하는 자생적인 경매

카라마와 브로커들은 자신의 고객 네트워크에 비즈니스

홍보 및 중고차 판매업자의 가게와 해체업자의 폐차장에서 찾아낸, 아프리카 국가에서 인기 있는 차종의 사진(과 희망 판매가)을 퍼뜨리고 있다. 이 고객 네트워크들은 서로 침범하지 않는다는 원칙하에 각 브로커가 개별적으로 구축한 것이다.

그러나 동시에 매일매일의 정보 교환이나 조합 활동 등을 위해 SNS에 그룹 페이지를 구축해놓았고 때로는 그룹 페이지에서 "○○라는 차를 찾고 있는데 누구 아는 사람 없어?", "○○의 부품 가격은 얼마지?"라는 식으로 정보를 묻기도 한다.

카라마는 경쟁자가 증가하고 생활이 어려워짐에 따라 2016년쯤부터 몇몇 SNS 그룹 페이지와 인터넷상의 매체가 각자의 고객 네트워크와 똑같은 비중을 가지며 중히 활용되게 되었다고 설명했다.

내가 아는 한 이들은 그룹 페이지를 두 개 갖고 있다. 하나는 왓츠앱상에 구축한 그룹 채팅 페이지인데, 원래는 탄자니아 홍콩조합의 활동 연락용이었다. 이 그룹 페이지에는 카라마 같은 홍콩 체류자만이 아니라 홍콩과 중국에서 모국으로 귀국한 교역인이나 단골 손님 등도 속해 있다. 또 하나는 페이스북의 그룹 페이지다. 홍콩에서 보고 들은 정보를 고향 사람들에게 전하고, 고향 사람들이 모국에 생긴 변화를 홍콩에 사는 동포들에게 전하기 위해 구축된 것이다. 따라서 이들의 모국에 있는 가족, 친구, 연인이나 현지의 상인들이 속해 있다.

현재 카라마와 브로커들은 특정 고객에게 차 사진을 보내 "이렇게 상태가 좋은 토요타 프라도를 찾았는데 사지 않겠어요?"라고 직접 영업할 뿐 아니라 불특정 다수의 사람이 참여하는 SNS에 우연히 찾은 잘 팔릴 만한 상품의 사진과 희망 판매가를 올리느라 바쁘다. 이러한 정보를 어떻게 활용할지 느슨하게 설정해놓은 것이 앞으로 설명할, TRUST라는 '가상'의 플랫폼(전문적으로 구축한 어떤 특정 사이트가 아니기 때문에 정확히는 브로커들이 '공유 규칙' 혹은 '가상 그룹 계좌'를 지칭하는 것을 의미한다. 또한 규칙은 공유하더라도 명칭은 모르는 사람도 적지 않다)이다.

인스타그램과 페이스북(만이 아니라 거기에 게시된 링크들 속 다양한 SNS)에 걸쳐 있는 TRUST에는 홍콩 체류 브로커와 고객(아프리가 국가들에 있는 브로커 및 정기적으로 중고차를 수입하는 일반 소비자) 그리고 그들의 친구와 지인 들이 속해 있는데, 유동적이기 때문에 정확한 인원수는 알 수 없다. 이 플랫폼에 참여하는 홍콩의 브로커들은 전자제품이나 휴대폰 등 다양한 취급 상품의 사진을 올리며, 여기서는 중고차를 예로 들어 전형적인 활동 사례를 묘사해보겠다.

어느 날 카라마는 SNS에 차 사진들을 올리며 그중 토요타 코롤라 사진 밑에 댓글로 '2,000달러'라는 판매 가격을 달아놓았다. 평소처럼 페이스북을 체크하던, 탄자니아에 있는 브로커 조지(가명)는 코롤라 사진을 보고 자가용을 갖고 싶어 하던 한 부유한 여성을 떠올렸고 '이건 팔릴 것이다'라고 직감했다. 코롤라 사진을 그 부유한 여성에게 보내자 여성은 솔깃해하며 "이 차라면 택시로도 활용할 수 있으니 반드시 사겠어요"라고 즉답했다.

곧바로 가격을 교섭해 최종 금액이 정해졌는데, 여기서 운송 경비를 빼면 차 구입 대금은 4,500달러에 달해 카라마의 판매 가격보다 2,500달러나 비쌌다. 조지가 너무 욕심을 내는 건가 싶으면서도 자신의 몫으로 1,500달러를 설정했기 때문으로, 그는 카라마가 올린 차 사진의 댓글란에 "3,000달러에 사고 싶습니다"라고 적었다. 그런데 그때 탄자니아의 노아(가명)도 코롤라를 점찍은 모양인지 조지의 댓글 바로 아래에 "나는 3,500달러까지 낼 수 있어요"라고 적었다. 조지는 조금 낙담하면서도 기껏 잡은 고객을 놓치고 싶지 않아 자신의 마진을 500달러까지 줄이고 "4,000달러까지 낼게요"라고 다시 댓글을 달았다.

한편 카라마는 한나절 정도 기다려봤지만 다른 댓글이 없어서 "조지에게 4,000달러에 판매하겠습니다"라고 댓글을 달았다. 단, 카라마에게는 한 가지 문제가 있었다. 조지가 예약금을 보내기까지 4일 정도 걸린다고 연락을 했는데, 카라마는 그저께 다른 차의 예약금을 치렀기 때문에 수중에 돈이 한 푼도 없었다. 게다가 업자의 말에 의하면 어제 이 코롤라의 가격을 문의한 브로커가 있었다고 한다. 그래서 카라마는 참여자들에게 출자를 부탁하기로 했다.

조지에게 코롤라를 뺏긴 노아는 "거래에 참여해주길 부탁해요"라는 댓글에 즉시 반응해 1,000달러를 출자하겠다고 나섰다. 이를 보고 있던 홍콩 체류 브로커 사미르와 이마(둘 다 가명)는 최근 몇 주 동안 장사가 잘되지 않았다. 둘은 용돈이라도 벌까 싶어 각각 "500달러라면 출자할 수 있습니다"라고 댓글란에 적었다. 노아, 사미르, 이마가 출자하여 무사히 2,000달러의 구매 대금을 획득한 카라마는 이튿날 업자와 교섭해 1,500달러를 일시불로 지불하여 코롤라를 사들인 뒤 — 사실 업자의 판매 가격은 1,500달러였고 카라마가 500달러를 더 붙여서 SNS에 올린 것이었다 — 운송 수속을 진행했다.

나중에 고객에게서 대금을 받은 조지가 카라마에게 4,000달러를 송금했다.

이처럼 홍콩 브로커들은 보통 자신이 올린 상품에 가장 높은 가격을 부른 사람에게 판매한다. 지금 설명한 경우에는 "판매 가격 2,000달러"를 제시한 카라마에게서 "4,000달러"를 부른 조지에게 코롤라가 넘어갔기 때문에 SNS에 공개된 정보로 알 수 있는 '이익'은 2,000달러다.

실제로는 조지도 500달러의 마진을 얻었지만 SNS 참여자는 이를 알 수 없다.

그들이 구축한 TRUST란 이처럼 SNS상에서 금전의 흐름을 보여주는 '가공의 공동 계좌' 같은 것으로, 이익의 분배에는 느슨한 이해가 성립한다. TRUST에 참여하는 사람들은 이익(2,000달러) 가운데 절반(1,000달러)을 자동차 정보 제공자인 카라마와 살 사람을 데려온 조지가 절반씩 나누어 가진다고 생각한다. 이 사례에서 그들의 이익은 각각 500달러다. 나머지 절반(1,000달러)은 이 거래에 출자한 노아, 사미르, 이마에게 각자의 출자액에 따라 배당된다. 이 사례에서는 노아에게 500달러, 사미르와 이마에게 각각 250달러가 배당된다는 계산이 나온다. 출자자가 없고 고객에게서 받은 대금으로 일시불로 내는 경우에는 정보 제공자와 고객을 데려온 사람이 이익을 나누어 가진다.

이 구조는 역방향으로 정보가 흐를 때도 사용된다. 아프리카 국가에 거주하는 브로커나 고객이 구입하기를 원하는 차종 사진을 SNS에 올리는 경우가 있다. 홍콩 브로커 가운데 그 차종을 발견한 사람이 마찬가지로 판매 가격과 차의 상태 등을 SNS에 올린다. 여러 브로커가 차를 발견했을 때는 가장 싼 가격을 제시한 브로커와 거래가 체결된다. 그런데 출시년도와 상태에 따라 꼭 그렇지만은 않은 경우도 있다.

협동형 커먼즈로서의 TRUST

ICT와 IoT, 전자화폐와 블록체인 등 테크놀로지의 발전에 수반해 사회 경제에 커다란 전환이 필요하다는 목소리가 커진 지 오래다. 특히 2010년대에 들어서 '공유share', '공짜free', '커먼즈'라는 개념이 이제부터 경제 사회를 만들어나갈 핵심 개념으로 급속히 주목을 받게 됐다.[1] 예를 들어 제러미 리프킨Jeremy Rifkin은 『한계비용 제로 사회The Zero Marginal Cost Society』에서 ICT와 IoT 등의 발전에 따라 생산 비용이 내려가고, 각자가 P2PPeer to Peer로 직접 거래하게 되어 한계비용이 끝없이 감소함으로써 실현된다고 예상되는 경제에 대해 다음과 같이 말한다.

> 한계비용 제로경제는 경제 프로세스라는 개념 자체를 근본부터 바꿔놓는다. 소유자와 노동자, 판매자와 구매자로 분리되는 낡은 패러다임은 무너지기 시작했다. 소비자 스스로 생산자가 되면서 이 둘의 구분이 사라지고 있다. '프로슈머(생산소비자)'는 생산하고 소비하며 자신의 재화와 서비스를 협동형 커먼즈 내에서 한계비용이 제로에 가까운 수준으로 공유하고, 기존 자본주의 시장의 모델을 넘어서는 새로운 경제 생활 방식을 전면에 내세운다.
>
> 둘째, 시장경제의 모든 부문에서 이루어지는 업무 자동화에 의해 인간은 이미 노동에서 해방되고 있으며, 진화

중인 소셜 이코노미(사회적 경제)로의 이행이 시작되고 있다. 시장경제 시대에는 근면이 중요했지만, 다가오는 시대에는 협동형 커먼즈 내에서의 '심오한 활동Deep Play'이 그것과 동등하게 중요시되며, 사회적 관계 자본을 축적하는 것이 시장 자본을 축적하는 것만큼이나 높이 평가받는다. 물질적 풍요가 아니라, 커뮤니티에 대한 애착의 깊이나 기존의 틀을 넘어서려는, 혹은 의의를 탐색하려는 정도에 따라 삶의 가치가 결정되는 것이다.[2]

ICT와 IoT를 통해 상품이나 가격 등의 정보, 장사 비법이나 요령에 관한 지식, 또는 '기회'와 '틈새 시장'을 서로 제공하고 누구나 이용할 수 있는 '커먼즈'로 만들어나간다. 리프킨은 인적 자본을 포함한 유무형 자원을 연결하는 글로벌 네트워크가 형성되고 생산성이 극한까지 높아지면 사람들이 재화와 서비스를 무료로 생산하고 소비하는 시대가 될 것이라고 희망을 담아 예상한다. 그리고 그러기 위해서는 사람들이 지식, 물건, 서비스를 공유하는 '유저 커뮤니티'가 중요해진다고 한다. 즉 어떤 사회적 가치나 윤리적 가치, 삶의 보람, 즐거움 등도 포함한 공유경제 플랫폼이 필요해진다는 것이다.

아룬 순다라라잔Arun Sundararajan도 기업 중심의 현대는 인류 역사에서 보면 극히 단기간에 지나지 않는 데다, 산업 혁명까지는 대부분의 경제적 관계가 개인 대 개인의 형태를 취했고 공동체에 뿌리를 두었으며 사회적 관계와 밀접히 얽혀 있었다고 설명하며, 일찍이 존재했던 공유 경험, 자기 고용, 공동체 내에서의 재화 교환이 현대 디지털 기술에 의해 계속 부활하고 있다고 바라보는 시각이야말로, 새로운 무언가처럼 이야기되고 있는 공유경제에 대한 올바른 관점이라고 지적한다. 순다라라잔은 현대 공유경제의 새로움이란, ICT 등의 발전에 따라 '경제적 공동체'가 가족과 이웃 주민의 틀을 넘어 디지털로 신분이 증명된 전 세계 사람들을 포함하는 것으로 확대되고(=낯선 사람과의 공유stranger sharing) 상업 가치의 원천이 기업에서 일반 대중 창업가로 이행하는 것(=대중자본주의crowd-based capitalism)이라고 말한다.[3]

그런데 그가 말하는 '대중자본주의'의 특징, 즉 시장 기반성, 자본의 영향력이 크다는 점, 분권화된 개인 집단이 자본과 노동력의 공급을 담당하는 것, 사적인 일과 직업상의 일·정규직과 임시직·종속적 고용과 자영업·일과 여가 활동 간의 모호한 경계 등[4]은 그야말로 글로벌로 연결된 비공식 경제의 특징과 대체로 겹쳐 보인다.

카라마 같은 탄자니아인들이 ICT와 전자화폐를 활용해 구축한 TRUST도 '협동형 커먼즈'의 창출을 통해 이루어진 일종의 공유경제 시스템이다.

TRUST는 중고차를 살 사람을 찾는 홍콩의 브로커와 중고차를 찾는 아프리카 국가의 브로커·고객을 직접 연결하는 역할을 맡는다. TRUST에 참여하는 모두가 정보 제공자·고객·출자자가 될 수 있는 '유저'다. 그리고 TRUST에 참여하는 것은 유저들에게 많은 이점을 가져다준다.

첫째, TRUST에 참여하면 팔릴 만한 상품을 찾았지만 살 사람을 찾지 못했던 브로커도, 살 사람으로부터 주문을 받았지만 상품을 찾을 수 없었던 브로커도, 아프리카 곳곳과 홍콩, 중국에 퍼져 있는 각 브로커의 개인적인 네트워크를 집결한 '정보=커먼즈' 가운데서 살 사람/상품을 획득할 수 있게 된다. 아프리카 국가의 브로커는 홍콩에 건너오지 않고도 상품을 찾거나 시세를 파악할 수 있다. 이는 앞서 이야기했듯이 홍콩의 브로커들에게 자기 직업의 존재 의의를 유지할 수 있게 해주는 중요한 이점이다.

둘째, TRUST는 참여하는 브로커들이 갖고 있는 상품과 살 사람의 요구를 매칭해주는 시스템이기에 이미 언급한 동료 사이에서 일어날 수 있는 '엇갈림'을 방지할 수 있다.

셋째, 일종의 크라우드 펀딩을 통해 홍콩의 중고차 판매업자나 해체업자에게 일시불로 지불할 수 있기에 업자가 요구한 예약 기한과는 상관없이 그들 스스로 정한 기한까지 여유를 갖고 고객으로부터 대금을 받고, 대금을 받지 못한 경우에도 그 중고차를 TRUST에 참여하는 다른 딜러에게 넘길 수 있어서 상품을 찾는 데 들인 시간과 노력이라는 비용cost이 허사로 돌아가지 않는다.

넷째, TRUST에는 어떠한 상품은 가격이 얼마고 살 사람은 얼마나 될지 정보가 축적되어 있고, 여러 사람이 실제로 그 정보를 활용한 '실험'의 결과도 축적된 상태라 매일 SNS를 살펴보면 오늘의 중고차 탐색과 고객 설득 등을 효율적이면서 효과적으로 행할 수 있다.

이러한 이점들 덕분에 홍콩 및 모국의 브로커는 상대적으로 비즈니스상의 안정성을 얻고 있는데, 사실 TRUST에는 더 직접적인 생활 보장 기능 또한 포함되어 있다.

'안전망'으로서의 TRUST

TRUST는 비공식 송금업자의 전자화폐 계좌를 통해 개인에 바탕한base 크라우드 펀딩을 가능하게 하는 구조이기도 하다. 앞서 TRUST는 일종의 가상 계좌 같은 것이라고 설명했지만 사실 아프리카 국가와 홍콩 사이에 금전이 오고 갈 때 개입되는 현실의 '계좌'가 있다.

TRUST의 송금 시스템을 설명하기 전에 홍콩의 브로커가 아프리카 국가의 고객과 금전을 주고받을 때 이용하는 방법에 대해 이야기하겠다. 주로 다섯 가지 수단을 사용한다.

첫째, 웨스턴유니온이나 머니그램이라는 공식적인

국제 송금 서비스를 이용하는 방법이다. 특히 웨스턴유니온은 청킹맨션 1층에도 있어서 자주 이용되지만, 수수료가 높아 현금을 빈번히 주고받기에는 적절하지 않다.

둘째, 중국이나 홍콩의 대학 등에 유학하고 있거나, 현지 여성과 혼인해서 중국이나 홍콩 은행의 계좌를 갖고 있는 사람의 계좌를 빌리는 것이다. 예를 들면, 현재 탄자니아에 거주하지만 과거에 중국을 거점으로 삼았던 브로커 조지프는 상하이의 대학에서 공부한 경험이 있고 HSBC은행 계좌를 갖고 있다. 그는 때때로 카라마나 브로커들에게 부탁받아 해외 송금을 할 수 있도록 계좌를 빌려주는데, 계좌 명의와 카드를 빌려주는 것은 위험도가 높기에 긴급 사태 때만 그렇게 한다.

셋째, 비자카드나 마스터카드 등의 신용카드를 사용해 홍콩 은행의 ATM에서 현금 서비스를 받는 것이다. 그런데 신용카드를 가진 브로커와 교역인이 있긴 하지만, 안정적인 소득원이 없으면 인출 한도가 낮게 설정되는 데다 큰 금액을 자주 인출하면 이자가 높아진다.

넷째, 때마침 모국으로 귀국하는 교역인('상업적 여행자')이나 브로커에게 '겸사겸사' 현금을 갖고 가 달라고 부탁하는 방법이다. 앞서 조합 활동 설명 때 이야기했듯이 카라마와 브로커들은 홍콩과 아프리카 국가를 정기적으로 오가는 교역인들에게 친절하며, 교역인들은 친절에 대한 작은 보답으로 가족에게 보내는 선물이나 작은 상품 등을 운반해준다. 때만 잘 맞는다면 그들을 통해 현지 고객이 보내는 대금을 건네받을 수 있는 데다 호수적인 상호 부조의 연장선상이기에 수수료를 낼 필요도 없다. 그러나 운 좋게 딱 맞는 시기에 건너오는 사람은 많지 않으며, 선물이라면 몰라도 큰돈을 맡기면 빼돌리고 모른 체할 위험이 크다.

카라마와 브로커들이 가장 선호하는 다섯 번째 방법은 비공식 송금업자들을 이용하는 것이다. 송금업자들은 휴대폰으로 매우 적은 수수료, 때로는 무료로 송금을 대행한다. 예를 들면, 바간다라는 애칭으로 불리는 송금업자는 늘 검은 가방을 들고 청킹맨션을 배회한다. 바간다는 100달러 이하의 송금은 1회당 50홍콩달러(약 6달러), 1,000달러 이상의 송금은 1회당 40홍콩달러(약 5달러)의 수수료를 받고 대행해준다.

바간다의 송금 시스템은 다음과 같다. 카라마가 모국에서 사업을 운영하는 아내에게 100달러를 보내고 싶을 때, 카라마는 100달러와 50홍콩달러를 바간다에게 건넨다. 바간다에게는 동아프리카의 우간다, 탄자니아, 케냐에 비즈니스 파트너가 있다. 그는 그 자리에서 휴대폰의 문자메시지 등으로 탄자니아의 파트너에게 카라마 아내의 전화번호와 100달러라는 정보를 보낸다. 메시지를 수신한 파트너는 즉시 엠-페사M-Pesa나 티고-페사Tigo-Pesa라는, 탄자니아 통신 회사들의 모바일 계좌를 이용한 송금 서비스로 카라마 아내의 계좌에 전자화폐를 송금한다. 그 뒤 아내에게서 무사히 송금받았다는 연락이 온다. 이때 걸리는 시간은 불과 15분 정도다. 아내가 굳이 웨스턴유니온을 이용할 수 있는 은행 등으로 갈 필요도 없기 때문에 속도가 매우 빠르다.

카라마가 탄자니아의 브로커에게서 대금을 받고 싶을 때도 마찬가지다. 탄자니아의 브로커가 바간다의 파트너 계좌에 1,000달러+40홍콩달러에 상당하는 탄자니아실링을 송금한다. 파트너에게서 해당 홍콩 브로커의 전화번호와 송금액 정보를 받은 바간다는 카라마에게 그에 상당하는 홍콩달러를 건넨다.

이 비공식 송금 시스템에는 다른 중요한 행위자actor가 존재한다. 사실 바간다 같은 송금업자들은 홍콩의 아프리카계 천연석 수입업자들에게서 거액의 운용 자금을 무이자로 빌리고 있다. 수입업자가 송금업자에게 현금을 빌려주는 이유는 아프리카 국가와 홍콩 사이에서 비즈니스를 할 때 필요한 자금의 송금 수수료와 환전 수수료를 절약하기 위해서다.

홍콩의 수입업자는 아프리카 국가들의 통화通貨로 천연석을 구입하고 홍콩의 도매상에 판매함으로써 이익을 홍콩달러로 얻는다. 한편 카라마 같은 중고차 브로커는 홍콩달러로 중고차를 매입하고 아프리카 국가에 수출한 다음 현지 소비자에게 판매함으로써 이익을 아프리카 국가의 통화로 얻는다. 브로커들은 자주 탄자니아의 가족에게 생활비를 송금하지만 그렇다 해도 생계가 수출업이므로 홍콩에서 탄자니아로 이동하는 금액보다 탄자니아에서 홍콩으로 이동하는 금액이 압도적으로 크다. 따라서 천연석 수입업자는 동아프리카 각국에 있는 바간다의 파트너들에게 모인 '중고차 구입 대금'을 아프리카 현지에서 천연석을 대량 매입하는 데 운용함으로써, 홍콩에서 번 돈에서 매입 경비를 따로 송금하거나 환전하지 않아도 된다. 즉, 바간다 같은 비공식 송금업자들은 실제로는 금전을 움직이는 게 아니기에, 수수료는 그들이 매일 버는 마진일 뿐이며 매우 낮게 설정하는 것도 가능하다.

이 비공식 송금 시스템은 홍콩과 탄자니아에서 매입처와 판매처가 서로 역방향인 업자들이 손을 잡고 송금업자를 개입시키면 쉽게 실현할 수 있는 것이며, 이 책에서는 중고차 브로커와 천연석 업자를 예로 들어 설명했지만 휴대폰 브로커와 해산물 판매자 사이에서도 성립할 수 있다(156쪽 도표 참고). 단, 법적으로는 그레이존에 있는 지하 은행의 일종이다.

이렇게 비공식 송금업자를 개입시킴으로써 TRUST는 국경을 초월한 크라우드 펀딩을 실현하고 있다. 이 크라우드 펀딩은 고객이나 상품을 획득하지 못한 홍콩과 탄자니아의 브로커들에게는 생활 보장 역할을 하고 있다. 이들은 자본의 일부를 다른 사람의 거래에 투자하여 매일의 생계를 꾸려나가게 해줄 약간의 이익을 얻을 수 있다.

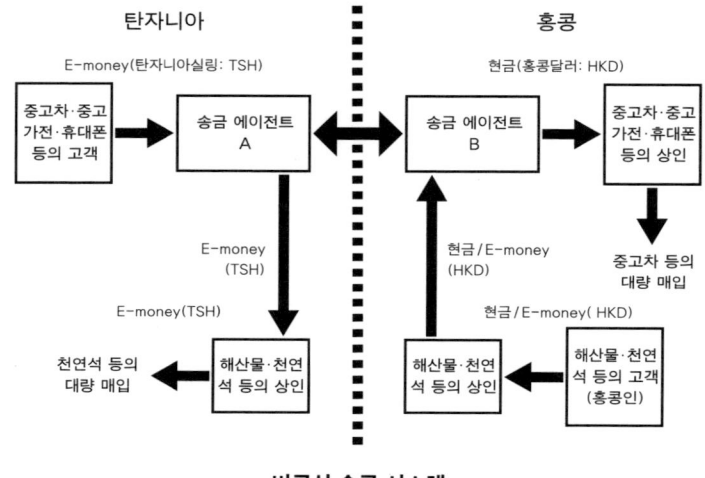

비공식 송금 시스템

물론 판로가 정해진 거래에 투자하기 때문에 '신용 불이행(사기나 돈을 떼임)'이 발생하지 않는 한 투자 시 계산한 대로 배당금을 얻을 수 있다. 그리고 TRUST가 점찍은 차를 조지에게 뺏긴 노아 같은 브로커도 조금은 돈을 벌 수 있는 '안전망'을 겸하고 있다는 것, 시장 경쟁의 논리에 '공유', '상호 부조'의 논리가 편입되어 있다는 것이 동료들 사이에서 특정 상품을 두고 서로 다투는 사태를 둘러싼 긴장감을 완화하고 있다고 상정된다. 즉, 이 구조에서는 누군가와 누군가의 거래 성립 시 '나머지'라는 형태의 공동 이익이 창출된다. 개인 비즈니스의 성공이 다른 누군가(동료)에게도 최선은 아닐지라도 기뻐할 만한 사태로 전환되는 것이다.

지금까지 살펴봤듯이 TRUST는 상당히 잘 만들어진 교역 시스템인데, TRUST의 가장 중요한 기능은 통칭대로 홍콩 브로커 전체에 대한 '막연한 불신감'을 완화하면서 그때그때 특정한 누군가에 관한 '우발적이고 일시적인 신용'을 만들어내는 구조라는 점이다. 기능만 보자면 다른 전문적인 경매 사이트나 중고 거래 사이트와 비슷하다. 하지만 TRUST의 신용은 다른 공식 중고 거래 사이트/경매 사이트, 예를 들면 메루카리*나 야후옥션 등과 달리 운영하는 기업이 책임지고 보증하는 것이 아니다 — 실제로 인스타그램, 페이스북, 혹은 링크로 연결된 여러 SNS에 걸쳐 있는 TRUST에는 특정한 리더도, 활동가도, 사상가도 없고, 거래에서 신용 불이행이 일어나도 페이스북이나 왓츠앱 운영자에게 책임을 물을 수 없다.

    나아가 TRUST가 공식 중고 거래/경매 사이트와 다른 발상으로 만들어졌음을 보여주는 가장 큰 특징은 TRUST가 '신용할 수 있는 브로커/고객'과 '신용할 수 없는 브로커/고객'을 점차 가려내는 플랫폼이 아니라는 점

* 일본에서 인기 있는 거대 중고 거래 플랫폼.

이다. TRUST에는 변함없이 누구나 신용할 수 있고 누구도 신뢰할 수 없는 세계·인간관이 유지되고 있고, 거래 실적이나 자본 규모, 과거의 실패나 배신과도 관계 없이 누구에게나 기회가 돌아간다. TRUST에 참여하는 브로커 사이의 '불신'과 '신뢰'의 균형은 카라마나 동료들이 매일 보여주는 (솔직히 말해 조금도 재미가 없는) 웃긴 동영상이나 그들이 빈번히 나와 찍고 싶어 하는 '기념 사진', 택시 운전기사까지 끌어들이는 라이브 방송, 나아가 '상업적 여행자'와 함께 '겸사겸사' 행하는 매일의 상호 부조와 조합 활동과 연동하면서 창출되고 있다.

가장 큰 즐거움은 인스타그램의 라이브 방송

이번에는 이들이 TRUST를 통해 누군가를 우발적으로 신뢰하거나 신뢰하지 않으면서 상품 또는 고객을 '공유'하는 실천에 대해 밝혀보겠다. 여기서 부각되는 것은 노는 게 일이 되고, 일이 놀이나 동료와 공유하는 행위가 되며, 비즈니스가 누군가의 의도·의지나 규범적·이론적 강제력 없이 '사회적인 것'으로 변화해가는 과정을 실행하는 논리다.

    이들의 신뢰/신용 시스템이 어떻게 성립하는지 설명하기 전에 우선 카라마와 브로커들이 인스타그램이나 왓츠앱에 얼마나 열중하는지, 여기에 올리기 위한 영상과 사진에 얼마나 집착하는지 보여주는 일화를 몇 가지 소개하겠다.

2016년 섣달 그믐날 밤, 청킹맨션이 있는 네이선로드는 카운트다운 퍼레이드를 구경하려는 사람들로 발 디딜 틈이 없을 만큼 몹시 혼잡했다. 다양한 단체가 참가해 형형색색의 의상을 몸에 걸치고 신나는 음악에 맞춰 거대한 용과 사자 모형이나 아름답게 장식한 수레를 끌면서 행진하고 화려한 퍼포먼스를 선보인다. 사회자의 뛰어난 진행으로 퍼레이드 분위기가 점점 달아오르고 막간에는 유명인이 나오는 토크쇼 등도 열렸다. 퍼레이드가 끝나면 홍콩만을 사이에 두고 양쪽 해안에서 카운트다운을 하는 불꽃을 쏘아 올린다.

광저우에 조사를 하러 가 있던 나는 "섣달 그믐날과 새해 첫날은 반드시 홍콩에서 보내야 해. 섣달 그믐날의 퍼레이드를 보지 않으면 인생을 헛사는 거야"라고 카라마가 입에 침이 마르도록 얘기했기에 며칠 전 홍콩으로 돌아왔다. 키가 작은 나는 셀카봉에 휴대폰을 달고 퍼레이드 시작 전부터 길가에서 대기하고 있었는데, 수많은 사람 틈에 끼여 순식간에 퍼레이드가 보이지 않는 위치로 밀려나버렸다. 퍼레이드가 끝날 무렵에야 유유히 나타난 카라마는 익숙한 듯 사람들 사이를 거침없이 헤치고 길가에 자리를 잡았다.

그러더니 늘 그렇듯이 포즈를 잡은 뒤 정보 방송 리

포터처럼 "안녕하세요, 여러분. 여기는 미스터 카라마, 홍콩에서 라이브로 방송합니다. 오늘 홍콩은 뜨겁습니다! 분위기가 엄청 달아오르고 있어요!"하며 인스타그램 라이브 방송을 시작했다.

그러나 좁은 장소에서 수많은 사람이 인터넷을 사용하려고 한 탓인지 접속이 늦어지거나, 인터넷에 연결되어도 금방 끊어져 방송이 원활하게 진행되지 않았다. 카라마는 드물게도 몹시 당황한 모습을 보이며 여기저기로 장소를 옮기거나 나에게서 셀카봉을 빼앗아 스마트폰을 되도록 높이 올려보거나 동료의 최신 기종과 바꿔보면서 할 수 있는 방법을 다 써봤지만 무슨 영문인지 계속 접속이 끊어졌다.

잠시 후 완전히 풀 죽은 카라마는 "오늘의 가장 큰 즐거움이 사라졌어. 의욕이 없어"라고 하면서 청킹맨션 옆 골목길에 틀어박혀 땅바닥만 내려다보며 앉아 있었다. "그러지 말고 즐겨봐요"라고 말을 걸었지만 "사야카는 즐기면 돼. 나는 이제 생각 없어"라고 답하며 어린아이처럼 토라졌다.

나는 섣달 그믐날 행사에 흥미를 잃어버린 카라마를 놔두고 불꽃놀이가 잘 보이는 장소를 찾아 홍콩만 가까이로 이동했지만 결국 빽빽이 늘어선 고층 빌딩 사이로 겨우 불꽃이 보이는 사진 한 장만을 촬영하고 청킹맨션으로 돌아왔다.

카라마와 다시 만났을 때는 기분이 풀려 있었기에 불꽃놀이 사진을 찍었는지 물어봤더니 "당연하지"라고 답하며 홍콩만 위로 쏘아 올린 멋진 불꽃 사진을 보여주었다. 내가 놀라며 "와, 예쁘네요. 어디서 찍었어요?"라고 물었더니 카라마는 "사실은 인터넷에서 다운받았어"라고 하며 장난스러운 표정으로 웃었다. 그 김에 라이브 방송이 성공했냐고 물으니 "마음이 쿡쿡 쑤시니까 그 얘기는 하지 말아줘" 하면서 얼굴을 찌푸렸다.

카라마와 동료들은 탄자니아 홍콩조합 활동의 일환이라며 자주 모여 파티를 하고, 그 모습을 매번 SNS에 올린다. 이들은 완전히 낮과 밤이 뒤바뀐 생활을 하기 때문에 파티는 대체로 늦은 밤에 시작해 때로는 동틀 무렵까지 계속된다. 평소에는 가까운 편의점 앞이나 청킹맨션 옆 골목길 등지에 캔맥주와 안주를 챙겨 모이는 경우가 많지만, 누군가의 생일 등에는 홍콩 이곳저곳의 공원이나 공공 해변 같은 곳에서 바비큐 파티를 하는 게 보통인 모양이다.

카라마는 "젊은 친구들이랑 밤을 새워서 떠들고 놀기에는 이미 체력적으로 무리인 나이야"라고 투덜거리면서도 오로지 SNS에 올릴 사진이나 영상을 찍을 목적으로 들떠서는 서둘러 파티에 나간다. 언젠가 내가 "탄자니아인들은 정말 파티를 좋아하네요. 나는 솔직히 밤새도록 술을 마시기 힘들어요"라고 카라마에게 우는소리를 한 적

위: 섣달 그믐날 밤의 홍콩.
아래: 탄자니아인들이 모이는 생일 파티.

이 있다. 카라마는 "생일 파티 같은 건 아주 최근에 탄자니아인들에게 퍼진 새로운 문화거든. 사야카는 어렸을 때 생일 파티나 졸업 파티 같은 걸 충분히 경험했으니까 어른이 되어서는 중요하지 않아진 거지. 우리는 지금까지 인생에서 경험하지 못했던 즐거움을 되도록 많이 되찾고 싶을 뿐이야"라고 침울한 표정을 지으며 말했다.

2018년 2월 25일, 카라마가 "오늘은 좋은 곳에 데려가줄게"라고 해서 밤 9시 넘었을 때 툰먼구에 있는 홍콩의 고급 리조트 골드코스트 호텔에서 수십 분 가면 나오는 공공 해변으로 택시를 타고 향했다. 택시 안에서 늘 그렇듯이 운전기사를 끌어들이며 라이브 방송을 마치자마자 인스타그램을 보고 있었는지 탄자니아에 있는 아내로부터 "나는 아이 키우느라 힘들어 죽겠는데 어째서 당신만 활개 치며 노는 거야. 지금 당장 홍콩행 비행기표를 끊어서 보내"라는 분노의 전화가 걸려왔다. 카라마는 "노는 게 아냐. 음, 사야카가 파티에 가고 싶어 해서 데려가는 길인데, 내가, 음, 금방 돌아갈게"라고 횡설수설하며 난처한 듯 변명했다.

해변에 도착하니 몇몇 여성이 바비큐용 고기를 굽고 있었고, 이미 충분히 취한 몇몇 남성이 벤치 위에서 춤을 추었다. 그 모습을 때때로 주위 사람들이 휴대폰으로 촬영했다. 생일 케이크도 준비되어 있었다. 오늘이 생일이라는 남성에게 "사실은 제 생일도 오늘이에요"라고 밝히자 "미리 이야기하지 그랬어요. 일찍 알았더라면 사아캬 씨도 처음부터 초대했을 텐데"라고 안타까워하면서 "얼른 빨리 마시고 취해서 우리랑 같이 즐겨요" 하며 맥주를 건넸다.

카라마는 "어이구, 스타가 오셨구먼"이라며 동료들이 추켜올리자 귀여운 댄스를 선보이며 그때마다 "어때? 찍었어?" 하며 영상을 확인했다. 하지만 역시 체력이 달리는 탓인지 춤을 출 때 외에는 조금 떨어진 벤치에 앉아 맥주를 홀짝홀짝 마셨다.

약 한 시간이 지나자 카라마는 "돌아가자"라며 귀엣말을 했다. 내가 "다른 사람들에게 간다고 이야기하지 않아도 돼요?"라고 묻자 "그런 말을 하면 다들 가지 말라고 붙잡기만 할 거야. 아침까지 있게 될지도 모른다고"라며 재촉해서 자리를 떴다. 나중에 알게 되었는데 취한 뒤에는 헌팅에 성공한 남녀의 행위가 기다리고 있어서 헌팅이 시작되기 전에 카라마가 나를 귀가시키려 했던 모양이다. 그러한 남녀의 밀고 당기기는 인스타그램에 올라갔다.

이튿날 오후, 카라마는 돌아오는 버스 안에서 휴대폰을 떨어뜨린 모양인지 초조한 듯이 두 번째 휴대폰으로 동료에게 연락해 SNS에 올린 영상과 사진이 제대로 있는지 확인했다. 이렇게 카라마와 동료들의 일상은 인스타그램에 올리는 자신을 촬영한 동영상과 페이스북의 셀카를 중심으로 돌아가고 있다.

'신용'의 결여와 '신뢰'의 창출을 담당하는 SNS 활동

본론으로 돌아가겠다. 앞서 설명한 TRUST는 페이스북이나 인스타그램을 비롯한 극히 평범한 SNS들로 성립되어 있다. 메루카리나 야후옥션 등의 경매 사이트/중고 거래 사이트와 달리 TRUST가 활용하는 것은 비즈니스에 특화한 시스템이 아니라 어디까지나 동료들끼리의 상호 교류나 정보 교환을 목적으로 삼는 SNS다.

예를 들어 사진으로는 알 수 없었던 고장이 있는 차가 도착했다고 해보자. 고장을 감안하면 시세보다 훨씬 고가에 구입한 상황이어도 기본적으로는 딱히 어쩔 도리가 없다. 책임을 돌릴 주체가 있는 것이 아니며, 크든 작든 법에 위반되는 비공식 섹터sector인 그들과의 거래에서 손해를 봐도 법원이나 경찰에 고발할 수 있는 것도 아니다. 그렇다면 어떻게 거래 상대가 신뢰할 만한지 가려낼 수 있을까.

일본의 대다수 경매 사이트나 맛집 안내 사이트는 별의 개수나 만족도를 나타내는 점수 등을 통해 '업자의 등급을 매기는 시스템'을 갖추었으며, 유저가 직접 내린 평가를 참조해 '신용할 수 있는 업자'와 '그렇지 않은 업자'를 판단하는 구조다. 그러나 TRUST의 경우, 예를 들어 친구의 친구의 지인이어서 거래 당사자들끼리는 잘 모르는 사이라도 유저가 당연히 '동료'라는 사실에는 변함이 없다. 과거의 거래 실적으로 친구나 동료에게 등급을 매기는 것은 우정에 반하는 일이며, 홍콩과 아프리카 국가들의 불안정하고 투기적인 시장을 상대로 장사하는 이들이 볼 때 과거의 거래 실적이 미래의 신뢰를 보장한다는 근거는 어디에도 없다.

이들의 SNS 계정에는, 많은 타 SNS 계정들과 마찬가지로 각 개인이 무심코 노출하는 무방비한 모습이나 허식과 겉치레가 뒤섞여 필요 이상으로 멋져 보이는 모습이 가득하다. 게다가 SNS는 한 점의 의혹도 없이 신뢰할 수 있는 인물은 없고, 거꾸로 전혀 신뢰할 수 없는 극악한 인물도 없다는 적나라한 인간의 모습을 보여준다. 몇 주 전에는 인망이 좋고 온화한 얼굴을 보여주던 인물이 비즈니스에 실패해 궁지에 몰리면서 무언가 위험한 낌새를 풍기거나, 인격자다운 발언을 거듭하던 인물이 순간의 실언으로 비난을 받는 것은 딱히 드문 일이 아니다.

지금까지 이야기했듯이 애당초 이들은 타자의 과거나 현재 상황을 속속들이 알려 하지 않으며, 인간은 언제나 변모할 수 있다는 사실을 전제로 삼으면서 그때그때의 상황과 문맥에 따라 한정적인 신뢰를 구축하고 있다. 너무 노골적이어서 도리어 인간미 없어 보이지만, 그때그때의 재정적인 여유, 개인의 지위·신분은 그 인물이 '이 정도의 이익을 위해서 배신하지는 않겠지'라는 기대를 높이는 효과가 있는 근거다 — 물론 부자가 좋은 사람이고 가난한 사람이 나쁜 사람이라는 가정이 전혀 옳지 않다는 사실은 이들도 잘 알고 있다.

모든 SNS에서 일어나는 현상과 마찬가지로, 이들이 SNS에 올리는 모습 또한 반드시 '있는 그대로의 모습'은 아니다. 예를 들면 카라마는 종종 친구와 함께 홍콩의 많은 고급 백화점과 명품 셀렉트숍을 찾는다. 그리고 머리부터 발끝까지 최신 명품을 걸치고 친구에게 사진을 찍어달라고 한다. 그런 다음 직원에게는 "아차, 신용카드를 호텔에 두고 왔네"라는 식으로 적당한 변명을 둘러댄 뒤 아무것도 사지 않고 돌아온다. 하지만 카라마가 올린 사진을 본 아프리카 국가의 고객들은 사업도 잘되고 센스도 좋은 브로커라고 착각해 상품 수출을 의뢰할 때가 있다. 앞서 묘사했던, 이들이 여러 행사에 나가거나 파티를 즐기는 모습도 '인플루언서다', '잘나간다'라는 인상을 만드는 데 효과가 있을 것이다. 연애를 포함해 홍콩에서의 모든 인간관계를 매일 인스타그램 등에 올리고 있기 때문에 TRUST에 참여하는 사람들은 리얼리티 쇼를 시청할 때처럼 특정 브로커의 팬이 되거나 안티를 형성하기도 한다. 그러한 사회관계에는 '나'도 포함되어 있다.

카라마가 나와 촬영한 사진이나 동영상은 아프리카 국가의 고객들에게 내가 카라마의 현지처이거나 약혼자, 또는 연인이라는 인상을 주는 역할을 하고 있다. 홍콩의 아프리카인이 현지처를 얻으면 그의 체류나 경제 활동이 합법적이고 발전 가능성이 있다는 근거 중 하나가 된다. 지금에 와서 나는 많은 홍콩의 아프리카인이나 아프리카 국가의 사람이 나를 카라마의 아내로 오해하고 있다는 사실을 잘 이해한다. 카라마가 아닌 탄자니아인과 어깨동무를 하거나 팔짱을 끼고 사진을 찍기 때문에 정숙한 여성이 아니라고 보고 있을 가능성도 높다. 내가 홍콩인 아내나 연인이 아님이 알려지더라도 스와힐리어를 할 줄 아는 아시아인과 친하게 지내는 것을 어떻게 연출해 보여주느냐에 따라 앞으로 비즈니스 기회를 얻는 데 도움이 될 수도 있다. 나는 이들에게서 다양한 정보를 얻고 있기에 내가 장사에 조금이라도 도움이 될 수 있다면 바라는 바다. 카라마와 동료들은 중국인이나 홍콩인, 홍콩에 거주하는 다양한 국적의 사람들과 친밀하게 지내는 사진도 많이 올리는데, 이 사진들도 그들의 넓은 인맥과 홍콩에서의 안정적인 신분을 선전하는 효과를 갖고 있을 것이다.

당연히 카라마와 동료들은 사진과 동영상이 비즈니스 — 특히 고객 획득 — 에 미치는 효과를 잘 알며, 사실 SNS에 올리기 위해 사진이나 영상을 모으는 것이 '놀이'이면서 '중요한 일'이기도 하다고 늘 이야기한다. 처음에 나는 이 사실을 이해하지 못하고 "인터넷만 하지 말고 빨리 일하러 가요"라고 엉뚱한 말을 해서 카라마와 동료들이 미묘한 표정을 지었다.

이러한 사진과 동영상으로 구축되는 것은 '보여주기', '가짜'에 의한 신뢰이기도 하다. 하지만 그게 무슨 문제가 되는가. 적어도 이들은 '별점'이나 '점수'와 달리, 자기현시욕과 인정 욕구, 취미와 개인적인 호오, 신조와 주의主義, 매일 달라지는 기쁨과 슬픔 등을 전부 담고 있는 더 생생한 모습을 통해, 즉, 수치화할 수 없는 개인에 대한 인격적인 이해와 관심을 바탕으로 ICT를 활용한 장사를 하고 있다. 그리고 이야말로 자본의 많고 적음과 비즈니스의 안정성이라는 시장경제의 논리만이 아닌 여러 지표로 '틈새 시장'을 나누어 가지게 하거나 비즈니스를 돌아가게 하는 장치, 나아가 홍콩에서의 그들의 불안정한 삶을 보장하는 안전망을 몇 겹으로 구축해주는 장치이기도 하다.

전문적인 경제 플랫폼이 아니라는 점의 의의

어떤 인물을 그 밖의 수많은 타인보다 신뢰해도 괜찮다고 느낄 때는 앞에서 이야기했듯이 경제력이나 지위에 대한 정보뿐 아니라 더 개인적이고 언어화하기 힘든 감각적인 것들이 다분히 영향을 미친다. 예를 들면 민족이나 종파, 출신지나 응원하는 축구 팀이 같거나 취미나 취향이 비슷하다는 사실을 알아서, 정치 이야기를 나누다가 의견에 공감해서, 내 게시글에 좋은 댓글을 달아줘서, 나아가

댓글을 달아준 시점이나 '시간 차'가 적절해서, 문장 끝에 넣은 적절한 이모티콘에서 드러나는 감각적인 취향이 좋아서 특정 인물에 대한 호의가 생겨날 수도 있을 것이다.

나는 카라마와 동료들이 다이렉트 메시지로 수시로 보내는 웃긴 동영상을 하나하나 열어 확인하고 답신을 생각하기가 무척 귀찮았다. 되풀이 얘기하지만 나한테는 눈곱만큼도 재미가 없다. 인터넷에서 찾은 웃긴 동영상을 어떤 의도로 보내는지 — 단순히 '순간 흥이 올라서'일까, 무언가에 대한 '은유'일까 — 는 아직도 잘 모르겠지만 가끔은 '배려심'을 보여주는 게 아닐까 하고 느낄 때가 있다. 카라마와 동료들이 귀찮은 부탁을 해서 곤란해지거나 기분이 좀 좋지 않아서 답신을 주저하거나, 혹은 숙고해서 긴 답신을 보내면 갑자기 맥락에 맞지 않는 웃긴 동영상을 보내온다. 처음에는 방금 한 부탁과 무슨 관계가 있나 하고 당황했지만, 생각해봤자 알 수 없기에 '폭소하는 얼굴'이나 '놀라는 얼굴' 이모티콘 등으로 적당히 답하면 이들은 그걸로 이제까지의 이야기는 없었던 것으로 하는 경우가 많다.

또한 오랜만에 대화하는 상대가 "잘 있었어?", "요즘 어때?"라는 인사 대신 의미심장한 스와힐리어 격언이나 살짝 야한 영상을 보내는 경우도 있다. 머릿속에는 물음표가 가득하지만 이러한 것들도 상대방의 상황을 속속들이 알려고 하지 않으면서 관계성을 부활시키거나 유지하려는 나름의 배려나 지혜인지도 모른다.

　이미 언급했듯이 카라마와 동료들의 관계는 복잡하게 여러 갈래로 나뉘어 있으며 매일 대화를 나눌 수 없을 만큼 지인이 많기에 개인에게 대부분의 친구는 '슬립 모드' 상태다. 어떤 상황에 처해 있는지 모르는 상대를 포함해 모두에게 다이렉트 메시지를 보내 양호한 관계를 유지해나가기란 힘들다. 그래서 마침 생각났을 때 가볍게 모두에게 한꺼번에 전송해도 딱히 누구에게도 상처가 되지 않을 사진이나 영상은 무척 편리하다. 이러한 커뮤니케이션 기술도 이들의 비즈니스 수완 가운데 하나라고 생각한다. 단, 어떤 대화를 바람직하게 생각하는지는 사람마다 다르고 진부한 표현이지만 '궁합'도 중요하다. 실제로 대화나 게시한 사진, 영상의 내용뿐 아니라 대화의 속도나 '좋아요'를 누르는 스타일 같은 사소한 점도 '아, 이 사람과의 대화는 즐거운 것 같다'라는 감각을 좌우한다. 여기에 '이렇게 해야만 한다'는 이상적인 것은 없다.

　어쨌든 과거의 거래 실적이나 경제력, 사회적 지위나 신분(난민 인정, 현지인과의 혼인 관계 등)을 알 수 있는 지표만이 아니라, 허실과 불투명성도 포함한 그 밖의 인격적 이해가 부득이 거래 성사에 영향을 미치고 있다는 점은, TRUST가 누구에게나 열려 있고 기회가 돌아가는 SNS를 기반으로 작동하는 구조임을 성립시키는 조건이 된다. 사회적 커뮤니케이션 기술이 높으면 우위를 점할 가능성이 있다는 것은 부정할 수 없지만, 홍콩에서 살아가는 탄자니아인 중에는 월 수입 6만 달러가 넘는 '성공한 사람'부터 매일 끼니를 걱정해야 하는 '빈곤한 사람'까지 다양한 이들이 있으며, 말을 잘하는 사람도, 말주변이 없는 사람도 있지만 한 번도 기회가 돌아가지 않는 사람은 없다.

나아가 이러한 사회적 커뮤니케이션과 개별 비즈니스가 혼연일체가 되어 있다는 사실은, 특정 개인에게 과도한 부담을 지우지 않고 부담 없는 상호 부조를 촉진시키는 구조가 되기도 한다.

어떤 인물을 다른 수많은 타인보다 '신뢰'할 수 있다고 느끼는 핵심적인 순간은, 역시 자신 외의 누군가가 "그때는 정말 큰 도움을 받았어", "네가 없으면 재미없네"라는 댓글을 남김으로써 적어도 가장 최근의 상황에서 그가 많은 사람의 호감을 얻고 있음을 알게 되는 때다. 가족에게 줄 선물을 사는 데 동행하거나 홍콩 각지를 안내하고, 장례와 모국으로의 시신 운구 같은 탄자니아 홍콩조합의 활동에 적극적으로 공헌하고, '겸사겸사' 낯모르는 젊은 이에게 길 안내를 해주거나 집에 머물게 해주는 등의 친절은 반드시 당장의 '이익'을 목적으로 삼고 있는 것은 아니지만, TRUST라는 구조가 있으면 그러한 친절이 돌고 돌아 언젠가 '새로운 장사'로 이어질지도 모른다는 기대 정도는 할 수 있게 된다. 즉, 전문적인 사이트가 아닌 SNS

그 자체를 활용하는 행위가 비즈니스상의 이익과 사회적인 실천을 극히 자연스러운 형태로 유기적으로 연결하고 있다.

이렇게 비즈니스에 관한 이기적인 관심과 타자에 대한 이타적인 행동을 분간하기 어렵게 맺어져 있는 구조가 구축되면, 누군가가 내게 베푼 친절에 직접 갚아주지 못하더라도 이게 그 사람의 기회로 이어질 수 있으며, 내가 다른 누군가에게 제공한 친절에 상대방이 직접 갚지 않더라도 나는 이미 기회를 붙잡았을지도 모르는 세계가 구축되어간다. 즉, 여기에도 '부담'을 애매하게 만들며 자발적인 도움을 촉진함으로써 '분명 누군가가 도와준다'라는, 국경을 초월한 거대한 안전망을 형성하는 장치가 있는 것이다.

'놀이'와 '일'의 순서

실은 TRUST의 구조를 이해한 뒤 메루카리와 야후옥션을 비롯한 유사 사이트들을 카라마에게 보여주고 구조에 대해 설명한 적이 있다. 당시 나는 일반적인 SNS를 활용한 이들의 시스템이 세련되지 않은 것 같다고 생각했다. 중고 자동차, 전자제품, 의류와 잡화 등, 올라오는 상품도 제각각이고, 그 사이사이에 파티 사진이며 웃긴 동영상, 일상 잡담에 더해 수많은 이모티콘⋯ 이 무작위로 올라온다. 게다가 "자세한 내용은 인스타그램에서 보세요"라는 코멘트와 함께 다양한 개별 페이지 링크가 달려 있고 그 링크를 따라가야 처음으로 상품 사진을 보기도 한다. TRUST가 기반으로 삼는 다양한 SNS 조합은 그야말로 카오스다. 무심히 보면 이게 비즈니스 사이트로 활용되고 있다는 사실을 알기 어려울 정도다. 따라서 나는 상품 종류와 가격대별로 검색할 수 있고 실시간 수주受注 및 운송 정보 확인이 가능하며 업자 평가 시스템을 확립한 전문적인 비즈니스 사이트를 구축하면 더 효율적으로 장사를 할 수 있지 않겠느냐고 생각했던 것이다. 카라마는 자신에 가득 찬 내 설명을 매우 흥미로운 듯이 고개를 끄덕이며 듣다가 "그 아이디어는 다른 사람에게 말하지 마. 프로그래머 친구에게 부탁해서 내가 처음으로 시도해보는 사람이 될 테니까"라고 말했지만, 그 뒤에 아무 행동도 취하지 않았던 것을 보면 사실은 그다지 관심이 없었던 게 아닐까 싶다. 나는 큰 착각을 하고 있었던 것이다.

인류학자 오다 마코토小田亮는 일찍이 '증여 교환', '분배', '재분배', '시장 교환'이라는 네 가지 교환 형태를 '부담이 각인되는 존재 형태'에 주목해 다음과 같이 정리했다. 증여 교환은 부담을 지속시키고, 분배는 부담을 애매한 것으로 만들고, 재분배는 부담을 갚을 수 없는 무한한 것으로 영속시키고, 시장 교환은 부담을 소거한다. 대등한 주체들끼리의 증여 교환은 지속적인 기계적 연대를 만들고, 중심과 주변 간의 재분배는 지속적인 유기적 연대를 만든다. 그리고 유동사회pastoralism에서 나타나는 분배는 일시적인 기계적 연대, 시장 교환은 일시적인 유기적 연대를 만든다.[5]

시장 교환과 재분배의 상보적인 관계야말로 자본주의경제와 근대 국가의 공범 관계를 드러낸다. 이에 대항하는 대안으로 증여 교환과 '커뮤니티'가 주목받기 쉽다. 그런데 홍콩 탄자니아인들의 사회는 시장 교환과 분배의 상보적 관계로 성립되어 있는 것처럼 보인다. 그들 사이에서 증여받은 사람이 증여해주는 사람에게 갚는다는 증여 교환의 관계를 유지하기란 어렵다. 내일이면 누군가가 귀국하거나 새로운 지역으로 이동하거나 불법 체류 또는 불법 노동죄로 붙들릴지도 모르기 때문이다. 윤곽이 명확한 안정적인 멤버십을 구축할 수 없고 권위 있는 리더가 부재한 이들 사이에서는 구성원들에게 공헌을 받아 적절한 재분배를 실행하기도 어렵다. 적절한 재분배를 가능하게 하는 기능이 SNS에는 없다. 이들의 방식은 원리적으로는, 마침 어쩌다 사냥에 성공하면 다른 사람들에게 고기를 분배하고 다음날에는 그날 사냥에 성공한 자가 고기를 분배한 수렵채집민들처럼 어쩌다 거래가 성립한 사람, 우연히 '겸사겸사' 기회를 얻은 사람이 우연히 필요로 하는 사람의 요망에 응함으로써 윤곽이 애매한 네트워크 내에서 상품, 서비스, 기회를 돌아가게 만들고 있다.

이들의 플랫폼은 계속 언급했듯이 ICT, 블록체인, AI 등의 테크놀로지의 발전과 함께 기대되는 공유경제나 공짜경제의 사상과 아마도 친화적일 것이다. 그러나 이들은 새로운 비즈니스의 존재 방식을 모색하는 과정에서, 시장경제의 논리에 커뮤니티 기반의 '호수'나 '증여 교환', '공유'의 논리를 편입시키며 ICT를 이용해 불특정 다수의 유저가 직접 거래를 행함으로써 더 열린 것으로 변화해나간 것이 아니다. 순서가 정 반대다.

탄자니아인의 플랫폼은 어디까지나 엄밀한 호수성을 기대하기 어려운, 정해진 형태가 없고 이질성이 강한 멤버십 속에서, 누군가에게 부담을 지우지 않은 채 무리하지 않으면서 가벼운 마음으로 서로 돕기 위한 시행착오를 겪는 과정에서 구축된 것이며, 시장 교환의 논리가 그 위에 올라타고 있을 뿐이다. 즉 '닫힌 호수성'을 '열린 호수성'으로, '증여 교환'을 '분배'로 조정해나가는 과정에서 자생적으로 형성된 구조가 나중에 시장 교환 쪽에서도 활용된 것이다.

게다가 '효율성'을 추구하여 이들의 플랫폼을 시장 교환에 적합한 형태로 세련화·제도화해나간다면, 본래의 목적이었던 '인심을 쓰는 기쁨', '동료와의 공존', '놀고 싶은 마음과 장난치고 싶은 마음', '자영업의 자유로운 정신'의 가치보다 경제적 가치를 우선하게 만드는 모순을 낳는다.

친절한 행동은 타자에게 공감하고 동료와 공존하기 위한 것이며, 이것이 '장사'에도 연결된다면 기쁜 일이고 행운이다. 그러나 '장사'를 위해 동료에게 등급을 매기거나 평가하고, 동료를 늘리려는 경쟁이 목적이 되면 친절한 행동 자체가 따분한 일이 된다. 동료를 웃길 수 있는 웃긴 동영상을 인터넷에서 찾거나 많은 동료에게서 칭찬받는 자신을 찍은 동영상을 올리는 것은 '놀이'이자 '즐거움' 그 자체이며 겸사겸사 '일'에도 활용하고 있을 뿐, '일'을 위해 인터넷을 뒤지거나 자신을 찍은 동영상을 올린다면 모처럼의 즐거움이 시시해지고 귀찮기 짝이 없는 시간이 되고 만다.

생각해보면 '즐겁지 않다', '귀찮다' 같은 매우 자연스러운 실천적인 감각, 거래 실적이나 능력으로 친구에게 등급을 매기는 것은 옳지 않다는 평범한 공정함을 지니고 굳이 '카오스' 상태로 남아 있는 데에는, 시장 교환과 증여 교환이나 분배의 가치가 역전되지 않는 접속 형태가 있는 것 같다.

주

1 예를 들면 レイチェル・ボッツマン, ルー・ロジャース, 『シェア: 〈共有〉からビジネスを生みだす新戦略』, 小林弘人 監修, 関美和 訳, NHK出版, 2010(레이철 보츠먼·루 로저스, 『위 제너레이션: 다음 10년을 지배할 머니 코드』, 이은진 옮김, 모멘텀, 2011). 松島聡, 『UXの時代: IoTとシェアリングは産業をどう

変えるのか』, 英治出版, 2016. 등. 하단의 주 2, 3도 참조. 또한 공유경제에 대한 논의는 인지자본주의를 둘러싼 논의와도 밀접한 관계가 있다. 인지자본주의에 관해서는 山本泰三 他, 『認知資本主義: 21世紀のポリティカル・エコノミー』, ナカニシヤ出版, 2016 등을 참조.

2 ジェレミー・リフキン, 『限界費用ゼロ社会〈モノのインターネット〉と共有型経済の台頭』, 柴田裕之 訳, NHK出版, 2016, p.204(제러미 리프킨, 『한계비용 제로 사회』, 안진환 옮김, 민음사, 2014).

3 アルン・スンドララジャン, 『シェアリングエコノミー: Airbnb, Uberに続くユーザー主導の新ビジネスの全貌』, 門脇弘典 訳, 日経BP社, 2016, pp. 14-15(아룬 순다라라잔, 『4차 산업혁명 시대의 공유 경제: 고용의 종말과 대중 자본주의의 부상』, 이은주 옮김, 교보문고, 2018).

4 같은 책, pp. 51-52.

5 小田亮, 『構造人類学のフィールド』, 世界思想社, 1994, pp.97-98.

제5장

배신과 도움 사이에서:
성공하는 사람, 전락하는 사람

2018년 9월 13일, 청킹맨션 내 단골 파키스탄 식당에 앉아 한가하게 인터넷을 하던 카라마에게 전화가 걸려왔다. 카라마는 전화번호를 보고 얼굴을 찌푸리며 받더니 "미안한데 지금 지하철에 타려는 참이야" 하며 바로 끊었다. 그리고 나를 보며 말했다.

"이 여성은 예전에 화장품이나 가발 등을 교역하기 위해 홍콩에 자주 왔어. 그런데 자본을 잃고 이럭저럭 2년 정도 홍콩에 오지 않았지. 그런데도 계속 홍콩과 탄자니아를 오가는 척한단 말이야. 그래서 나한테 입을 맞춰 달라고 부탁하더라고(같이 홍콩에 있는 척해 달라는 뜻이다). 한번 완전히 '오프라인'이 되면 돌아오기 무척 힘들어. 그건 알지만, 나도 거짓에 가담하는 건 내키지 않고 다시 홍콩에 오고 싶다고 호소한들 그런 사람은 넘쳐나."

카라마의 말처럼 전화를 건 여성과 같은 탄자니아인은 드물지 않다. 이 장에서는 부침이 심한 홍콩 시장에서 탄자니아인들이 어떤 인생을 꾸려가고 있는지 소개하면서 중고차 중개업 외의 사업에 대해서도 이야기하겠다.

휴대폰 비즈니스로 성공한 사람

슈와(가명)는 48세 남성으로, 매우 성공한 휴대폰 교역인이다. 그는 다르에스살람의 상업 지구 카리아코의 중심가에 6층짜리 큰 빌딩 두 채를 소유하고 있으며 자신의 상점과 사무실 외의 공간을 많은 입주자에게 임대하고 있다. 가족으로는 32세의 첫 번째 부인과 35세의 두 번째 부인, 18세부터 2세까지의 자식 아홉 명이 있다. 슈와는 "벌어도 벌어도 학비를 내면 남는 게 없어"라고 투덜대면서도 어딘지 즐거워 보이는 기색으로 가족 이야기를 하며, 탄자니아에 귀국하기 전날에는 아이들에게 줄 선물을 사러 삼수이포 등지의 의류품 잡화점들을 바삐 돌아다닌다.

또한 카라마와 비슷한 시기에 홍콩에 온 탄자니아 교역인이며 카라마가 마음을 터놓는 몇 안 되는 친구이기도 하다. 경건한 이슬람 교도로, 홍콩에서도 매일 다섯 차례의 예배를 거르지 않고, 금요일에는 반드시 정장을 입고 모스크에 간다. 술도 담배도 하지 않는다. 홍콩의 젊은 탄자니아인들과 자주 수다를 떨지 않지만 온화하고 지적이어서 "슈와 형님(브러더 슈와)"이라고 불리며 많은 동포에게서 존경을 받고 있다.

슈와는 비교적 유복한 가정에서 태어나 국립 다르에

스살람대학에서 상업학 학위를 취득한 후 1998년에 두바이에서 금을 매입하면서 장사를 시작했다. 비즈니스 시작 당시 슈와가 가진 자본은 3,000달러로, 정말 얼마 안 되는 금을 구매해 탄자니아로 돌아와 지역 세공사에게 반지나 목걸이로 가공해 달라고 한 뒤 판매했다. 현재도 카리아코에 연 상점에서 액세서리를 판매하고 있다. 2017년 2월에 슈와와 함께 홍콩 거리를 산책한 적이 있다. 도중에 그는 불쑥 잡화점에 들어가더니 상당히 오랫동안 흥미로운 듯이 반지 디자인을 살펴보았다.

  슈와가 처음 홍콩에 건너온 해는 2003년이다. 이 무렵 탄자니아에서는 폭발적인 기세로 휴대폰이 보급되기 시작해 슈와도 휴대폰 수입업으로 눈을 돌렸다. 처음에는 홍콩을 경유해 곧장 광저우로 가서 싼 값에 휴대폰을 사들인 뒤 컨테이너에 실어 모국에 수출했다. 2000년대 후반 중국은 탄자니아인 교역인들에게 카피 휴대폰의 산지가 되어, 모국에서 잘 팔리는 휴대폰을 가져와 "똑같은 것으로 1,000개"라는 식으로 중국계 공장주에게 제조를 의뢰하는 교역인들이 많았다. 그러나 슈와는 충분한 자본이 없기도 해서 중국 공장에 대량 카피 제품을 의뢰하는 이들과 경쟁하지 않는 중국 중소 브랜드들의 다양한 휴대폰을 사들여서 장사를 궤도에 올렸다고 한다. 그는 늘 광저우의 휴대폰 도매상들에게 "××사의 ○○모델을 500개, ××모델을 100개"라는 식으로 주문했다.

중국에서의 비즈니스는 무척 힘들었다고 한다. 광둥어는 여전히 조금밖에 모르지만, 중국 휴대폰 도매상들은 간단한 영어를 할 수 있고 서로 전자계산기를 두들겨 가격을 보여주며 교섭하기 때문에 말을 잘 못 하는 것 자체는 그다지 문제가 되지 않았다. 그러나 시가를 이해하고 바가지를 쓰지 않거나 속지 않도록 주의하는 데서 어려움을 느꼈다.

나는 슈와가 친하게 지내는 중국계 휴대폰 판매상이 많다는 이야기를 듣고 "그렇게 친한 거래처가 많다면 굳이 중국에 가지 않고 인터넷으로 거래하면 좋지 않겠어요?"라고 물어본 적이 있다. 그랬더니 그는 "그렇게 하면 큰일 나"라고 즉답했다. 슈와의 설명으로는 우선 다른 판매상이 얼마에 판매하고 있는지 파악하고, 그런 다음에 거래처에 가서 "모퉁이에 있는 판매상은 ××모델을 ○○위안에, 거리 반대편에 있는 판매상은 △△모델을 □□위안에 판매하더라고. 하지만 나는 오래 알아온 당신과 꼭 거래하고 싶어"라고 구체적인 증거를 제시하며 교섭해야 비로소 중국인들이 싸게 준다고 한다. 또 친해졌어도 구입한 상품을 그 자리에서 확인하지 않으면 불량품이나 위조품이 섞일 가능성도 있다고 설명했다.

2007년, 슈와는 카라마처럼 중고차 부품도 취급하게 됐다. 2010년대에는 부품을 포함해 2만 5,000달러 가치의 상품을 컨테이너에 실어 수출한 뒤 모국에서 소매점들에게 도매로 넘겨 약 3달 만에 8,000달러에서 1만 달러의 순이익을 얻을 정도가 됐다. 비즈니스가 잘되지 않는 시기에는 2주에 한 번, 잘되는 시기에는 1달에 다섯 번 중국(홍콩)과 탄자니아를 오갔고, 약 1달간 5만 달러에서 12만 5천 달러어치의 상품을 수출하고, 3달 주기로 각 비즈니스를 번갈아 굴리며 월수입으로 1만 6,000달러에서 5만 달러를 벌어들였다. 또한 소유한 빌딩의 임대, 액세서리 판매 등의 부업을 통해서도 상당한 수입을 얻었다. 내가 "슈와는 정말 부자네요"라고 감탄하자 슈와가 일본 대학 교수의 급여를 물었다. 내가 월급이 얼마인지 솔직히 말하자 멍한 얼굴을 하며 "응? 그 정도밖에 안 돼?"라고 하더니 이후 밥을 사줄 때가 많아졌다.

단, 거의 매주 중국과 탄자니아를 오가는 일은 교통비가 많이 들고 체력적으로도 무척 힘들다. 2016년 초, 슈와는 중국과 탄자니아를 오가며 휴대폰 수출하기를 그만두고 중국에는 들어가지 않으면서 홍콩에서만 장사를 하는 '새로운 방법'을 찾아냈다. 슈와는 "(지금은) 하루에 한 시간밖에 일하지 않아"라고 한다. 실제로 관찰해보니 그는 예배를 드리려고 아침 일찍 일어나 예배를 마친 뒤 다시 잠들었고, 그 후에도 다시 예배를 위해 일어났다가 잠들기를 반복하다가 비즈니스 활동을 하는 것은 저녁때 잠깐 동안이었다. 슈와는 청킹맨션 1층과 2층에 있는 휴대폰 도매(소매)점들에서 매달 싼 가격으로 '피처폰' 약

100대, 스마트폰 약 400대를 구매한다고 한다. 이 휴대폰들을 매일 수십 대씩 사들인다면, 청킹맨션의 휴대폰 판매점들을 전부 돌아도 구매에 걸리는 시간은 하루에 한 시간 정도다.

나는 카라마와 함께 이야기를 듣다가 부러워져서 카라마에게 "슈와는 하루에 한 시간밖에 일을 안 한대요"라고 말을 꺼냈다. 그러자 카라마가 히죽거리더니 "구매에 들이는 시간이야 그렇지. 하지만 슈와에겐 심야의 일이 또 있거든"이라고 의미심장한 대답을 했다. 슈와에게 심야에는 도대체 뭘 하느냐고 추궁했더니 당황한 슈와는 "수상쩍은 일이 아니야" 하고 웃으면서 현재의 비즈니스 구조에 대해 가르쳐줬다.

현재 그가 취급하는 주요 상품은 리퍼비시드 휴대폰refurbished cell phone이다. 실은 일찍이 중국과 홍콩에 건너온 휴대폰 교역인들 사이에서 널리 인기를 얻었던 노키아나 삼성 폰, 아이폰 등을 카피한 휴대폰 장사는 중국 정부가 단속을 강화한 데다 중국 브랜드(샤오미나 화웨이 등) 휴대폰의 인기가 높아지고 탄자니아의 모바일통신규제국이 '근절 정책'을 펼침으로써 매우 힘들어졌다.

2016년 2월, 탄자니아 모바일통신규제국은 단말기고유식별번호IMEI가 없는 카피 휴대폰의 통신을 강제로 정지하겠다고 통고했다.[1] 통고대로 카피 휴대폰의 통신은 같은 해 6월 17일에 정지되었고, 이때까지 자주 일제 단속에 나서 중국에서 카피 휴대폰을 수입해오던 많은 교역인이 상품을 몰수당하거나 체포당했다고 한다.

그리하여 카피 휴대폰을 대신해 각광을 받은 것이 슈와가 취급하는 리퍼비시드 휴대폰이다. 홍콩의 리퍼비시드 휴대폰은 두 종류로, 제조사가 불량품 등을 회수하여 수리한 것과 비공식 업자가 중고품을 모아 액정 화면, 겉면, 배터리 등을 교체하여 수리한 것으로, 둘 다 IMEI가 부여되어 있다. 슈와가 거래하는 것은 당연히 후자다. 리퍼비시드 휴대폰은 가격이 싸고 일반인의 눈에는 신품과 구분이 되지 않는다. 물론 슈와는 이를 탄자니아에서 '신품'으로 판매한다.

하지만 리퍼비시드 휴대폰을 신품으로 팔기 전에 이전 사용자의 이력을 깨끗이 삭제하지 않으면 큰 문제가 된다. 그래서 슈와는 심야에 당일 구입한 휴대폰들을 한 대 한 대 확인하며 사용 흔적을 소거한다고 한다. 또한 중국에서는 정부의 인터넷 검열 시스템 '만리방화벽Great Firewall' 때문에 구글 같은 해외 사이트에 접속할 수 없기에 — 해외 서버를 이용하는 VPN으로 접속하면 되기는 하지만 — 해외 수출용이 아닌, 중국 일반 가정에서 회수한 중고품을 정비한 휴대폰(특히 중국 브랜드 제품)에는 구글이나 페이스북 등이 설치되어 있지 않거나 설치되어 있더라도 접속이 잘 안 되는 경우가 종종 있다. 슈와는 이 휴대폰들을 구매한 도매점에 반품하기 위해 따로 분류해

놓는다.

나는 중국에서도 리퍼비시드 휴대폰이 판매되고 있으니 중국에서 구매하면 단가가 싸지지 않을까 하는 의문이 들어 굳이 청킹맨션에서 구매하는 이유를 물어보았다. 슈와는 만약 중국에서 컨테이너에 실어 탄자니아에 수출한다면 몰라도, 홍콩에서 수출한다면 중국에서 사지 않는 편이 좋다고 대답했다. 국경 경비 강화로 수탁 화물에 배터리가 들어 있으면 화물을 접수해주지 않는데, 시치미 떼고 그냥 화물을 맡기면 멋대로 배터리를 빼거나 화물 자체가 도착하지 않기도 한단다. 그렇다면 왜 중국에서 수출하지 않고 홍콩에서 수출하기로 했을까.

현재 슈와는 앞 장에서 설명한 비공식 송금업자를 통해 카리아코의 상점을 책임지는 남동생과 아들들에게서 매출의 일부를 구매 대금으로 송금받으며, 비자 없이 체류할 수 있는 기간을 꽉 채워 홍콩에 체류하면서 매일 휴대폰을 수출하고 있다고 한다. 분명 홍콩과 탄자니아를 거의 매주 왕복하기보다 편하고 교통비도 들지 않기에 합리적이지만 매일 수출한다는 이야기는 놀라웠다. 내가 "매일? 정말 매일 한단 말이에요?" 하고 확인하자 슈와는 "정확히는 거의 매일이지"라고 선선히 즉답했다. "DHL이나 EMS를 이용하는 거예요? 그렇다면 비쌀 텐데?"라고 되물으며 계속 놀라는 내게 그는 어쩔 수 없다는 듯한 표정을 지으며 수출 방법을 설명해줬다.

간단히 말하자면 탄자니아로 귀국하는 교역인들 캐리어의 빈 공간을 사거나 그들에게 수수료를 지불해 공항에서 대기하는 슈와네 상점 직원에게 전달하는 방법이다(짐 중량 1킬로그램당 10달러 이하라고 한다). 이른바 '보따리 장사', '행상 비즈니스'인 셈이다. 공항에서 대기하는 직원에게는 미리 상품 정보와 위탁한 교역인의 정보(여권 복사 등)를 보내두고, 직원은 상품을 받은 뒤 그 자리에서 휴대폰 대수를 확인하고 교역인에게 수수료를 지불한다.

홍콩 비즈니스(또는 홍콩을 경유한 중국 비즈니스)를 궤도에 올린 교역인들 중에는 홍콩과 탄자니아를 자주 왕복하기에 항공사들의 우수 고객이 된 사람이 많다. 2017년 8월, 나는 탄자니아에서 돌아올 때 비행기에 같이 탄 교역인들과 친해져서 두바이에서 환승을 기다리는 동안 한잔하게 되었는데, 이 교역인들 전부 에미레이트항공의 골드 회원이어서 나 혼자만 라운지에 들어가지 못했다(행선지가 같은 경우 골드 회원 1인당 한 명을 초대할 수 있지만). 우수 고객이 되면 수하물과 위탁 화물의 허용 중량도 늘어난다. 이 늘어난 중량만큼 휴대폰을 맡기는 것이다.

'행상 비즈니스' 자체는 오래전부터 존재했지만 슈와의 비즈니스는 제2장에서 설명한 '겸사겸사' 서로 돕는 행위에서 발전했다. 난민으로 인정받아 홍콩에서 사는 사람들은 모국의 가족이나 친구에게 보낼 선물을 마침 귀국하는 교역인에게 맡기고 교역인은 '겸사겸사' 보내주고 있다. 이처럼 서로 돕는 행위의 대가로 금전이 오가지는 않지만, 장사 목적이 명확한 경우에는 금전이 수반되기도 한다.

단, 서로 돕는 일과 비즈니스 사이의 경계선은 늘 애매하다. 카라마 같은 브로커들은 매일 교역인들을 수행하면서 누가 언제 귀국하는지 정보를 갖고 있다. 브로커들은 광저우조합과도 연계하고 있기에 중국에서 대량 매입한 뒤 홍콩을 경유해 탄자니아로 돌아가는 교역인들의 정보도 갖고 있다. 브로커를 끼지 않고 장사하는 교역인도 많지만, 그러한 이들도 동포 탄자니아인에게서 한 번쯤 도움을 받거나 인연을 맺은 경험이 있다.

카라마 같은 브로커들에게 친절한 대응을 받은 고객이나 도움을 받은 적 있는 사람들은 캐리어의 공간에 여유가 있으면 돈을 받지 않고도 기꺼이 상품을 운반해주며, 혹은 교역인이 무료로 운반해주겠다고 나서도 슈와가 자발적으로 수수료를 지불하기도 한다. 만에 하나 갖고 도망칠 위험에 대비해 보통은 한 사람에게 십수 대 정도만 부탁하고, 대수가 많은 경우에는 세관 신고를 해야 하므로 이를 위한 현금을 매입 관련 서류와 함께 건네준다.

이처럼 동료의 장사에 편승해 새로운 구조를 생각해내는 일은 이들 사이에서 극히 일반적이다. 카라마도 약삭빠르게 슈와의 비즈니스에 편승하고 있다. 카라마는 돈을 꽤 벌면 청킹맨션에서 휴대폰 몇 대를 구입해 슈와의 짐 속에 같이 넣어 탄자니아에 수출한다. 이 휴대폰들은 슈와네 상점에서 판매되며, 홍콩에서 장사가 잘되지 않아 아내에게 생활비를 보내지 못할 때 슈와의 아들이 카라마의 아내에게 판매 금액을 송금해준다.

청킹맨션에는 슈와처럼 성공한 사람이 많다. 일본 엔으로 환산하면 1년에 수천만 엔을 버는 사람들이다. 어쩌면 억대에 달할지도 모른다. 하지만 적어도 겉보기에는 그렇게 벌지 못하는 다른 아프리카인들과 구별되지 않는다. 청킹맨션은 국제적인 비공식 비즈니스의 거점이며 큰돈을 벌었어도 굳이 청킹맨션의 생활을 택하는 이도 많다. 물론 청킹맨션의 모든 탄자니아인의 비즈니스가 순풍에 돛 단 듯 잘되지는 않는다. 한번 성공을 거머쥐었다 해도 전락하는 것은 순식간이다.

'배신당한' 천연석 수입상

39세 남성인 고디(가명)는 탄자니아 음베야주에서 태어났으며 현재는 다르에스살람에 거주하고 있다. 아내와 초등학생 아들 둘이 있고, 근육이 우락부락하고 체격이 좋으며 장난기 넘치고 싹싹하다. 2016년에 청킹맨션 옆 골목에서 만났을 때 잡담을 나누다가 내가 지도하는 한 대학원생이 아프리카의 젠더 연구에 뜻을 두고 있는데 특히 슈거 마미(성행위 등에 대한 보상으로 젊은 남성에게 금품을 주거나 생활을 지원하는, 여유가 있는 나이 든 여성을 주로 가리킨다)와의 관계에 관심을 갖고 있다고 얘기한 적이 있다. 고디는 "나는 50세이건 60세이건 상관없어. 아직 체력이 있으니까 여성을 만족시킬 자신이 있어. 인종도, 국적도 따지지 않고 외모도 보지 않아. 나와 사귀고 싶다는 돈 있는 여성이 있다면 꼭 소개시켜줘"라고 말했다. 이후 그와 만날 때마다 "사야카, 내 슈거 마미는 찾았어?"라고 계속 물었다. 당시 나는 인사를 대신하는 농담이라고 생각하며 웃어넘겼는데, 2017년 8월에 그의 생활사를 들은 뒤 "스폰서가 될 여성을 찾아줘"라는 말이 진심이 아니었을까 하고 다시 생각해보게 됐다.

고디는 홍콩에 건너오기 전에 탄자니아에서 전자제품을 수리하고 개조하는 일을 했다. 4년 동안 전기공학을 배웠고 전자기기 수리 기사가 되기 위해 2년 더 공부했지만 취업하지 못했다. 따라서 전자제품을 수리하는 자영업자가 되어 텔레비전이나 비디오 데크 따위를 수리하거나 중고 부품으로 음향 기기를 조립해 나이트클럽 등에 판매하기도 했다. 그 뒤 IT 관련 전문학교에 다시 들어갔다. 졸업 후에는 컴퓨터 수리를 하거나 프로그램의 언어를 영어로 바꾸는 등의 일을 했다.

2009년, 고디는 1회 수리비로 받는 금액은 적지만 매일 안정적으로 돈을 벌 수 있는 스마트폰 수리로 업종을 전환했고 홍콩에서 스마트폰이나 스마트폰 부품을 수입해오는 업자들과 알게 됐다. 그리고 이 스마트폰 수입상들과의 연줄로 2010년에는 홍콩에 천연석을 도매 판매하는 기업의 수입상과 친해졌다. 천연석 비즈니스가 돈이 된다는 사실을 이해한 고디는 그때까지 번 돈을 전부 투자해 2011년에 모로고로주, 도도마주, 탕가주에서 천연석을 사들여 홍콩의 업자에게 판매했다.

2012년, 고디는 천연석을 매입한 다음 자신도 홍콩에 건너가 현지 업자에게 도매 판매하기로 결심했다. 청킹맨션에서 카라마를 비롯한 브로커들과 만나 이들에게서 비즈니스를 배운 뒤 수입한 천연석을 전부 도매 판매하는 데 성공했다. 2013년에는 탄자니아에서 홍콩으로 두 차례 2톤씩의 천연석을 들여왔다. 이때 들여온 천연석을 전부 예상보다 높은 가격에 판매한 덕에 고디의 비즈니스는 급성장했다. 탄자니아에 금의환향한 고디는 땅을 샀고 다르에스살람의 주택가에 아내와 아들들을 위한 훌륭한 집도 지었다. 나아가 염원하던 중고차도 2대 구입할 수 있었다.

2014년 5월에는 친구와 컨테이너를 공유해 17톤이나 되는 천연석을 홍콩에 수출하기로 했다. 친구가 매입한 천연석은 5톤, 고디가 매입한 천연석은 12톤이었으며 고디는 자기가 친구의 천연석을 같이 수출해주는 거라고 여겼다. 고디는 천연석 매입에 9만 달러를 투자했다. 이 자금의 일부는 친척에게서 빌리거나 은행에서 융자받았고, 홍콩에서 천연석을 판매한 뒤 변제할 예정이었다.

그런데 고디는 친구에게 사기를 당해 무일푼이 되고 말았다. 친구가 고디보다 한 발 앞서 몰래 홍콩에 건너온 것이다. 그리고 17톤의 천연석을 판 대금인 45만 달러를 독차지해버렸다.

고디는 홍콩에 도착한 이튿날 아침 항구로 가서 모든 천연석을 이미 친구가 거래했다는 사실을 듣고 아연실색했다. 뭐가 어떻게 된 건지도 잘 파악하지 못한 채 친구에게 전화했지만 전혀 받지 않았다. 홍콩의 호텔들을 돌아다니며 친구를 찾다가 아무래도 친구는 이미 거래를 마치고 출국한 것 같다는 정보를 얻었다. 겨우 '배신당했다'는 사실을 깨달은 고디는 즉시 홍콩 경찰서로 가서 상담을 하고 고소하기로 결심했다. 그러나 거기서 알게 된 것은, 수입 등과 관련한 정식 서류에는 친구의 이름만이 서명되어 있고 고디가 구입한 천연석이 수입 항목의 대부분을 차지한다는 증거가 어디에도 없다는 사실이었다. 경찰은 친절했지만 사건으로 보고 수사해주지는 않았다. 친구는 이때를 마지막으로 천연석 비즈니스에서 발을 빼고 케냐로 도망가 두 번 다시 홍콩에 발을 들이지 않았다고 한다(현재도 행방을 알 수 없다).

결국 고디는 실의에 빠진 채 불과 50달러만을 들고 탄자니아로 귀국했다. 귀국 후 차 2대와 땅을 팔아 천연석 매입 때 생긴 빚을 변제했지만 전액을 갚기에는 어림도 없었다. 추심업자에게 쫓기게 된 고디는 아내와 아이들을 처가로 보냈다. 그리고 편도 항공권을 살 비용을 긁어모아 홍콩으로 도망치듯 돌아왔다. 나와 만난 2016년에는 홍콩에 오지 않는 수출상들을 대신해 천연석을 업자에게 도매 판매하거나 천연석 기업들과 아프리카 국가의 천연석 수출상들을 중개하는 일을 하고 있었다. 거래당 받는 수수료는 300달러였다.

홍콩의 많은 탄자니아인이 천연석 장사에 얽혀 있지만 천연석 가격은 안정되어 있지 않으며 특히 투기적인 장사로 간주된다. 이 장사로 큰 부자가 된 사람도 있는 반면 실패해 빚더미에 올라앉아 홍콩에서 문자 그대로 '난민'이 된 사람도 있다. 천연석 브로커인 수디(가명)가 데려가준 홍홈에 위치한 천연석 회사를 방문해 거래 양상을 참여 관찰한 뒤 카라마와 동료들에게 얘기하자 많은 사람이 "천연석 비즈니스는 정말 어려우니까 초보자는 손을 대지 마"라고 충고했다. 홍콩에서 거래되는 천연석은 사파이어와 루비 등의 '보석precious stones', 자수정이나 시트린 등의 '준보석semi-precious stones', 보석이 아닌 류의 '모조석cheap stones'으로 나뉘는데, 크기, 색의 농담濃淡, 투명도, 산지에 따라 같은 류의 천연석이라도 가격이 크게 달라진다. 예를 들면, 단가가 1킬로그램당 2달러인 저렴한 천연석을 5톤(1만 달러) 사들여 홍콩에서 1킬로그램당 5달러

왼쪽: 탄자니아에서 수입한 천연석.
오른쪽: 천연석의 투명도 측정.

(5톤/2만 5천 달러)에 팔면 한 번에 1만 5천 달러의 수입을 얻을 수 있지만, 마침 종류가 같은데 더 색이 짙고 크기가 균일한 천연석을 가져온 수입상이 있으면 1킬로그램당 5달러는커녕 매입 비용, 홍콩까지의 교통비, 체류비 때문에 적자를 보는 가격으로 팔아야만 하는 경우도 종종 있다.

하필이면 홍콩의 천연석 시장은 고디가 홍콩에 온 2015년 무렵부터 악화하기 시작해 많은 천연석 수입상이 자본을 잃게 되었다. 게다가 운 나쁘게도 2017년 무렵부터 정부가 탄자나이트를 비롯한 천연석의 수출 규제를 강화했다.

2017년, 고디는 천연석 비즈니스를 포기하고 홍콩에서 우연히 알게 된 중국계 목재업자가 잠비아에서 목재 찾는 일을 안내하기 위해 홍콩에서 출국했다. 중국계 목재업자는 수수료를 넉넉히 주었지만 나머지 빚을 변제하는 데 쓰자 다시 홍콩에 돌아올 수 있는 돈은 남아 있지 않았다.

현재 고디는 탄자니아에 거주하면서 예전과 마찬가지로 부지런히 전자제품 수리업을 계속하고 있다. 2014년의 사건 이후 아내와의 관계가 좋지 않았지만 아내는 아이들과 함께 고디의 곁으로 돌아왔다. 고디는 자택 거실에서 사기를 당했을 때의 서류를 보여주면서 "그 녀석이 내 인생을 망쳤어. 그 일만 없었더라면 지금쯤 나는 훨씬 더 잘나갔을 텐데"라고 하며 분한 나머지 눈물을 흘렸다. 그는 마지막으로 다음과 같이 말했다.

"나에게는 가족을 행복하게 해줘야 할 책임이 있어. 내가 할 수 있는 일이라면 뭐든지 할 거야. 청소 일이든 짐을 하역하는 날품팔이 일이든 범죄만 아니라면 가리지 않아. 나는 절대로 누구도 속이지 않을 거야. 사기를 당하는 게 얼마나 뼈아픈 일인지 가장 잘 아니까. 그러니 혹시 홍콩이나 일본에 일자리가 있으면 나를 가장 먼저 떠올려 줘. 집에 있는 걸 몽땅 팔아서라도 갈 테니까. 물론 슈거 마미를 찾았을 때도 나한테 가장 먼저 소개해줘. 나는 아직 (홍콩 네트워크에서) 온라인이야."

이러한 고디의 생활사 외에도 동료에게 배신당했다는 이야기는 빈번히 들린다. 이들이 배신당해 뒤집어썼다는 손실도 결코 작지 않다. "해적판 DVD를 대량 매입해 모국에 돌아가 확인했더니 전부 공CD였다", "중고차 6대의 대금을 건넨 브로커가 행방을 감췄다" 등등. 타자를 쉽게 신뢰할 수 없다는 사실을 알고 있을지라도, 그럼에도 누군가를 믿어보겠다고 결심하지 않으면 비즈니스는 개척되지 않는다. 그리고 살면서 추락하게 되는 계기는 배신 외에도 무수히 많다.

'수감된' 의류 교역인

제2장에서도 등장한 마바야(44세)는 나와 만났던 2017년 1월에 인생 최대의 고비를 맞고 있었다. 당시 처한 상황 때문에 그랬을지도 모르지만 말수가 적고 침착한 남자였다. 청킹맨션의 파키스탄 식당에서 카라마와 동료들과 식사를 할 때도 미소를 지으며 듣기만 했지만, 사람들이 은어와 속어를 쓰면서 분위기가 고조되면 내 귓가에 얼굴을 가져다대고 비밀 이야기를 하듯이 조그만 목소리로 표준 스와힐리어로 통역해줬다. 마바야에게 이야기하지는 않았지만 탄자니아 길거리에서 장사하며 스와힐리어를 배운 나는 단연 은어와 속어가 더 익숙했다.

마바야는 탄자니아 북서부의 마라주의 주도인 무소마 출신이다. 마바야의 형은 무소마에서 가죽 신발의 재료인 피혁을 판매하는 상점을 경영했고, 마바야도 학교를 졸업한 후 형의 가게를 도왔다. 그러다가 갑자기 형이 사망해 성인이 된 마바야가 가게를 이어받았다. 마바야는 케냐의 나이로비에 구두를 대량 매입하러 다녔는데, 그러다가 나이로비의 상점가에서 '형의 지인이 아닌' 친구가 많이 생겼다.

그중 한 사람인 케냐인과 의기투합해 2002년에 나이로비에서 전자제품 상점을 공동 경영하게 됐다. 개업 자금의 대부분은 마바야가 아버지로부터 상속받은 소牛를 팔아 마련했고, 취업 허가증working permit 문제 때문에 가게 명의는 케냐인 친구 앞으로 했다.

상품 구매를 담당한 마바야는 두바이에 전자제품을 대량 매입하러 가곤 했다. 7년 동안 두바이와 케냐를 빈번히 왕복하던 그는 두바이의 많은 전자제품이 중국이나 홍콩에서 수입한 것이라는 사실을 깨달았다. 직접 홍콩이나 중국에 건너가면 더 싸게 살 수 있을 거라는 생각이 들어 공동 경영자인 친구와 의논한 끝에 2009년 홍콩과 중국에 가기로 결심했다.

홍콩에 온 마바야는 삼수이포의 전자제품 상점가에서 중고품들을 구입해 컨테이너에 실어 케냐의 몸바사 항구로 수출했다. 비즈니스는 순조로웠지만 어느 정도 시간이 흐르면서 공동 경영자인 친구가 마바야의 장기 부재 중에 나이로비 상점의 상품과 매출을 횡령했음을 알게 됐다. 친구에게 따지자 그는 횡령을 인정했고, 둘은 매출을 절반씩 나누고 사업을 청산했다.

그 뒤 마바야는 나이로비에서 탄자니아 최대의 도시 다르에스살람으로 이사하여 의류품 상점을 개업했다. 운영 자금이 많지 않아 전자제품보다 단가가 싼 의류품을 팔려고 했던 것이다. 하지만 홍콩 의류품 수입 시장에는 경쟁자가 가득했고 유행을 따라가기도 어려워서 결국 많은 재고를 떠안게 되었다.

재기해야겠다고 마음먹은 마바야는 2011년 무렵부

터 새로운 비즈니스 기회를 찾아 태국, 인도네시아, 싱가포르를 떠돌았다. 마바야는 태국에서의 생활이 가장 좋았다고 말한다. 모든 태국인이 친절했고 방콕에서 판매되는 의류품은 중국 것보다 질이 좋았다. 마바야는 현지 공장주에게 의류품 샘플을 가져가 같은 제품을 500장, 1,000장 단위로 주문하곤 했다. 그러나 곧 동남아시아 국가들에도 많은 탄자니아 교역인이 대량 매입을 하러 찾아오게 되었다.

마바야는 2016년 8월에 다시 홍콩으로 건너가 전자제품 같은 다른 상품을 취급하는 비즈니스를 시작하려고 했다. 그런데 11월에 불법 체류로 체포되어 교도소에 수감되고 말았다. 탄자니아인은 홍콩에 3개월 동안 무비자로 체류할 수 있는데, 마바야는 일단 중국으로 나갔다가 홍콩에 재입국하는 식으로 이 기간을 연장하려고 시도했다. 10월에 광저우로 나갔다가 선전을 경유해 홍콩으로 재입국하려고 했지만 장기 체류 목적이 발각되어 입국하지 못했다. 몇 번이나 시도한 끝에 홍콩에 밀입국할 수 있었지만 11월에 불법 체류로 체포되었다.

내가 마바야와 만난 2017년 1월 말, 그는 그야말로 교도소에서 막 나온 참이었다. 마바야에게서 앞서 연락을 받은 동료가 청킹맨션의 숙박을 취소해두었는데, 그러기 전 며칠 동안의 숙박료가 미납 상태였기에 옷가지 등의 짐은 숙박료가 지불될 때까지 돌려받지 못하는 상태였다.

문자 그대로 무일푼이 된 마바야는 생수 한 병을 사 마실 돈조차 없었다. 마바야는 카라마를 비롯한 탄자니아인들에게 도움을 요청했다. 카라마는 그를 자기 방에 머물게 한 뒤 모금을 해서 옷가지를 비롯한 짐을 되찾아주기는 했지만, 제2장에서 이야기했듯이 그는 매일 마침 여유가 있는 탄자니아인을 찾아서 점심이나 저녁을 얻어먹기를 기다리는 힘든 생활을 했다. 마바야는 탄자니아에 있는 아내와 두 자녀의 생활, 가게 경영 등을 걱정하면서 하루빨리 모국으로 돌아갈 수 있기를 바랐다.

2주 정도 지났을 때 마바야는 100홍콩달러짜리 싸구려 휴대폰을 구입해 탄자니아의 가족과 연락을 취하면서 귀국 비용을 모으기 시작했다. 운 좋게도 변경 수수료 350달러만 지불하면 가지고 있던 귀국편 항공권을 사용할 수 있다는 사실을 알았다. 마바야가 수감되어 있던 석 달 동안 가족도 쪼들린 생활을 했지만 그가 무사히 귀국한 때는 그로부터 다시 석 달이 지난 4월 초순이었다. 현재 그는 중국과 홍콩에서 쌓은 경험을 살려 중국계 위주의 외국인들을 수행하면서 홍콩에 돌아올 자금을 저축하고 있다.

마바야가 수감되었다가도 무사히 나와 모국으로 돌아갈 수 있었던 까닭은 동료가 있었기 때문이다. 하지만 '어려운 일이 있으면 동료에게 의지하기'는 독립독행의 정신이 강한 이들에게 '자력으로 살아가기'와의 균형 위에서 모색되는 것이다. 거꾸로 이야기하면 이들은 기본적으로 '자력으로 살아가기' 때문에 정말로 어려울 때에는 서로 돕는 관계가 성립한다. 하지만 그 균형을 잡기란 매우 어렵다.

동료와 살아간다는 것과 독립독행으로 살아간다는 것의 틈새에서

제3장에서 등장한 쇼마리(33세)는 2016년 10월에 처음 만났을 때만 해도 드레드 머리와 스트리트 패션으로 멋을 낸 젊은이였다. 그런데 2017년에 다시 만났을 때는 머리를 짧게 잘랐고 옷차림도 평범했다. "혹시 경찰에 체포됐어?"하고 실례를 무릅쓰고 묻자 "드레드 머리면 경찰이 다가오니까 체포되기 전에 잘랐어요. 그리고 평범하게 차려입기만 해도 중국계 비즈니스맨은 쉽게 나를 신뢰하거든요. 겉보기로 판단하는 건 시시하기 그지없는 일이네요"라며 대담하게 웃었다.

덧붙이자면 당시 홍콩 탄자니아인들 사이에서 잘 알려진 '쇼마리'는 두 명으로, 알코올 의존증으로 2017년에 사망한 청킹맨션의 요리사 쇼마리는 키가 160센티미터 정도 되는 작은 몸집의 남자였지만 동료들 사이에서는 "쇼마리 슈퍼 톨"이라 불렸고, 지금 소개하는 천연석 브로커 쇼마리는 키가 185센티미터가 넘지만 "쇼마리 슈퍼 쇼트"라고 불렸다. 그들은 유머를 좋아한다.

　　쇼마리는 뭐든 솔직하게 말하는 사람으로, 내 언동에 거침없이 딴지를 걸기도 했지만 물정을 잘 알았고, 다른 탄자니아인이 얘기하기를 꺼리는 일도 '사실을 말하는 게 뭐 어떻냐'라는 태도로 담담히 말하기에 나에게는 카라마 다음으로 의지할 수 있는 정보 제공자informant다. 처음 만났을 때 쇼마리는 "나는 전갈자리에 호랑이띠예요"라고 자기소개를 했다. 놀라면서 "12간지를 잘 알고 있네"라고 하자 "천연석(파워 스톤) 브로커로 일하는 동안 중국인한테서 배웠어요. 당신네 아시아인들은 자기가 태어난 해가 호랑이해인지 쥐해인지를 중요하게 생각하지요?" 하며 후후후 웃었다.

　　쇼마리는 다르에스살람 출신으로 초등교육을 마친 뒤 노점상으로 일했다. 그때 벌었던 돈은 함께 일했던 노점상이 들고 튀었다. 그 후 다르에스살람의 카리아코의 상점들에서 이거다 싶은 의류를 사들여 다른 친구와 함께 교외의 소매점들에 판매했다. 쇼마리가 얼마 동안 가게를 비우면 친구는 팔 만한 옷을 찾지 못해 장사를 망쳤다. 친구는 하나부터 열까지 쇼마리에게 의지했지만, 그의 남동생이 가게 매출을 훔치고 쇼마리에게 뒤집어씌웠을 때 남동생의 변명을 믿고 쇼마리를 가게에서 내쫓았다. 나중에 오해가 풀린 데다 쇼마리 없이는 장사가 잘되지 않은 친구가 "동생과는 연을 끊었으니 다시 한번 같이 일하자" 하면서 고개를 숙였지만, 쇼마리는 계속 배신당한 경험 때문에 누군가와 함께 장사하고 싶지 않았다.

어린 시절의 쇼마리는 스스로의 안목과 감각에 자신이 있었다. 2011년, 중국에서 상품을 수입해 성공한 사람들을 뒤따르듯이 자본을 저축해 광저우로 갔고, 중국 시장에서 이거다 싶은 의류를 찾아 모국에 수출하기로 결심했다.

하지만 중국 시장은 만만하지 않았다. 초등학교 졸업 후부터 일해온 쇼마리는 처음 광저우에 도착했을 때 영어를 전혀 하지 못했고, 광저우의 도매 상가에는 막대한 종류의 상품이 넘쳐나 무엇을 구매해야 좋을지 몰랐다. 팔릴 것 같은 의류를 찾아도 중국계 상인과 잘 교섭할 수 없었고 그저 평범하게 사는 것 자체가 어려움의 연속이었다. 광저우에도 탄자니아인들이 있었지만 모국에서 몇 번이나 배신을 겪은 쇼마리는 탄자니아인에게 의지하기를 꺼렸다. 그러다가 순식간에 자본을 거의 다 잃고 100위안도 없는 지경에 빠졌다. 완전히 실의에 빠져 갓길에서 머리를 감싸 쥐고 있는데 지나가던 탄자니아인 오마리(가명)가 말을 걸었다. 사정을 설명하자 "어째서 좀 더 일찍 우리를 찾지 않은 거야"라고 하며 어이없어했다. 오마리는 장사에 대해 친절하게 이것저것 가르쳐주었지만, 쇼마리가 중국 체류 가능 기간이 끝나간다고 털어놓자 "중국에서 불법 체류자가 되면 큰일나니 한시라도 빨리 홍콩으로 가. 어차피 수감될 거라면 그래도 홍콩 교도소가 낫거든"이라고 충고하며 홍콩까지의 교통비를 지원해주었다.

쇼마리는 홍콩으로 향했지만 입국 심사 때 다시 고비에 맞닥뜨렸다. 불법 취업을 하려는 게 아닌지 확인하기 위해 심사관이 '쇼 머니'를 제시하라고 요구한 것이다. 카라마도 위기를 똑같은 방법으로 넘겼다. 중국에서 물류 회사를 경영하는 오마리는 이 사태를 사전에 예상한 듯 자신이 홍콩의 업자와 거래한 영수증 사진을 쇼마리의 휴대폰으로 미리 보내놨다. 이를 떠올린 쇼마리는 영수증 사진을 보여주고 이제부터 수출 수속을 하러 간다고 설명하여 무사히 입국을 마쳤다.

홍콩에서도 길을 헤맸다. K11이라는 쇼핑몰 앞에서 우왕좌왕하고 있으니 친절한 홍콩 여성이 휴대폰을 빌려줬다. 오마리에게 전화를 걸어 겨우 청킹맨션에 도착했다. 청킹맨션 현관에서도 쇼마리는 탄자니아인이 지나가기를 몇 시간이나 기다렸다. 오마리가 준 돈은 교통비뿐이었기에 청킹맨션의 방을 빌릴 돈이 없었던 것이다. 그때 우연히 말을 걸어준 사람이 제2장에서 등장한 조지프다. 조지프는 쇼마리의 사정을 듣고 자신이 숙박하는 방으로 데리고 가 1년 남짓한 긴 시간 동안 의식주를 챙겨줬다. 이런 경위를 거쳐 2년 반 정도 뒤에 쇼마리는 겨우 천연석 중개업을 궤도에 올려놨다.

단, 쇼마리는 독립독행의 정신이 강해서, 오마리나 조지프가 해줬던 것처럼 어려움에 처한 동료에게 손을 내밀기를 마다하지 않지만, 누군가가 자신을 도와주는 것은 좋아하지 않는 모양이다. 쇼마리의 삶은 부침이 심했다. 페리 승선장에서 며칠이고 물밖에 먹지 못하고 노숙을 한 적도 있었다. 자칫하면 죽을 수 있었는데 지나가던 나이지리아인이 카라마와 동료들에게 연락해주어 정신을 차려보니 병원이었다고 한다. 4년 전에는 불법 체류로 체포되어 1개월 15일간 수감되었다. 어느 날 경찰이 불심 검문을 하자 이제 다 틀렸구나 싶어서 순순히 여권을 건넸다고 한다. 쇼마리가 침착한 태도를 보였기 때문인지 경찰은 여권을 적당히 훑어보고 돌려주었다. 쇼마리가 "제대로 봐요. 이미 기한이 지났잖아요"라고 자진 신고를 하자 경찰이 웃으며 "보통 감추려고 하는데 당신은 왜 자수를 해요?" 하고 물었다. 쇼마리는 "기한이 지났다는 걸 알고 나서부터는 매일 당신들을 보면 마음이 불안해졌다고요. 몸은 자유지만 마음은 전혀 자유롭지 않았어요. 이제 불안에서 해방되었으니 얼른 체포해가요"라고 대답했단다.

쇼마리는 홍콩에서 7년 남짓 살면서 영어를 비롯해 살아나가는 방법을 배웠다. 완차이의 클럽에서 당시 성노동을 하던 인도네시아 여성을 헌팅해 그 여성과의 사이에서 아이를 얻기도 했다. 2017년에 성격 차이로 이혼했다는데, 2018년에 전처가 불법 체류와 성매매로 수감되자 아이를 데려와 싱글 파더가 되었다.

쇼마리는 청킹맨션이 아니라 교외에 방을 빌려 혼자 살았는데, 아들을 맡은 이후에는 외국인이 많고 환경이 좋다는 이유로 중심가까지 나오는 데 배를 타고 한 시간이나 가야 하는 란타우섬의 꽤 안쪽에 싼 아파트를 빌렸다. 영어를 못 해서 힘들었던 경험 때문에 아들은 영어로만 교육시키리라 굳게 결심하고 집에서는 영어만 쓰며 국제학교에 보내고 있다. 매일 아침 식사를 만들어 아이에게 먹이고 학교에 데려다준 다음 배를 타고 와서 천연석 중개업을 하고, 다시 아들에게 저녁 식사를 만들어 먹이고 영어 숙제를 봐주기도 하면서 바쁘게 살고 있다.

쇼마리에게 왜 다른 탄자니아인들과 함께 다니지 않느냐고 물어봤다. 쇼마리는 역시 담담한 표정을 띠며 "질렸어요. 파티 같은 데서 어울리는 건 시간 낭비고 매일같이 얼굴을 보다 보면 소문 이야기 정도밖에 할 게 없다고요. 정말로 어려울 때 같이 돕고 기회가 있다면 협력하면 돼요. 그 외에 몰려다닐 필요는 없어요. 저들을 너무 의지하면 내 힘으로 살아가는 지혜를 잃어버리고 마지막에는 멍청해질 거예요. 지난 1년간 나는 (아이를 키우느라 바빠서) 청킹맨션에 가지 않았으니까 어차피 내가 체포당했을 거라는 소문이 떠돌고 있겠죠"라고 설명했다. 2016년에 처음 만났을 때 그는 개조한 차의 사진을 보여주며 차를 커스텀하는 기자재를 구입해 모국에서 공장을 여는 것이 꿈이라고 말했다. 2018년 3월에 만났을 때는 탄자니아의 천연석 채석장에서 찍은 사진을 보여주며 "진정한 일은 아날로그(손으로 하는 일)예요"라고 탄식하며 캐터필러(굴삭기)를 수출하는 게 꿈이라고 했다. 또, 탄자니아는 보석 가공 기술이 없기 때문에 원석 그대로 수출하며 그렇게 수출하는 천연석에 얼마만큼의 가치가 있는지를 모른다고 설명하고 그것이 탄자니아가 빈곤한 이유라고 지적했다. 그리고 캐터필러 수출로 돈을 벌면 그다음에는 모국에서 원석을 가공하는 공장을 여는 것이 꿈이라고도 말했다.

"이 세계에서 큰 부자가 되는 길은 세 종류의 장사밖에 없어요. 첫 번째는 석유, 두 번째는 마약 그리고 세 번째가 보석이에요. 나는 보석으로 큰돈을 벌기로 결심했어요. 이루어지지 않을 꿈이라고 생각해요? 하지만 꿈을 잃어버리면 인생은 거기서 끝이에요. 꿈을 먹으며 살 수 있는 동안에는 끈질기게 살아갈 거예요."

주
1 이 고지에 대한 자세한 이야기는 다음을 참조. https://synodos.jp/international/17513

제6장
사랑과 우정의 비결은 돈벌이

이 장에서는 보통 대립 개념처럼 보이는 '사랑'과 '돈벌이'가 한 쌍을 이루고 있는 이들의 사회적 세계를 조명해보겠다. 전반부에서는 드러내놓고 하는 사업과 뒤에서 은밀히 하는 사업이 어떻게 얽히면서 홍콩 탄자니아인들의 사회적 세계를 구축하고 있는지 소개한다. 마바야와 쇼마리처럼 이들이 홍콩에서 직면하는 위기 가운데 하나는 체류와 노동을 둘러싼 자격의 불안정성이다. '난민' 인정도 완벽하지 않아서 2개월마다 갱신해야 하고 불법 취업했다는 사실을 들키면 체포당하거나 난민 인정이 취소되기도 한다. 이러한 불안정한 체류 자격을 해결하는 방법 중 하나는 현지 여성과의 결혼이다. 그리고 후반부에서는 카라마가 왜 귀국하지 않는지에 대한 의문을 바탕으로 그들이 '장사'를 통해 구축하는 인간관계에 대해 이야기하겠다.

서류상의 아내와 서류상의 남편

카라마뿐만 아니라 홍콩에 거주하는 탄자니아인 남성 중

에는 연인이나 아내가 여럿 있는 사람이 많다. 많은 사람이 다르에스살람이나 잔지바르 출신인 이슬람 교도이기에 여러 아내를 두는 것이 종교적으로 허용된다는 점, 아프리카 국가들에서는 일부다처제가 문화적으로 널리 허용된다는 점을 배경으로 꼽을 수 있다. 홍콩의 교역인이나 브로커 중에는 슈와처럼 성공한 사람부터 마바야처럼 빈곤한 사람까지 다양한 이들이 있는데, 모국의 평균적인 남성에 비해 여유가 있어서 본인의 희망 때문만이 아니라도, 사회적으로 여러 여성을 부양할 것이 기대된다 — 가족이나 친척에게서 아내를 한 사람 더 맞으라는 권유를 받거나 여성이 스스로 여유가 있는 남성의 두 번째 부인이 되기를 원하기도 한다.

한편, 홍콩과 중국의 아프리카계 남성 중에는 홍콩인이나 중국인 여성과 결혼해 홍콩과 중국에서의 체류 자격을 얻으려는 사람이 많다는 점도 중요하다. 현지 여성과 결혼하면 홍콩이나 중국에서 가게를 열거나 회사를 크게 키워 모국의 친구나 친척을 합법적으로 불러올 수 있다. 아내와 아내의 친척을 무역 파트너로 삼고 본인은 모국에서 장사를 하는 선택지도 있다. 설령 결혼으로 이러한 '이익'을 기대할 수 없더라도, 마바야 같은 처지가 될 걱정을 하지 않아도 되고 아내에게 일상생활 면에서 도움을 받을 수 있다.

실제로 이들은 레스토랑이나 호텔에서 일하는 여성

부터 매입처인 상점의 딸에게까지 적극적으로 구애를 하고 거의 매일 밤 번화가에 헌팅하러 나선다. 결혼에 이르는지는 둘째 치고 헌팅 성공률은 나쁘지 않다. 이들 중 대부분은 적어도 구애를 하는 중에는 선심을 쓰고 태도나 말씨도 부드러우며 다양한 인생 경험을 살린 위트 넘치는 대화로 즐겁게 해준다 ― 이들이 자랑처럼 이야기하듯이 신체적인 매력도 있을 것이다.

내가 알게 된 홍콩 거주 탄자니아인 중에도 중국인 여성과 결혼하거나 아이를 낳은 사람이 여럿 있다. 그런데 중국인 아내와는 별도로 모국에 정식으로 결혼한 아내가 있는 사람도 적지 않다. 양쪽 여성들에게 또 다른 아내가 있음을 고백하고 평등하게 부양하는가 하면(중국에도 회족回族 등의 이슬람 교도 여성들이 있기에 그러한 상대와 결혼하거나, 결혼할 즈음에 여성이 이슬람교로 개종하는 경우도 있다), 중국인 아내에게는 모국에 아내가 있음을 비밀로 하는 경우도 있다. 어느 탄자니아인 남성은 공동 경영자인 홍콩인 아내에게는 비밀로 하고 유통 회사 이익의 대부분을 모국의 가정에 송금하고 있다고 털어놓았다. 물론 서로 사랑에 빠져 결혼한 사람도 많지만 홍콩이나 중국에서의 체류 자격을 얻기 위한 편의적인 결혼 역시 많다. 이들은 그러한 결혼 상대를 "서류상의 아내paper wife", "서류상의 남편paper husband"이라고 부른다.

카라마와 동료들은 늘 서류상의 아내를 이야깃거리

로 삼는데 나에게 "홍콩의 아프리카인과 자면 안 돼. 아이라도 생기면 내 거라고 생각할 인간 천지니까"라고 충고한다. 내가 충고를 듣고 흘려버리면 "서류상의 아내는 연령도, 외모도 상관없어"라고 아무렇지도 않게 실례되는 말을 내뱉는다.

다만 모든 현지 여성이 아프리카계 남성에게 속는 것은 아니다. 중국의 가난한 여성이 여유 있는 아프리카계 남성에게 '계약 결혼'을 제안하는 경우도 있다. 청킹맨션의 단골 파키스탄 식당에서 잡담을 나누다가 낯익은 사이인 알리가 동료 오미(가명)의 중국인 아내가 얼마나 싫은지 풀어놓았다. 알리와 동료들은 오미의 아내가 결혼한 이유는 생활(돈) 때문이며 아프리카계인 그들을 깔본다고 주장했다. 오미의 아내는 결혼한 지 몇 년이 지났는데도 고향의 친척들에게 오미를 소개한 적이 없고 탄자니아인 모임에도 온 적이 없다고 한다. 그러기는커녕 알리와 동료들이 길에서 스쳐 지나가면서 영어나 중국어로 인사를 건네도 무시한다고 했다. 둘은 별거 중이며 애정도 없는 듯한데 오미는 홍콩에 계속 체류하기 위해 이혼하고 싶어 하지 않으며, 이를 아는 아내는 뻔뻔스레 돈을 요구하는 전화를 자주 걸고 오미가 거부하면 "이혼할 거야"라고 협박한다고 한다.

중국인 여성이 아프리카계를 차별한다고 주장하는 사람들은 구애할 거라면 다른 아시아계 여성에게 구애하라고 말한다. 카라마와 쇼마리 외에도, 홍콩에 돈을 벌러 온 인도네시아인 여성과 결혼한 탄자니아인이 여럿 있다. 이 여성들 중에는 성 노동자도 있지만 대개는 홍콩의 가정에서 가사도우미로 일하거나 레스토랑의 요리사, 호텔 청소업자로 일하고 있다. 탄자니아 홍콩조합의 현 조합장인 이사도 인도네시아인 여성과 결혼해 딸을 낳았다. 이사는 캄틴에 방 두 칸짜리 아파트를 빌렸고, 때로는 캄틴에서 대량 매입하는 중고차 브로커에게 방을 빌려주거나 교역인을 머물게 해주기도 한다. 탄자니아 요리를 만들어 대접하는 이사의 아내는 많은 탄자니아인에게서 존경을 받고 있지만 이사도 모국에 아내와 자식들을 두고 있다.

　　지금까지 설명한 '외국인 여성'과의 혼인은 인생 설계의 한 요소이지만 쉽게 실현하기는 어렵다. 더 가깝고 '편의적인' 연애나 결혼 상대로는 홍콩에서 성매매를 해서 돈을 버는 동포 여성들이 중시된다. 지금까지 살펴보았듯이 이 여성들은 서류상의 아내가 아니라 슈거 마미, 스폰서라고 불리며 이들에게 지원을 받는 남성은 키벤텐이라고 한다. 이들의 관계성을 이야기하기 전에 홍콩에 거주하는 탄자니아인 여성의 주된 일터인 홍콩의 밤거리에 대해 설명하겠다.

홍콩의 밤 문화

카라마와 동료들이 밤낮이 바뀐 생활을 하는 이유는 영상통화를 하고 SNS로 소통하는 가족, 친구, 많은 고객이 거주하는 탄자니아와 다섯 시간의 시차가 있기 때문이기도 하다. 홍콩의 심야 1시부터 4시는 모국 사람들이 일을 마치고 쉬는 밤 9시부터 0시에 해당한다. 하지만 또 다른 이유는, 홍콩 거주 아프리카인들의 또 하나의 비즈니스가 홍콩의 불야성이라고 할 수 있는 센트럴과 완차이의 밤거리를 무대로 삼고 있기 때문이다.

나도 때때로 카라마와 다른 사람들과 함께 센트럴이나 완차이로 외출한다. 홍콩의 금융가이자 업무 지구인 센트럴은 비즈니스맨, 관광객, 첨단을 달리는 젊은이들이 즐기는 '세련되고' '쿨'한 분위기의 클럽과 바가 많은 데 비해 완차이는 필리핀 가수가 서양 노래를 부르는 라이브 클럽이나 토플리스 바 등, "어딘지 모르게 그립고" "편안한" 분위기의 장소가 많다.

탄자니아인들은 순수하게 놀러갈 때는 완차이를 압도적으로 좋아한다. 젊은 탄자니아인들은 센트럴에도, 완차이에도 '늘 모이는 곳'이 있다. 주말에 마시러 가는 사람들은 돈을 아끼려고 우선 가까운 편의점에서 맥주와 위스키를 사서 어느 정도 취한 뒤에 클럽이나 바에 가서 아침까지 즐기고 청킹맨션으로 돌아온다.

센트럴역에서 내려 북쪽 언덕길을 올라가면 바와 클럽이 늘어선 란콰이퐁이 나온다. 2018년 9월 어느 날, 나는 카라마가 같이 가자고 해서 란콰이퐁으로 발을 디뎠다. 카라마는 자주 가는 바에서 우락부락한 체형의 나이지리아인 가드맨 남성과 친숙하게 인사를 나눈 후 길가로 튀어나와 있는 흡연석으로 안내받았다 ― 홍콩에서는 원칙적으로 실내 흡연이 금지되어 있다. 카라마는 앉자마자 자신을 동영상으로 찍기 시작했고 나는 지루해하면서 행인들을 바라봤다. 들떠서 노래를 부르며 걸어가는 젊은이들, 길가에 웅크려 맥주를 마시는 관광객들, 바삐 걸어가는 비즈니스맨, 어깨를 감싸고 걷는 연인들. 그 사이를 인종과 국적이 다양한 섹시한 차림의 여성들이 활보한다. 경찰이 오면 여성들은 뒷골목으로 얼른 들어가거나 누군가를 기다리는 척한다. 홍콩에는 개인적인 성매매를 단속하는 법이 없는 데다 '141'(통칭 '펑퐁맨션') 등으로 유명한 환락가도 있지만, 조직적인 성매매나 호객은 금지되어 있다.

길거리 사람들을 관찰하는 것도 질렸을 무렵, 카라마가 "저기 좀 봐, 파투마(가명)랑 여자들이 한창 헌팅을 하고 있어"라고 가르쳐주었다. 주변을 힐끔거리며 둘러보자 "저 여자들의 화장술은 민낯을 보면 맨발로 도망갈 정도로 완벽하지" 하고 웃으면서 여자들의 이름을 큰 소리로 불렀다. 지하 클럽 입구 부근에 서 있던 파투마, 섀런(가명), 소피아(가명)가 손을 흔들어주었다. 이들은 클럽 입장료와 술값을 자기 돈으로 내지 않고 길거리에서 손님이 오기만을 기다린다. 카라마가 "이쪽으로 와"하며 손짓을 했지만 여자들은 무시하고 반대 방향으로 달려갔다.

카라마는 히죽거리며 "지금 저 여자들의 눈에는 달러밖에 안 보여"라고 덧붙이면서 "저기 봐, 사냥이 시작됐네"라고 가르쳐줬다. 세 여성은 클럽에서 나온 백인 중년 남성에게 말을 걸었다. 그러나 그 남성은 떨어져 서 있던 한 아프리카계 여성에게 "하이, 베이비"라고 말을 걸며 어깨를 감싸더니 가까이에 정차해 있던 택시에 같이 탔다. 카라마는 "이런, 실패로구먼. 셋이나 있으면 경계하게 마련이지. 사냥은 혼자 해야 해" 하며 아는 체했다.

카라마와 같이 센트럴이나 완차이에 가면 아프리카계 여성이 자주 말을 걸어온다. 언젠가 카라마에게 저들에게 돈을 주고 하지 않는지 물어본 적이 있다. 카라마는 "하하하하하" 하며 큰 소리로 웃더니 "돈 같은 거 주지 않아도 다가오는데 일부러 돈을 주고 할 사람이 있겠어? 나는 저들을 여기 데려온 야쿠자야"라고 말했다. 순간 나는 카라마가 뚜쟁이 짓도 하는가 싶어 놀랐지만 그건 착각이었고, 그는 단지 청킹맨션에 성매매를 목적으로 찾아온 여성들에게 센트럴이나 완차이까지 길 안내를 해주거나 홍콩 생활 상담에 응해주고 있었다.

확실히 이들 중에는 카라마를 발견하고 "바바(아

빠)"라고 부르며 기쁜 듯 달려와서는 "내 말 좀 들어줘"라고 하며 근황이나 곤란한 일 상담을 꺼내는 사람이 있다. 카라마는 "이 애는 내가 가장 마음에 들어하는 베이비야. 미인이지?"라고 매번 같은 말을 하며 여자들을 소개해준다. 상담 내용은 불유쾌한 고객 이야기부터 남자친구나 남편과의 관계, 다른 성매매 여성과의 틀어짐, 가족과의 불화, 경찰이나 입국관리국과 관련된 문제까지 다양하고, 레이디 보스와의 관계에 대한 고민을 말하는 여자도 많다.

원래 교역인이었거나 교역인의 연인이나 아내로 홍콩에 온 여성도 있지만, 제2장에서 이야기했듯이 홍콩에서 성매매를 해 부를 얻은 여성=레이디 보스가 홍콩까지의 교통비, 당분간의 생활비, 의류비 등을 빌려주어 연쇄 이주해 온 모국 여성이 많다. 대부분 모국에서도 성매매나 비슷한 일을 했으며, 친구인 여성이 홍콩으로 불러서 왔거나, 갑자기 형편이 핀 지인이 부러워서 스스로 오고 싶어 한 사람도 있다. 그러나 '빚+α'를 변제하기까지의 생활은 무척 힘들고 다 변제할 때까지 여권을 뺏기는 경우도 있다. 이날 완차이에서 만난 케냐인 여성은 레이디 보스에게 1만 5,000달러를 지불할 때까지 여권을 돌려받지 못하는 처지에 있는데, 장사가 잘되지 않아 변제가 지연되는 탓에 낮에 할 만한 부업이 없는지 카라마에게 의논했다.

이 여성들의 말에 따르면 아프리카계 성 노동자의 주된 타깃은 크게 셋이다. 가장 좋은 고객은 3성급 이상의 호텔에 숙박하는 여유 있는 백인 관광객이나 사업차 방문한 백인 비즈니스맨이다. 이들은 비싼 음식을 사주거나 선물을 주기도 하고 뒤끝이 없다. 교섭이 잘되면 이들이 머무는 호텔에 동행해 장사를 하지만 성행위를 바라지 않고 단지 아침까지 함께 술을 마시거나 춤을 추기를 바라는 이도 있다.

그다음으로 좋은 고객은 홍콩 지사에 주재하거나 현지에서 회사를 경영하는 여유 있는 백인 비즈니스맨이다. 아내가 있거나 회사 동료의 눈을 신경 쓰는 자가 많기에 자택에는 가지 않으며 시간제로 호텔 방을 빌린다. 단골이 되는 사람도 있고, 특수한 플레이를 요구하는 사람도 있다고 한다.

마지막으로는 중동계 등의 기타 외국인이다. 파투마와 여성들은 "우리는 인종을 가리지 않아"라고 말하지만 백인 외의 손님 중에는 "얼른 행위를 하고 얼른 가는" 유형이 많고 함께 술을 마시거나 선물을 주는 사람은 적다고 한다. 중동계 남성 중에는 아프리카계 여성을 낮춰 보는 이가 많아서 난폭하고 거친 취급을 받을 때도 있다. 중국인 남성은 아프리카계 여성을 선호하지 않아서 이들을 손님으로 받기는 포기한다.

성 노동자들이 백인 손님을 선호하는 이유는 그 외에

도 있다. 홍콩에서만 일어나는 일이 아니며 아프리카계만 행하는 것도 아닌데, 성 노동자 가운데에는 강도를 하는 이들이 있다. 빈틈투성이인 데다 돈을 도둑맞아도 쫓아가지 못하는 관광객은 좋은 먹잇감이다. 자세히는 설명하지 않겠지만, 이 여성들과 놀기 위해 ATM에서 돈을 찾는 모습이나 식사 후 지불을 하는 모습을 어느 틈엔가 가까이 붙어 있던 한패가 스마트폰으로 촬영한 뒤 호텔에서 자는 동안 엄청난 액수의 돈을 빼 가고 이 돈으로 상품권 등을 구입하기도 한다. 여성들이 훔친 카드로 돈을 인출하거나 시계, 노트북 등을 현금화하는 데는 이들의 파트너인 남성들도 암약하고 있다.

홍콩의 밤거리에서는 남성들도 다양한 기회를 노린다. 클럽이나 바에는 가드맨과 종업원으로 일하는 사람이나 놀러 온 사람만이 아니라, 백인 관광객에게 성적 서비스를 제공하고 돈을 버는 아프리카계 남성들, 마약 매매, 사기, 소매치기 등을 생업으로 삼은 사람들도 섞여 있다. 우에소(가명)는 경찰에게 불심 검문을 당해도 드레드 머리는 "밥과 같은 것"이기 때문에 절대로 자르지 않는다고 단언한다. 드레드 머리를 하고 있으면 밤거리에서 용돈을 줄 법한 백인 여성에게 쉽게 말을 걸 수 있기 때문이라고 한다. 이들도 낮에는 정식으로 교역이나 중개업 등의 일을 한다.

2018년 3월, 대학원생들을 데리고 홍콩을 찾아 조사했을 때 아프리카계 여성들의 이야기를 듣고 싶다는 학생이 있어서 카라마와 함께 완차이의 번화가로 나갔다. 편의점에서 음료수를 사고 있는데 청킹맨션에서 가끔 만난 탄자니아인 남성들과 마주쳤다. 그들과 인사를 한 뒤 가까운 길거리에서 맥주를 마시면서 이제 어디로 갈지 의논하던 도중 갑자기 카라마가 대학원생(여자)을 끌어안았다. 놀라서 "카라마, 지금 내 제자한테 뭐 하는 거예요?"라고 질책하자 그는 "저쪽을 봐"라고 작게 속삭이며 눈짓을 했다. 카라마의 시선을 따라갔지만 무엇을 가리키는지 알 수 없었다.

침울한 목소리로 그만 가자고 하며 걷기 시작한 카라마에게 방금 왜 수상한 행동을 했는지 물어봤더니 그는 "이런, 못 봤어?"라고 반문하면서 한숨을 내쉬었다. 그리고 "무서워할 테니까 학생한테는 말하지 마"라고 못을 박은 후(금방 제자에게 들키긴 했지만) 아까 인사를 나눈 남성들이 헌팅하는 척하면서 백인 여성의 핸드백에서 지갑을 빼냈다고 가르쳐주었다. 카라마는 제자가 조금 떨어진 장소에 서 있었기에 자신의 동행임을 강조하고 소매치기 대상이 되지 못하도록 행동한 것이었다. 카라마는 "그 녀석들이 쇼를 망쳤어(나의 동행 앞에서 좋은 이미지를 망쳤다)"라고 분개하면서 "다 이러는 건 아냐. 극히 일부 녀석이 인생에 초조감을 느끼고 있는 거지"라고 다짐을 놓듯이 말했다.

슈거 마미와 키벤텐

강도나 소매치기를 하는지와 별개로, 성매매를 생업으로 삼는 아프리카계 여성 중에는 휴대폰 교역인인 슈와에 버금갈 만큼 큰돈을 버는 사람이 많다. 카라마는 "백인들은 술에 취하면 제정신을 잃어wamepotea akili"라고 하는데, 취한 김에 1만 홍콩달러(약 1,275달러)나 되는 돈을 여성들에게 주는 사람도 적지 않은 듯하다. 이 여성들은 성매매로 번 돈을 남성 브로커와 마찬가지로 중고차, 가전제품, 화장품, 액세서리 등의 수출업이나 모국에서 하는 사업에 투자해 더 불려나간다.

파투마는 40대 중반 여성인데(화장을 하면 30대 초반으로 보인다) 홍콩에서 성매매로 번 돈으로 모국에 호화로운 저택을 세 채 짓고, 트럭 2대와 버스 3대를 굴리고, 잡화점과 가전제품점을 운영하고 있다. 30대 초반의 새런은 훌륭한 저택 두 채를 소유했으며 1만 1천 홍콩달러(약 1,400달러)짜리 고급 구두를 신고 다니고, 20대 중반인 소피아도 매일 피부 관리실에 다닐 정도로 잘 번다. 일찍이 이들의 레이디 보스였던 여성은 현재 탄자니아, 케냐, 우간다의 주요 도시에 지점을 둔 화장품 회사의 사장으로, 모국에서는 누구나 아는 유명인이 되었다.

사실 홍콩에 온 직후나 비즈니스에 실패해 불안정한 상태에 놓인 남성 브로커들의 생활을 뒷받침하는 사람들이 이 성 노동자들이다. 남성 브로커들도 "그 여성들이 우리보다 몇 배는 더 벌어"라고 얘기하며, 탄자니아 홍콩조합이 주최하는 파티들도 대체로 이들이 돈을 내서 개최된다. 2018년 어느 날, 카라마는 한 탄자니아 여성이 생일에 홍콩만 디너 크루즈 파티를 열 계획을 짜는 중이라고 알려주었다. 생일을 맞은 여성은 크루즈 승선 요금 600홍콩달러(약 76달러), 식사비 2,000홍콩달러(약 255달러) 값어치의 티켓과 초대장을 남성 열 명에게 선물했다고 한다 — 오고 싶어 하는 사람이 많아서 스무 명으로 늘어날 가능성도 있단다. 티켓을 받은 남성들은 흰 수트를 입고 파티에 꽃을 가져갈 예정이며, 카라마는 "나도 초대받았어"라며 들떴다.

또, 이 여성들은 특정한 탄자니아인 남성(=키벤텐)의 슈거 마미/스폰서로, 남성들이 TRUST를 비롯한 여러 SNS에 올린 광고용 셀카 속에서 착용하고 있는 명품을 사준 장본인이기도 하다. 더불어 비즈니스 자본의 출자/보전을 해주거나 매일의 생활비를 지원하기도 한다.

슈거 마미와 키벤텐의 관계성을 묘사하기란 쉽지 않다. 제1장에서 소개한 레너드는 "자기 여자친구가 성매매를 하는 걸 어떻게 용납할 수 있어요? 나는 전혀 이해가 안 가요. 아니면 그 남자들이 여자들에게 일을 시키는 두목인 거예요?"하고 이상하게 여겼지만, 이들의 관계는 '여성을 유흥가에서 일하게 하고 물리적·정신적으로 폭력을 행사해 돈을 긁어내는' 식의 기둥서방과 착취당하는 여자라는 관계와 다르다.

그들의 관계성은 금품과 성행위의 교환을 목적으로 하는 '원조 교제'로도, 연인이나 부부로도, 비즈니스 파트너로도, 나아가 서로 돕는 가족으로도 볼 수 있는 애매한 것이다. 고다 에리小田英里는 가나의 사례들을 바탕으로 슈거 마미보다 연구가 축적되어 있는 슈거 대디(나이가 있는 스폰서 남성)와 젊은 여성의 교제에 관한 논문을 썼다.[1] 고다의 정리에 따르면 아프리카 국가에서 슈거 대디와 젊은 여성의 교제(이 행위 자체는 일반적으로 '거래상의 섹스transactional sex'라고 불린다)는 결혼에 이를 가능성이 있는 연애 관계 그리고 성행위와 금품을 교환하는 실리적인 관계의 연속선상 어딘가에 자리매김되는 것이며, 혼전 성행위에 금품 교환이 수반되어야 하는 문화적 이해 속에서 서구적 성매매와 구별되고 많은 경우 도덕적으로 인정받는다고 한다.[2] 아프리카 국가에서 슈거 마미와 젊은 남성의 교제는 슈거 대디와 젊은 여성의 교제보다 사회적으로 인정받기 어렵지만, 스폰서 여성과 남성의 관계 역시 실리적인 성행위와 금품 교환 관계 그리고 결혼에 이를 수 있는 연애 관계의 연속체 속에 자리매김되며, 관계를 맺어가는 과정에서 우발적으로 어느 극단으로 치우치는 것으로 보인다.

파투마는 7세 연하의 자비르(가명)와 청킹맨션 가까

이에 있는 아파트를 빌려서 '난민'으로 살고 있다. 둘은 "밥 먹으러 와요" 하며 자주 초대해준다. 아파트를 방문하면 그날 잘 벌지 못했던 남성들이 밥을 얻어먹으러 모여 있는 모습을 본다.

이 여성들은 명목상 '고향 요리를 그리워하는 모임' — 실제로는 볶음밥이나 볶음국수도 나온다 — 같은 것들을 개최하며 일종의 생존 보장 시스템을 떠맡고 있다. 마바야도 청킹맨션의 식당에서 아무도 만나지 못하면 파투마 같은 성 노동자의 집으로 달려갔다. 또 많은 남성이 옷 수선이나 병 간호를 부탁하거나 아이를 맡기며 어머니나 아내처럼 이들을 의지한다. 남자들은 이러한 서비스에 금전을 지불하지 않고 파투마와 여성들이 남자의 손을 필요로 하는 상황 — 수출품의 운반 등 — 에서 활약한다. 이는 느슨한 호수성으로 작동하고 있다.

파투마와 함께 사는 자비르는 늘 강력한 향수 냄새를 풍긴다. 중성적인 분위기의 남성이다. 자비르는 다르에스살람 출신으로 중등교육을 받은 후 백인 관광객에게 성적인 서비스가 딸린 가이드를 해주는 '비치 보이'로 일했다. 해외를 동경하는 마음이 컸던 그는 백인 여성에게서 받은 금품을 써서 두바이로 건너가 몇 년 동안 전자제품 등을 중개하는 일을 한 뒤 홍콩에 왔다. 낮에는 카라마처럼 교역인들을 수행하거나 중고차와 전자제품을 수출했다. 파투마와 함께 뒤에서 은밀히 하는 사업에 대한 소문도 많지만 파고들지 않기로 했다.

    2017년 2월에 다르에스살람의 신자 지구에 있는 자비르의 집을 방문했을 때, 그의 어머니는 자비르가 얼마나 효자인지 뻐기듯이 이야기했다. 어머니, 누나, 사촌 남동생과 여동생, 자비르의 두 딸이 사는 집은 그 달 내가 방문한, 홍콩 거주 탄자니아인들의 집에 비해 상당히 서민적이었지만 자비르가 선물한 물건들이 가득했다.

    아버지는 자비르가 어릴 적에 사망했으며, 어머니의 말에 의하면 그는 두바이에서 장사하던 시절부터 누나와 사촌 동생들의 학비를 보냈고 이들이 성장한 뒤에는 미용실과 잡화점 개업 비용을 보내주는 등 가족의 생활을 혼자서 책임져왔다. 지금은 파투마와의 사이에서 낳은 아이를 영국 학교에 보내기 위해 학비를 벌고 있다고 한다. 모국 은행에는 귀국 후에 가게를 열 자금으로 5만 달러가 넘는 돈을 저축하고 있다. 어머니는 자비르가 사람이 좋아서 이미 3만 달러 이상을 친구들에게 속아 빼앗겼고, 홍콩에서 나쁜 놈들에게 사기를 당하지나 않을까 늘 걱정하고 있다고 토로했다.

    파투마는 종종 카라마에게 자비르와 헤어지고 싶다고 상담했지만 자비르는 "정식으로 결혼하려고 해요"라고 얘기하거나 "결혼식 때 일본에서 날아와줄 건가요?"라고 나에게 묻기도 했다. 속내는 알 수 없다. 단, 자비르는 불면을 호소하며 집에 틀어박혀 있고 일도 거의 하지 않앉다. 속아서 떠안은 빚은 파투마가 변제해줬다. 아파트 임대료도, 동포 남성들에게 매일 대접하는 비용도 파투마가 벌어서 마련했기에 자비르가 파투마와 헤어지기는 실질적으로 어려워 보였다.

섀런에게도 키벤텐이 있었다. 2016년 2월 골목길에서 카라마와 다른 사람들과 잡담을 하고 있는데 갑자기 명품 구두를 소중히 안은 여자가 "저기, 립밤이 있으면 좀 빌려줄래요?"라고 스와힐리어로 말을 걸어왔다. 립밤을 건네주면서 "멋진 구두네요"라고 칭찬하자 여자는 보이프렌드가 사준 거라고 설명했다. 가격을 듣고 깜짝 놀라서 "남자친구가 부자네요. 나는 그렇게 비싼 물건을 받아본 적이 없어요"라고 고백하자 섀런은 "그럼 내가 사줄게요"라고 아무렇지도 않게 얘기했다. 뭐가 갖고 싶냐고 섀런이 묻자 당황해서 "그렇게 비싼 선물은 받을 수 없어요" 하고 거절하니 "그렇다면 밥을 사줄게요"라고 권해서 함께 닭고기 요리를 먹으러 갔다. 이때 섀런이 말한 보이프렌드는 백인 고객이고 '남자친구'가 내가 아까 잡담을 나누었던 천연석 브로커 브라운(가명)이라는 사실을 알고 복잡한 기분이 들었다.

섀런과 밥을 먹으러 가기 조금 전에 나는 브라운에게서 그가 교제 중인 세 여성에 대한 이야기를 들었다. 브라운은 첫 번째 스페인 여성을 "스폰서", 두 번째 탄자니아인 여성도 "스폰서"라고 불렀고 케냐에 거주하는 세 번째 여성만을 "아내"라고 말했다. 그리고 아내와의 사이에서 막 태어난 딸의 사진을 보여주면서 "아이 얼굴을 보면 어떤 어려움이 있어도 힘이 솟아요"라고 하며 수줍어했다. 또 어떤 날에는 탄자니아인 여자친구가 질투가 심해 "아내가 딸을 낳자 점점 신경질적이 되었어요. 얼마 전까지는 새끼 고양이 같더니 지금은 재규어예요"라고 탄식하면서 여자친구에게 긁혔다는 상처를 보여주더니 "그 여자와는 슬슬 헤어지려고 해요"라고 말했다. 그 여자친구=스폰서가 바로 섀런이었다.

브라운은 원래 의류 교역을 하려고 중국으로 건너왔지만 자본을 잃은 후 홍콩에서 천연석 중개업을 시작했다. 하지만 의류 교역을 다시 하고 싶다고 늘 말했다. "안목을 기르기 위해", "연구를 하기 위해서"라는 목적으로 빈번히 명품 매장에 가서 "스스로 유행의 최첨단에 서 있지 않으면 고객이 생기지 않아요"라고 말하며 새 옷을 마련했다. 하지만 그 고가의 스니커즈나 옷은 두 스폰서가 사준 것이었다.

2018년 9월에 섀런으로부터 브라운과 헤어지고 새 남자친구가 생겼다는 말을 들었다. 카라마는 섀런의 새 연인도 키벤텐이라고 불렀다. 이 여성들은 "남자들은 제멋대로야. 성공하면 그 성공이 누구 덕인지 깨끗이 잊어버리고 더 좋은 여자를 얻으려 해"라고 말한다. 하지만 이들도 늘 서류상의 남편을 포함해 더 좋은 남자를 찾고 있다. 그리고 이 여성들을 필요로 하는 남자는 언제나 존재한다. 카라마와 동료들은 "여자들은 성공하기를 기다리지 못해 좋은 남자를 놓치지"라고 말한다. 이렇게 홍콩에서는 부침이 심한 낮의 사업과 위험한 밤의 사업이 함께 돌아가고 있다.

언제든 돌아갈 수 있기에 돌아가지 않아

사실 이 책의 바탕이 된 연재를 시작했을 때는 '청킹맨션의 보스, 모국으로 귀환하다'라는 이야기로 끝을 맺을 계획이었다. 왜냐하면 카라마는 나와 만난 이후 수도 없이 귀국 계획을 얘기했고 실제로 귀국에 필요한 이런저런 준비를 했기 때문이다. 하지만 결국 2016년 10월에 만난 이후 지금까지 홍콩에 머물고 있으며 아직도 귀국할 기미가 없다. 그리하여 급히 '청킹맨션의 보스가 귀국하지 않는 이유'에 대해 생각해보려고 한다. 이를 통해 이들의 인생에서 돈을 버는 일이 타자와 함께하는 기쁨과 얼마나 떼놓을 수 없는 것인지 고찰해보겠다.

2018년 2월의 어느 날, 평소처럼 청킹맨션 앞 횡단보도 너머에 있는 야외 재떨이 앞에서 카라마와 함께 수행할 교역인을 기다리고 있었다. 카라마가 아침부터 한숨만 쉬기에 무슨 일이냐고 물어보니 그는 유튜브에 올라온 어느 탄자니아 보도 프로그램을 봤는데 친구가 찍혀 있었다고 설명했다. 그 프로그램에서 다르에스살람 중심가에서 행인들에게 새 정권에 관한 의견을 인터뷰하는 영상이 나왔다. 카라마가 인터뷰에 응한 사람의 이야기를 귀 기울여 듣고 있는데 그 사람 바로 옆을 초라한 모습의 남자가 부자연스러운 걸음걸이로 지나갔다. 남자가 카메라 쪽으로 고개를 돌린 순간 카라마는 학창 시절의 친한 친구임을 깨달았다. 그리고 친구가 구경꾼들에게 밀려 비틀거리다 길가에 쓰러지는 모습을 보고 눈물을 흘렸다고 한다.

"15년 넘게 만나지 못했으니까 영상을 보고 또 봤지. 하지만 분명 내 친구였어." 카라마는 슬픈 듯 말한 뒤 영상 속 친구의 걸음걸이를 따라해 보이면서 "이렇게 뇌졸중이나 그런 병의 후유증으로 마비가 와도 홍콩이나 일본의 최첨단 치료를 받으면 나을 수 있을까?" 하고 내게 물었다. "안타깝지만 나는 전문가가 아니라서 모르겠어요"라고 대답했지만 카라마는 친구가 홍콩에서 난민 인정을 받아 적절한 치료를 받으면 나을 거라는 기대를 품고 있는 듯했다. 그 후 며칠 동안 카라마는 모국 사람들에게 전화를 걸거나 SNS로 소식을 모으며 친구를 찾았지만 쓸 만한 정보는 얻지 못했다. 얼마 뒤 카라마는 "귀국하면 가장 먼저 그를 찾겠어"라고 선언한 뒤 친구 이야기는 더 이상 하지 않았다. 대신 귀국 계획을 풀어놓는 시간이 늘었다.

홍콩의 탄자니아인들에게 언제 귀국하느냐고 물으면 대체로 "아직 먼 이야기야", "지금은 아직 아무 생각도 없어"라는 대답이 돌아온다. 하지만 그렇게 대답하는 사람들도 여러 사정으로 인해 귀국을 몹시 바랄 때가 있다. 호된 배신에 맞닥뜨렸거나, 자신이나 소중한 사람이 병을 앓거나, 연로한 부모님을 돌볼 필요가 생겼거나, 친척에게서 모국으로 돌아와 결혼하라는 압박을 받는 등의 사태는 홍콩의 탄자니아인들에게도 중요한 기로다.

이들은 늘 예상치 못하게 떠난다. 몇 달 만에 홍콩에 와서 지인의 동향을 물으면 "아, 그 친구는 저번 달에 탄자니아에 귀국해서 결혼했지"라는 말을 들을 때도 있다 ― 마지막으로 만났을 때 "내가 귀국하는 건 (긴축 경제를 추진하고 있는) 마구풀리 정권이 끝난 뒤쯤이려나. 지금 돌아가봤자 좋은 일은 하나도 없어"라고 말했는데도 말이다. 반면 "이제 홍콩에 질렸어", "곧 귀국할 거야"라고 말하는 사람이야말로 결코 움직이지 않는 경우도 많다. 늘 귀국을 염두에 두며 일상생활 속에서 준비하고 있기에 마음만 먹으면 언제든 귀국할 수 있고, 그렇기에 어떤 '계기'가 없으면 이동하지 않는 것처럼 보이기도 한다.

홍콩 생활 속에 내장된, 모국에 대한 투자

"나는 (2017년) 4월에 귀국할 거야", "지금 예정으로는 (2018년) 5월에 귀국할 거야", "이번에야말로 진짜야.

(2018년) 10월에는 탄자니아에 있을 거야"라고 말하면서도 한 번도 행동으로 옮기지 않은 카라마의 모습을 보면서 나는 무엇이 그의 귀국을 막는지 생각해봤고, 그때마다 드는 의문을 카라마에게 물어보았다.

2016년 12월에 처음으로 귀국 의사를 들었을 때 내가 품었던 의문은 귀국 후의 생계 수단이었다. 카라마처럼 난민으로 인정받아 홍콩에 장기 체류하는 사람들은 난민 인정이 취소되어야 여권을 돌려받을 수 있다. 모국에 귀국했다가 홍콩으로 돌아왔을 때 다시 난민 인정을 받기는 어려울 것이다. 지금처럼 중개업을 하지 못할뿐더러 난민 인정을 받은 경위나 이유에 따라서는 재입국 자체가 어려워지는 경우도 있다. 2000년대 중반부터 후반까지와 비교하면 비즈니스가 잘 안 풀린다고 하나 모국에 현재만큼의 이익을 얻을 수 있는 돈벌이가 있을까, 후회는 하지 않을까, 아니면 '은거'하면서 지금까지 번 돈으로 살 셈인가 하고, 당시 나는 제멋대로 걱정했다.

하지만 기우였음을 금세 이해했다. 지금까지 언급했듯이 홍콩의 탄자니아인들은 매일 번 돈을 모국의 다양한 사업에 투자하고 있다. 기본적으로 은행도, 탄자니아실링도 신뢰하지 않는 이들 중에는 저금이 한 푼도 없다고 호기롭게 말하는 사람이 적지 않지만, 모국의 사업에 투자하지 않는 사람은 아무도 없다. 중고차 수출업을 하는 한편으로, 자신의 개인 비즈니스용으로도 중고차를 수출해 비즈니스 파트너인 아내나 친척이 모국에서 운전기사를 고용해 시티 버스나 택시로 굴린다. 다양한 영업 형태가 있지만 대체로 운전기사들이 1일 또는 일주일 단위로 일정한 차량 이용료를 비즈니스 파트너에게 지불하는 방식을 채용하며, 운영하는 차가 많으면 상당한 돈을 번다. 또 트럭을 수출해 운송 회사를 경영하거나 랜드크루저를 수출해 여행사를 경영하기도 한다. 친척에게 중고차 부품 판매점이나 자동차 수리점의 경영을 맡기는 사람도 있다.

애당초 매일같이 교역인을 수행하며 이들이 성공하거나 실패하는 모습을 목격하면서 ─ "금방 돌아간다는 건 돈을 벌었다는 얘기야"라고 브로커들은 말한다 ─ 교역인들의 비즈니스 상담에 세심하게 응하다 보면 지금 어떤 장사가 돈이 되는지, 거기에는 어떤 리스크가 있는지, 무엇을 주의해야 하는지 저절로 깨닫게 된다. 돈이 되는 장사를 파악한 뒤 마침 자본이 있으면 잘 팔리는 상품을 사들여 수출하고 아내와 친척들에게 장사를 시켜보는 것은 상인으로서 지극히 자연스러운 행동이다. 이들은 이미 모국에 널리 퍼져 있는 전자제품점이나 잡화점 같은 가게만이 아니라, 홍콩이나 중국에는 있지만 모국에는 없는 상점, 예를 들면 케이크 재료 상점이나 가드닝 전문점과 같은 신규 업종의 상점을 여는 데도 도전하고 있다.

카라마는 홍콩에서 번 돈으로 드넓은 농토를 구입했을뿐더러 다르에스살람에 아파트 네 채를 건축했고, 고향 찰린제의 간선도로 길가에 있는 주유소 옆에 작은 슈퍼마켓을 짓고 있다. 그런데 이 사업들은 처음부터 계획한 것은 아닌 듯하다.

캄틴의 중고차 폐차장들을 함께 걷는데 카라마가 갑자기 "잠깐만 기다려봐"라고 하더니 빌딩 해체 현장에 들어갔다. 그리고 돌아와서는 다음과 같이 설명했다.

"이런 식으로 중고차를 찾아다니는 김에 철근이나 건축 자재를 모으고 있어. (파키스탄계 중고차 업자인) 모하메드 형제에게 다양한 건축 자재를 맡겨놓은 뒤 내가 수행한 교역인의 컨테이너에 남는 공간이 있으면 교역인이 맞는 크기의 건축 자재를 겸사겸사 (무료로) 운반해주거든. 2008년쯤부터 조금씩 수출한 끝에 상당한 양의 건축 자재가 (고향에) 쌓였어. 단, 컨테이너의 남는 공간에 맞춰야 하니까 (끼워 넣기 좋은) 철근만 잔뜩 모인 거야. 그래서 (철근을 많이 쓰는) 빌딩을 지을 수밖에 없다고 생각했지. (구입한 교외 토지에는) 호텔을 지어도 손님들이 올지 알 수 없으니까 여차하면 콘도미니엄식 호텔로 쓰려고 아파트를 짓기로 했어."

이처럼 이들은 매일 교역인의 수행이나 약간의 좋은 기회를 통해 모국에서 다양한 사업을 펼치고 있다. 계속 언급했듯이 '겸사겸사'에 어떻게 편승하는지가 중요하다. 귀국 후에도 홍콩 동료들과의 관계는 계속 유지되기에 모국의 브로커나 수입상으로서 TRUST 같은 SNS상의 거래에 참여할 수도 있다. 제3장에서 나왔듯이 파키스탄계 중고차 업자 가운데에는 아프리카 국가에 지점을 연 사람도 있어서 그들과의 네트워크를 살려 장사할 수도 있을 것이다. 나아가 카라마와 동료들은 인스타그램 등에서 수많은 팔로어를 확보하고 있기에 광고 게재나 인플루언서 활동으로 돈을 버는 것도 가능할지 모른다. 적어도 카라마라면 귀국해도 중산층 이상의 생활은 쉽게 실현할 수 있을 듯하다.

그렇다면 왜 귀국하지 않는 것일까. 내가 "카라마가 귀국하면 다들 쓸쓸해할 테니까요"라고 가볍게 농담하자 카라마는 "그야 그렇지. 다들 말릴 거야. 특히 여자들이 울면서 '가지 마'라고 하면 곤란하다고. 그때가 오면 아무에게도 알리지 않고 몰래 출국하는 수밖에 없어"라고 대답하며 장난스럽게 웃었다.

분명 홍콩에 차마 발걸음을 뗄 수 없게 만드는 인간관계가 있을 것이다. 단, 홍콩의 탄자니아인 대다수는 일단 귀국하더라도 모국에 오래 머무를 생각은 없어서 홍콩에 돌아올 것을 전제로 귀국을 말한다. 카라마는 "나는 이미 반쯤 아시아인이야. 그러니 탄자니아에 돌아가도 한 달을 버티지 못할걸. 금방 지루해져서 홍콩에 돌아올 거라고. 아니면 사야카가 나를 필요로 하면 사야카가 살고 있는 교토에 갈 거야"라고 어디까지 진심인지 알 수 없는 얼굴을 하며 말한다 — 어느 날 갑자기 "사야카, 간사이

공항에 도착했어"라는 전화가 걸려오면 그때 생각해봐야 겠다.

재입국 허가에 대해 몇 번이나 물어봤지만 카라마는 늘 태연한 기색으로 "나는 괜찮아. 만에 하나의 경우가 생기더라도 다른 이름으로 여권을 취득하면 문제없어"라고 대답했다. 내 탄자니아인 친구 중에는 고등학교 입학 시험을 친구 대신 쳐줬다가 이를 계기로 이름을 바꾼 사람이 있기에 탄자니아에서 그렇게 여권을 다시 취득하는 것은 가능한 일일 수도 있다. 출입국 시에 지문이나 얼굴 인증을 하는 제도가 도입되어 있으니 공항에서 붙들릴지도 모르지만 말이다.

어쨌거나 홍콩에 다시 돌아올 수 있다고 생각한다면 왜 돌아가지 않는 건지 점점 의문이 커진다. 내가 도달한 잠정적인 결론은, '어떻게 모국에 돌아가느냐 그리고 어떻게 홍콩에 돌아오느냐'가 중요하다는 것이었다. 그리고 그 바람직한 형태는, 카라마 자신의 의지만으로는 실현되지 않는 것인 듯하다.

요청을 받고 비로소 결심하는 날이 온다면

탄자니아로 조사하러 갔을 때 자비르뿐만 아니라 카라마의 아내를 포함해 홍콩 거주 탄자니아인들의 가족과도 만났다. 자비르의 어머니와 마찬가지로 그들의 가족, 친척, 친구, 이웃 들도 홍콩에서 고생하는 그들을 의지하며, 자랑스럽게 생각하고, '금의환향'하기를 애타게 기다린다고 이야기했다. '장사'를 위해 SNS에서 떵떵거리며 자랑하기 때문에 실상이 어떻든 모국 사람들은 홍콩의 탄자니아인 대다수가 돈을 긁어모았다고 생각한다. 이 고향 사람들의 기대를 등에 업고 있다는 것은 상당히 힘든 일이다.

서장에 나는 카라마가 세탁을 하지 않는다고 썼다. 오랫동안 카라마가 입지 않는 옷을 아무렇게나 던져 넣은 비닐봉지를 '쓰레기'라고 생각해왔는데, 어느 날 거래처 중고차 업자의 창고에서 낯익은 비닐봉지를 발견하고 그게 착각이었음을 깨달았다. 카라마는 쓴웃음을 지으면서 "나는 모국 사람들한테는 스타야"라고 말했다. 그리고 이 비닐봉지 가운데 몇 개는 고향 친척이나 마을 사람들에게 나누어줄 '선물'로, 전자제품을 수출하는 컨테이너의 남는 공간에 넣기 위해 따로 보관하는 중이라고 알려주었다. 또 잘나가는 모습을 일부러 보여주려고 SNS에 올린 셀카나 동영상을 본 사람들이 "갖고 싶어"라고 한 옷은 상품(중고 의류)으로 수출해 되팔아서 이익을 본다. 세탁비는 낭비인 데다 만에 하나 세탁 때문에 옷이 상하면 꿩도 매도 다 잃게 된다는 것이 카라마의 변명이었다.

나는 이 설명을 듣고 카라마는 뼛속까지 장사꾼이라고 진심으로 감탄했다. 이 방법을 쓰면 매일의 세탁비를 절약하고, 고향 사람들에게선 좋은 평판을 얻고, 되팔아서 얻은 이익으로 다시 날마다 비싼 새 옷을 구입해 패션을 즐기고, 멋을 부리며 찍은 셀카를 올려서 TRUST에서 "저 사람은 잘나가는 모양이야"라는 평판을 얻고, 그럼으로써 점점 옷을 팔기 쉬워진다는 합리적인 순환이 생기기 때문이다. 그리고 이 또한 공유경제의 한 형태다. 카라마는 이렇게 말했다.

"나는 홍콩에 와서 옷을 버린 적이 한 번도 없어. 내가 아웃렛에서 건진 옷은 오래되었건 안 팔린 재고이건 간에 진짜 브랜드 옷들이야. 탄자니아에 보내면 감사할 사람이 잔뜩이지. 나는 귀국할 때는 빈손으로 갈 거야. 만약 지금까지 한 번도 선물을 보내지 않았더라면 컨테이너 한 대 분량의 선물이 필요할걸. 아무리 많이 사서 돌아가더라도 앞다투어 선물을 뺏으려 할 테고. 그래서 '나는 빈손으로 돌아간다'고 선언해두고 돌아가기 전부터 선물을 보내놓는 거지."

카라마는 자기가 입었던 옷만 보내는 게 아니라 선물을 구입해 보내기도 한다. 광저우에 세 번째로 갔을 때 카라마에게서 "광저우에서 가져다줬으면 하는 게 있어"라는 부탁을 받았다. 이전에 갔을 때는 "누구의 짐이건 운반해주지 마"라고 충고해놓고선 내가 따로 구입한 선물을 누군가에게 부탁받은 짐과 혼동해 소동을 일으킨 주제에 자기 짐은 운반해 달라는 거냐고 불평하면서 무슨 짐이냐고 물었더니 어린아이들에게 줄 선물이라고 했다. 홍콩보다 의류와 잡화가 싼 광저우에서 친구에게 부탁해 사놓은 물건들이 있고 대금은 이미 지불했다고 설명했다. 나는 옷 몇 벌쯤이야 별거 아니겠지 싶어 승낙했고 만일을 위해 큰 캐리어를 가지고 나섰다.

하지만 광저우에서 건네받은 짐을 보며 경솔하게 떠맡았다고 후회했다. 크고 작은 이런저런 백팩이 서른 개, 운동화, 아동복, 문구, 완구 등이 들어찬 35리터짜리 비닐봉지가 여섯 개였다. 나는 어미 거북 위에 새끼 거북을 얹는 식으로 큰 백팩 위에 작은 백팩을 겹쳐서 정리하고, 가져온 내 옷을 겹쳐 입어서 캐리어 안에 공간을 만든 다음 소품류를 채워 넣은 뒤, 캐리어보다 큰 비닐백을 사서 나머지 백팩과 의류를 쑤셔넣었다. 그리고 옷을 많이 입어 눈사람처럼 뚱뚱해진 모습으로 거대한 백팩을 등에 지고, 한 손으로는 캐리어를 끌고, 다른 손으로는 너무 무거워 들 수도 없는 비닐백을 질질 끌면서 홍콩으로 돌아왔다.

청킹맨션 현관에 도착한 나는 기진맥진했다. 정말 화가 나서 "부탁받은 짐이 너무 무거워서 한 발짝도 움직일 수 없어요. 지금 즉시 데리러 와요"라고 불퉁한 목소리로 카라마를 불렀다. 카라마가 슈와를 데리고 좀처럼 볼 수 없었던 빠른 속도로 달려왔다. 그를 보자마자 "이렇게 많은 짐이라고 하지는 않았잖아요. 이게 여자 혼자 갖고 올 수 있는 양이에요? 이거 원래 상품이죠? 애들한테 줄 물건이 아니잖아요. 거짓말쟁이"라고 닦달하자 어찌할 바를 몰라 당황한 카라마를 대신해 슈와가 "자자, 진정해"라고 하며 조용히 설명했다.

슈와의 말에 의하면 카라마는 고향 찰린제 아이들의 교육을 지원하고 있는데, 이 짐은 카라마의 자식들에게 선물할 물건들이 아니라 마을 아이들에게 선물할 물건들이라고 한다. 슈와가 "마을 아이들이 정말 좋아할 거야. 거짓말이 아냐. 언젠가 데려가줄게"라고 달래서 나는 겨우 냉정을 되찾고 늘 반쯤 과장이라고 생각했던 카라마의 수많은 '프로젝트'를 떠올렸다.

생각해보면 카라마는 처음 만났을 때부터 교육의 중요성을 자주 이야기했다. 아시아에 살면서 모국과의 교육 격차를 크게 깨달았던 모양이다. 어느 날 "사야카, 이 청킹맨션에 대학이나 전문학교에서 상학商學을 배운 사람이 몇이나 있다고 생각해?"라고 질문하더니 동료들의 이름을 하나씩 들면서 "봐, 아무도 없어"라고 탄식했다. 또 어느 날에는 탄자니아 홍콩조합의 현 조합장인 이사와 함께 "일본과 탄자니아의 경제는 어떻게 다른지 좀 강의해줘" 하며 내 역량에 버거운 의뢰를 하기도 했다. 탄자니아에서 대통령 비서를 맡고 있는 정부 고관과 교육부 공무원이 방문했을 때도 농업 개발과 교육 지원 등의 프로젝트에 대해 열성적으로 이야기했다. 카라마는 즉흥적으로 아이디어를 연달아 던지고, 상대방의 이야기에 따라 쉽사리 꿈이 바뀌었기에 나는 그가 이런 프로젝트들에 얼마나 진지한지 가늠하기 어려웠다.

그러나 카라마가 자신의 금의환향을 애타게 기다리며 자신을 통해 어떤 기회를 잡고 싶어 하는 고향 사람들을 위해 무언가 하고 싶다고 생각하는 것만은 사실이며, 아마도 누군가에게 "꼭 하라"고 요구받고 이를 무리 없이 실현할 수 있는 때라고 확신한다면 그때야말로 모국으로 돌아갈 것이다.

카라마가 "한 달을 넘기지 않고 홍콩에 돌아올 거야"라고 했을 때 나는 "절대로 불가능해요. 아는 사람들에게 인사하러 다니기만 해도 한 달은 걸릴 텐데요. 그리고 가족과 살게 되면 헤어지기 싫어서 또 공항에서 울 거잖아요"라고 놀렸다. 하지만 그는 진지한 얼굴을 하며 "나는 인사하러 가는 게 아냐. 할 일을 하고 나면 돌아올 거야"라고 반론했다.

그들은 공식과 비공식, 규모의 크고 작음을 불문하고 창업가이자 투자가이며 장사꾼이다. 따라서 '순수한 자선 활동'은 하지 않으며 늘 이익에 따라 현실적인 비즈니스를 모색한다. 예를 들면, 전 브로커 조지프는 홍콩 완차이에 있는 클럽 이름을 딴 바를 다르에스살람의 자택 바로 근처에 열었는데, 대형 스크린에 프로젝터로 축구 중계를 상영하면서 손님을 모으거나 홍콩 클럽의 인테리어를 모방해 수익을 늘리는 동시에 '프로젝트'의 가능성을 찾고 있다. 일본 가나가와현에서 구입했다며 자랑하는 토요타 프라도로 드라이브하면서 "이 주변은 갑자기 발전한 지역이어서 아직 병원도, 진료소도 없어. 여기에 병원을 유치하면 주민들에게 도움이 되고 반드시 돈을 벌 수 있을 거야. NGO든 기업 관계자이든 관심 있는 지인이 있다면 내가 중개역을 맡겠다고 전해줘. 수수료는 그렇게 많이 받지 않을 거야"라며 마치 아름다운 경치를 설명하듯이 제안했다.

인사하러 돌아가는 게 아니라고 말하는 카라마의 의도는, 모처럼 고향에 돌아왔으니 홍콩에서 경험한 것이 있기에 할 수 있으면서 홍콩에서 원격으로는 할 수 없는 일을 '겸사겸사' 해내지 않으면 의미가 없다는 뜻일 터이다. 왜냐하면, 거듭 얘기하지만 이들은 장사꾼이며 '장사가 잘될 기미가 없으면' 가령 고향이든 어디든 가지 않을 것이기 때문이다.

돈벌이와 인생의 즐거움

광저우에서 미용실을 경영하며 하드웨어 수출업 등의 다양한 일로 막대한 이익을 올리고 있는 체스터(가명)라는 남성이 있다. 동료의 생일에는 광저우에 있는 봉고라운지라는 아프리카 식당 겸 바를 빌려 술을 박스째 통로에 넘칠 만큼 쌓아두고 하룻밤에 수천 달러를 아낌없이 쓴다.

체스터는 젊은 시절에 두바이로 건너가 말 그대로 사기꾼hustler 노릇을 하면서 '못 말리는' 젊은이로 이름을 날렸고, 이후 중국에서 사업을 벌여 성공했다.

2017년에 잠깐 광저우에 갔을 때 체스터가 브라질 요리를 사주겠다고 해서 머무르고 있던 호텔 앞에서 기다렸다. 그가 한 시간 이상 늦게 나타나 뻔뻔하게 "카라마보다 밤낮이 바뀐 생활을 하고 있어서 지금까지 자고 말았어"라고 변명하는 걸 듣고 있는데 한 남자가 다가와 돈을 요구했다. 체스터는 "어제 내가 이제부터 하루에 100위안(약 14달러)밖에 안 준다고 했지? 오늘 아침에 100위안을 줬잖아" 하며 거절했다. 남자는 "200위안을 달라고는 안 하겠어. 적어도 150위안은 있어야 살 수 있으니 좀 도와줘"라고 물고 늘어졌지만 체스터는 "(50~60위안인) 탄자니아 요리를 안 먹으면 충분하잖아. 이 동네 정식집에서 20위안이면 배부르게 먹을 수 있어"라고 타이르며 쫓아보냈다.

남자가 가버리자 체스터는 "저 사람은 알코올 의존증이야. 나는 그가 무엇을 하고 사는지, 몇 살인지, 어떤 이름으로 불리는지 아무것도 몰라. 돈을 많이 주면 (술값으로 써버려서) 그의 수명을 단축시킨다는 것만은 알고 있지"라고 설명했다. 내가 놀라며 "아는 사람이 아니라고요? 그런데도 매일 100위안씩 줘요?"라고 되묻자 "의존증인 걸 알기 전에는 매일 200위안씩 줬어"라고 담담하게

답했다. 내가 더욱 놀란 얼굴을 하자 "사야카, 아는 사람이 아니기 때문에 돈을 주는 거야. 지인이었으면 하루 종일 감시하면서 돌봐줄 거거든"이라고 하며 안타깝다는 표정을 지었다.

체스터는 아내와 함께 가끔 홍콩에 놀러온다. 그는 일찍 결혼했는데 첫 아내는 그가 두바이에서 고생할 때 마을의 부유한 남성과 바람을 피웠다. 크게 상심하고 화가 난 그를 달래준 사람이 이웃에 살던 지금의 아내였다. 체스터는 성공한 후 마을에 호화로운 저택을 지었다. 전처는 체스터가 큰 부자가 된 것을 알고 지금 아내를 질투한 나머지 정신이 이상해졌다고 한다. 현 아내는 팔에 남편의 이름을 문신으로 새기고 어디든 동행한다.

홍콩에 놀러 온 체스터 부부가 머무르는 곳은 청킹맨션 바로 근처에 자리한 홀리데이인골든마일(트윈룸의 가격은 약 180~250달러이다)이다. 카라마는 체스터가 온다는 연락을 받으면 늘 덩실거릴 정도로 좋아한다. 체스터는 카라마에게 줄 선물로 맞춤 정장을 몇 벌씩 가져온다. 그리고 거의 매일 밤 많은 동포를 데리고 식사를 하러 나가 아낌없이 돈을 쓴다. 2018년 2월에도 호화로운 만찬이 계속되어 체스터는 얼마나 부자인 걸까 하고 감탄했다. 그런데 얼마 후 나는 체스터 부부가 홀리데이인골든마일을 떠나 청킹맨션처럼 저렴한 숙소들이 들어선 미라도맨션으로 옮겨가는 모습을 목격했다.

내가 말을 걸자 체스터는 '들켰구나' 싶은 표정을 짓더니 "비밀이야"라고 하면서 쓴웃음을 지었다. 그리고 "사실은 돈이 부족해져서 말이지"라고 고백했다. "그야 그렇게 사람들에게 대접했으니 돈이 부족해지겠죠. 배탈이 났다고 하고 잠시 동안 사람들과 식사하러 가지 않는 건 어때요?"하고 권했지만 그는 "괜찮아. 동료를 기쁘게 해주는 게 나의 유일한 즐거움/오락starehe이니까"라고 답하며 조용히 미소를 지었다.

분명 누군가를 돕거나 즐겁게 해주는 것 자체가 쾌락이다. 누군가가 나를 필요로 하고 그러한 몇몇 요청에 응하는 것, 몇 사람의 소망을 이루어주는 것은 기쁨이며 스스로를 자랑스럽게 생각하는 순간도, 삶의 보람도, 인생의 목표도 될 수 있다.

돈이 없다면서도 아내와 애인들에게 번 돈을 송금하는 것도, 자식이 아홉이나 있어 벌어도 벌어도 학비로 다 나간다고 우는소리를 하는 것도, 남자들은 제멋대로라면서도 키벤텐에게 옷을 사주고 동포 남성들에게 밥을 해서 먹이는 것도, 탄자니아 홍콩조합의 활동에 기부를 하는 것도, 교역인들에게 선물을 사주고 사귀는 것도, 고향 사람들에게 선물을 보내는 것도, '프로젝트'를 구상하는 것도, 그 자체에 쾌락이 있고 기쁨이 있다. 그러나 너무나 당연한 얘기여서, 또는 그 쾌락이 갖고 있는 공과功過에 지나치게 신중한 나머지 나는 그 사실을 잘 잊어버린다. 나는 증여에 의해 누군가에게 부담과 권력이 생기는 것이 싫다.

박사 과정 시절에 조사한 탄자니아의 영세 상인들도, 홍콩의 탄자니아인들도 다들 "인생은 여행이다maisha ni safari"라고 말한다. 여행이라고 하면 여행의 끝이 걱정된다. 나는 이들이 현재의 연장선상으로 단선적인 미래를 계획하지 않는 것도, '퇴직'이나 '노후'라는 명확한 인생의 단락을 의식하지 않는 것도 머리로는 이해하며 이를 전제로 이야기해왔다. 그럼에도, 언젠가는 반드시 스스로의 인생을 조용히 받아들이는 각각의 종착역에 다다를 것이라고 상상하면 나는 좀처럼 자유로워지지 못한다. 나는 홍콩에서의 불안정한 신분, 한번 성공을 거머쥐었더라도 약간의 불운이나 방심으로 롤러코스터처럼 추락할 수 있는 삶은 목적지에 이르는 여행의 과정일 뿐이라는 믿음에 금방 사로잡히고 만다. 그러나 매일의 생활 자체에 실현해야만 할 즐거움이 묻혀 있다면 일생을 그저 여행으로 끝낸들 무슨 문제가 있을까.

이들이 살아가고 있는 현재 삶의 배경은, 아마도 동료들에게 나누어주는 행위와 무관하지 않을 것이다. 이들이 궁지에 처한 동료들을 지원하는 모습을 멋지다고 생각하면서도, 체스터처럼 파티로 돈을 뿌리거나 동료들과 성대하게 먹고 마시는 광경을 보면 '낭비', '탕진'이라고 생각하게 된다. 대접받은 동료들이 '쟤는 정말 벌이가 좋은

가 보다'라고 생각하기만 하고 다음에 자신이 똑같이 대접해야 한다고 여기지 않는 것, 즉 '즉각적으로 변제해야 하는 채무'라고 여기지 않는 것을 부러워하면서도 그렇다면 대접하는 사람은 허무한 느낌이 들지 않을까 하고 상상해보게 된다. 이들의 인생 보험은 저축이 아니라 함께 나눔을 하는 동료들이라는 사실을 알고 있지만, 그 동료가 언제 갚게 될지는 상황(운)과 그 동료의 기분에 달린 것이라는 사실에 불안을 느낄 때도 있다.

그런데 나도 한때이기는 하지만 이 나눔의 쾌락에 빠진 적이 있다. 박사 과정 대학원생으로서 탄자니아에서 조사하던 시기, 나는 친구인 노점상들과 이웃들로부터 매일같이 "도와줘", "조금만 빌려줘"라고 금품을 요구받는 데 질려 있었다. 당시 나는 연구비를 벌기 위해 아르바이트를 해온 데다 부모님에게 부족한 연구비를 빌리는 게 괴로웠다. 탄자니아와 일본의 구조적인 경제 격차는 이미 아는 바였고 그들의 어려움에 공감하지 못하는 건 아니었다. 내 조사에 협력해준 사람들에게 고마워서 할 수 있는 한 보답하려고 했다. 그럼에도 가벼운 태도로 도와 달라고 요청하면 '일본인이라고 수도꼭지를 틀면 물이 나오는 것처럼 돈이 나오는 게 아니잖아'라는 불만이 부글부글 끓어올랐다.

나는 나중에 연구비가 부족해지지 않도록 봉투에 월별 생활비를 나누어 담고, 병에 걸렸을 때 등의 긴급 사태용, 문헌 구입비용, 장거리 이동 교통비용, 정보 제공자에게 줄 사례금용, 공항에서 살 선물 구입비용 등의 봉투들을 만들어 세세하게 관리했다. 하지만 친구들을 계속 지원하자 월별 봉투에서 몇 장씩 지폐가 줄어들었고 이대로라면 과연 내가 예정한 조사 기간 동안 잘 버티고 마칠 수 있을지 불안에 시달렸다. 어느 날 나는 돈 걱정에 너무 질린 나머지 폭발하고 말았다. 나에게 매일 들러붙는 동료들을 모아놓은 뒤 청바지 호주머니를 뒤집어 보여주고 캐리어를 열면서 선언했다.

"내가 가져온 돈은 이제 이것뿐이야. 거짓말이라고 생각한다면 얼마든지 짐을 조사해봐. 지금부터 이 돈을 모두에게 나눠줄 테니까 각자 안고 있는 시급한 문제를 해결하면 두 번 다시 나에게 돈을 요구하지 않았으면 해. 그리고 나는 이제부터 5개월간 무슨 일이 있어도 일본에 돌아갈 수 없어. 그동안 나를 여러분이 돌봐준다고 약속해줘."

동료들은 내 제안에 찬동했고 내 조사 조수 두 명이 (내가 브래지어 사이에 몰래 숨겨둔 100달러를 제외하고) 모든 돈을 전원에게 나누어주었다. 나는 그로부터 약 5개월간 거꾸로 그들에게 요구하는 쪽이 되어 살았다. 누구도 돈을 요구하지 않았고 — 친하지 않은 사람이 돈을 달라고 해도 동료들이 "개는 지금 빈털터리야"라고 설명해줬다 — 많은 동료가 식사를 대접해주고, 도와주고, 뭔가를 주는 나날은 행복했고 닥친 문제를 돈을 쓰지 않고 해결하려고 머리를 쓰는 나날은 스릴이 넘치기도 했다.

이웃인 시티 버스 승무원들은 나를 "멤버"라고 부르며 매일 공짜로 버스를 태워줬다. 내가 "조사를 위해 ○○에 가고 싶어"라고 하면 그때마다 내가 가고 싶은 동네로 가는 트럭 운전기사를 찾아서 "얘 좀 태워줘"라고 부탁했다. 중고 의류 노점상들은 "어차피 중고거든"이라고 하면서 나에게 상품을 빌려준 덕에 많은 노점이 내 옷장을 대신했다. 다행스럽게도 내 동료 대부분이 상인이라 먹거리부터 샌들까지 다양한 '팔다 남은 상품'도 얻을 수 있었다. 그중 몇 가지는 되팔아서 돈으로 바꾸기도 했고 다른 사람이 원하면 교환하기도 했다. 돈을 번 날은 동료들과 술을 마셨고, 돈을 벌지 못한 날은 물을 잔뜩 마시거나 이가 빠질 만큼 딱딱한 구운 옥수수를 먹으며 허기를 달랬다. 치료비가 드는 현대적인 병원이 아니라 근처에서 전통 의술로 치료하는 친절한 의사에게 가기도 했다. 행상을 도우며 번 돈도 그 자리에서 동료들에게 나누어줬다. 사실 어려움에 처했던 적은 거의 없었다.

당시 나는 분명 현재를 살고 있었다. 돈을 나누어준 사람들이 내 생활의 양식이자 생명선이었고, 나는 동료들의 제멋대로인 친절과 지혜에 의지함으로써 봉투에 든 돈을 계산하며 앞일을 걱정하던 나날에서 해방될 수 있었다 ─ 귀국하자마자 은행 잔고부터 확인하기는 했지만 말이다.

 단, 앞에서 이야기한 것처럼 타자가 나를 필요로 한다는 쾌락, 타자를 기쁘게 해주는 쾌락을 곧이곧대로 표현하거나 추구하는 것에 나는 늘 회의적이다. 그리고 나 자신의 회의에 대한 답을 찾기 위해, 자발적인 도움을 계속 촉진하며 누구에게도 과도한 부담을 부여하지 않는 교역의 구조와 '겸사겸사'를 조직하는 플랫폼형 조합 활동에 대해, 또는 톱니바퀴처럼 맞물려 있는 남녀 사이의 서로 돕기에 대해 기술해왔다. 이들이 대범하게 "그야 내가 청킹맨션의 보스이니까"라는 식으로 표명하며 많은 사람이 자신을 필요로 하고 사랑받고 있음을 곧이곧대로 드러내도 불쾌하지 않고 오만함도 느껴지지 않는 이유는, 아마 이들이 '보스가 되는 것'도, '사랑받는 것'도 목표로 삼지 않기 때문일 것이다. 이들은 장사꾼이고, 공식적으로 표명한 목표는 어디까지나 '돈벌이'이며 보스가 되려 한다든가 선한 사람이 되려 하지 않기 때문에 거리낌 없이 좋아할 수 있게 된다.

 실제로 이들은 타자에게 친절히 대함으로써 어떤 권력이나 지위를 얻는 데 거의 관심이 없고 관심이 있다 해도 아무런 권력도, 지위도 얻을 수 없다. 카라마는 언제나 '덜 된 인간'이고 그를 보스로 여기며 따르는 젊은이들은 변함없이 "정말이지 못 말리는 아저씨라니까. 담배를 너무 좋아해"라고 하면서 담배를 뜯긴다. 체스터가 아무리 식사를 대접해주어도 "그 녀석은 정말 위험해. 비상식적이야"라는 평가는 변하지 않는다. 밥을 먹여주는 친숙한 성 노동자들은 따뜻한 사람들이지만, 뒤에서 은밀한 비즈니스를 할 때는 요주의 인물들이다.

상대가 어떤 사람이고 무엇을 해서 돈을 버는가, 좋은 사람인데 왜 나쁜 일에 손대는가, 왜 그 사람은 나에게 친절히 대해주는가, 라는 물음과는 별도로 서로 관계를 맺어나가는 지점을 발견할 수 있는 것은 이들이 장사의 논리로 움직이기 때문이다. 역설적으로 들릴지도 모르지만, 우리는 돈벌이에만 관심이 있다, 돈을 버는 건 좋은 일이다, 우리는 어떤 기회도 자신의 이익으로 바꿀 수 있다, 라고 누구나가 공언하기 때문에 가볍게 도움을 요청할 수 있는 것이다. 상대방의 요청을 어떻게 해서 '윈윈'의 이익으로 변환할지, 누군가와 더불어 살아가는 인생의 즐거움으로 바꿀지는 장사꾼으로서 각자의 기지에 달려 있다. 나는 여기서 자본주의경제에 대항하는 지점으로 증여경제 또는 분배의 구조를 구상하는 게 아니라, 증여경제나 분배경제가 잠재적으로 내포한 부정적인 측면이 자본주의경제에 의해 활용될 수 있는 힌트가 감추어져 있다고 생각한다.

홍콩에서 탄자니아로 출발하기 전, 현지에서 기다리는 조지프에게서 "홍콩에서 갖고 왔으면 하는 것들"을 부탁받았다. 처음에는 홍콩과 광저우에서 신세를 졌으니 인심 좋게 선물을 골랐던 나도 연달아 "폴로 셔츠가 닳아서 떨어졌어", "아픈 친구들에게 건강 기능 식품인 마늘 진액이 필요해", "스마트폰 액정 보호 필름을 구하지 못해 곤란하네" 등등의 왓츠앱 메시지를 받는 데 질려서 카라마에게 "조지프가 이때다 싶어서 '이것도 사 와라 저것도 사 와라' 하고 끝도 없이 요구하네요"라고 투덜댔다. 카라마는 껄껄 웃으면서 "조지프에게 '그럼 나한테 얼마나 이익이 되느냐'라고 말해"라고 조언한 뒤 "사야카에게 폐가 된다면 내가 조지프에게 줄 선물을 살게. 나한테 맡겨. 내가 둘 다 이익을 보게 해줄게. 물론 나도 이익을 볼 거고"라고 하며 윙크했다.

나는 늘 그들이 해준 것과 그들로부터 받은 것, 내가 그들에게 해주는 것과 그들에게 줄 수 있는 것을 셈하는 장부에 사로잡혀 있다. 그들의 '겸사겸사'를 조직하는 지혜를 이해하고 있으나 그게 내 일이 되면 내가 더 베푸는 것을 불만스럽게 생각하거나, 나에게 과도한 요구를 하면서도 이에 둔감한 사람들에게 화도 나고, 그러면서 상대방이 신경 쓰지 않도록 "괜찮아. 별거 아니니까"라고 말하며 억지로 참기도 한다.

하지만 그런 불만은 스스로 지혜를 짜내 해결하면 되는지도 모른다. 조지프에게 "스마트폰 액정 보호 필름 말인데, 10장 세트로 싸게 사갈 테니 누군가에게 팔아주지 않겠어? 나는 판매 대금의 절반만 받아도 돼"라고 제안해보거나, 휴대폰 교역인인 슈와에게 "친구가 액정 보호 필름이 필요하다는데 다음 번에 필름을 사들일 때 한 장 줄 수 있겠어요?"라고 조지프의 요구를 떠넘기면 의외로 잘 풀릴 수도 있다.

주

1 小田英里,「ガーナ都市部における『シュガー・ダディ』との交際関係: 動機をめぐる視座の再考」,『Core Ethics』15号, 2019, pp.47-57.
2 같은 책, p.49.

최종장

청킹맨션의 보스는 알고 있다

이 책에서 홍콩 거주 탄자니아인의 반생半生, ICT와 전자화폐를 이용한 교역 구조, 탄자니아 홍콩조합과 매일매일의 상호 지원을 통한 안전망 구축, 모국에서 벌이는 사업과 인생 설계 등에 대해 "청킹맨션의 보스"를 자칭하는 카라마를 주인공 삼아 묘사해왔다.

카라마는 내가 자신을 주인공으로 책을 쓴다는 사실을 안다. 실제로 카라마는 기회가 있을 때마다 "사야카가 지금 내가 주인공인 이야기를 쓰고 있어"라고 동료 탄자니아인이나 모국 친구들에게 자랑하듯 늘어놓는다. 나는 종종 왓츠앱 영상 통화 등을 통해 "카라마가 이스마일에게 화낸 일화를 집어넣었어요", "인스타그램에 접속하지 못해 풀이 죽었던 이야기를 썼어요"라고 책의 내용에 대해 알렸다. 그러면 카라마는 "이렇게 (어깨를 움츠리며) 카라마가 풀 죽어 있었다고? 하하하하하" 하고 웃으며 즐거운 듯 재현해보이기도 한다.

그러나 나는 카라마의 즐거워하는 모습을 보며 불안해진다. 2018년 9월 홍콩에 갔을 때 카라마에게 "(일본어로 쓰기 때문에) 카라마가 읽지 못하네요. 내가 무엇을 쓰고 있는지 걱정되지 않아요?"라고 물어보았다. 그는 "홍콩의 출입국관리국은 카라마(라는 부모님이 지어주신 이름)가 아니라 ○○(여권에 기재된 이슬람식 이름)밖에 모르니까 괜찮아"라고 답했다. "그런 얘기가 아니라 일본인들이 카라마를 어떻게 생각할지, 내가 이상한 얘기를 쓰지는 않을지 걱정되지 않느냐고요"라고 다시 묻자 카라마는 "나는 아시아에서 오랫동안 살았기 때문에 아시아인이 우리의 어떤 부분에 놀라고 어떤 부분에 관심을 갖는지 잘 알아"라고 말하면서 자신 있다는 듯한 미소를 띠었다.

"(일본에서 오래 산 적 있는) 이스마일(파키스탄계 중고차 업자)도 늘 이야기해. 일본인은 아침부터 밤까지 성실하게 일한다고. 홍콩인들도 부지런하지만 그들은 벌이가 적다는 사실에 화를 내고 일본인은 성실하게 일하지 않으면 화를 내지. 근무 시간에 조금 늦거나, 태만하거나, 꾀를 부리면 일본인의 신뢰를 잃어. 아시아인 중에서 가장 쾌활하지만 속으로는 화를 내니까 어느 날 갑자기 참는 데 한계가 와서 공황 상태에 빠지거든. 일본인들은 성실히 일하는 게 돈을 버는 것보다, 인생의 즐거움보다 중요하다는 듯이 이야기해. 그래서 우리가 아이 여섯에 아내도 여섯 있고 하루에 한 시간밖에 일하지 않는다는 등의 얘기를 하면 말도 안 되는 소리라고 화를 내는 거야. 아프리카인은 가난하니까 열심히 일해야 한다는 거지. 아프리카인이 아시아에서 즐기거나 큰돈을 갖고 있거나 평온하게 살아가면 수상쩍은 일을 하는 게 아니냐고 의심해. 그래서 나는 사야카에게 우리가 어떻게 살아가는지 가르쳐준 거야. 우리는 성실히 일하기 위해 홍콩에 온 게 아니라 새로운 인생을 찾아서 홍콩에 왔어."

내가 그의 가르침을 잘 소화했는지 어떤지는 불안하지만, 분명 카라마와 동료들이 가르쳐준 생활 방식에는 내 선입관을 뒤엎기에 충분한 구조와 지혜가 있었다. 최종장에서는 지금까지의 이야기들을 돌아보면서 홍콩의 탄자니아인들이 어떻게 살고 있는지 정리하고, 서장에서 언급했던 대로 우리 사회가 생각해볼 수 있는 논점들을 제시하겠다.

'융통성' 있는 청킹맨션에서의 생활

카라마에 대한 인상은 처음 만났을 때부터 지금까지 크게 변하지 않았다. 이 원고를 한참 집필하는 도중에 카라마에게서 왓츠앱 영상 통화가 걸려왔다. 지금부터 코코넛 밀크가 들어간 생선토마토조림을 요리해서 동료들과 함께 저녁 식사를 할 거라고 했다. 저녁 식사 뒤에는 분명 단골 파키스탄 식당의 긴 테이블이나 청킹맨션 옆 골목에서 동료들에게 인터넷에서 찾은 웃긴 동영상을 보여주거나 모국의 가족이나 친구와 영상 통화를 하며 시간을 보낼 것이다.

비가 내리면 일을 쉬는 하메하메하 대왕인 카라마는 앞으로도 때로는 거래처에게 설교를 들어가면서, 누구에게도 종속되지 않은 자유로운 장사꾼임을 자랑스러워하며, 많은 업자에게 "여어, 카라마, 기다렸어", "형제여, 점심 식사를 같이 하게"라고 환영받는 한편 교묘한 화술로 대등하게 싸워나갈 것이다. 목 빠지게 기다리던 고객이 홍콩에 도착하면 홍콩에 관한 토막 지식을 뽐내듯 들려주고, 고객의 희망에 따라 현실적인 비즈니스를 제안하고, 홍콩 업자와 교섭할 때부터 밤 문화를 즐길 때까지 내내 편의를 제공하고, 자신을 "보스"로 여기며 따르는 동료들을 늘려나갈 것이다. 대량 매입 투어 도중에 "뭔가 붙었어요"라고 거짓말해서 지나가던 홍콩인과 담소하는 계기를 만들거나, 택시 운전기사를 끌어들이면서 즉석에서 리포터를 연기해 그 모습을 인스타그램에서 방송하거나, 교역인들의 대량 매입에 편승해 다양한 비즈니스의 기회를 놓치지 않으려고 지혜를 짜내는 게 당연한 일과인 나날을 보낼 것이다. 그리고 휴일에는 섹스 파트너와 밀회하고, 클럽에 나가 성 노동자들의 고민을 들어주고, 동료들과 파티를 할 것이다.

해변에서 열린 파티에서 돌아오는 길에 카라마가 고급 리조트 호텔인 골드코스트를 손가락으로 가리키며 "천연석 거래처에서 접대받아 저곳의 오션뷰 객실에 묵은 적이 있지"라고 자랑하기에 "카라마는 정말로 다양한 경험을 해봤네요" 하고 대답했다. 그러자 카라마는 "(밀입국으로 체포되어 그 호텔 바로 가까이에 있는) 불법입국자 수용소의 창 없는 방에 머무른 적도 있지만 말이야"라고 하며 장난스럽게 웃었다.

고급 호텔부터 수용소까지 경험해봤으며, 수백만 엔을 번 달뿐 아니라 젊은이들에게 돈을 빌리는 달도 겪어왔던 "청킹맨션의 보스"의 반생은 파란만장하다. 카라마뿐만이 아니다. 제5장에서 다루었듯이, 홍콩에서 씩씩하게 헤쳐나가는 탄자니아인 중에는 놀랄 만큼 돈을 많이 버는 사람들도 있지만, 장사가 늘 순조롭지는 않다. 불안정한 신분에서 비롯된 셀 수 없이 많은 어려움 그리고 홍콩과 중국의 투기적이고 불확실한 시장에서의 실패와 궁지로 점철되어 있다. 그럼에도 신기하게 이들의 일상생활에서는 어떤 '융통성' 같은 것이 관찰된다. 이 '융통성'은 이들이 구축한 시스템에 의해, 이들이 타자와 살아가는 가운데 길러온 지혜에 의해 저절로 재귀적으로 창출되고 있는 것이다.

자신과 타자의 '겸사겸사'를 잘 길들이기

제2장에서는 홍콩의 탄자니아인들이 불안정한 생활 속에서 겪는 불의의 사태 때 서로 돕기 위해 탄자니아 홍콩조

합을 결성했다는 것, 나아가 이 조합이 광저우의 탄자니아인을 비롯해 케냐인, 우간다인과도 연계하면서 국경을 초월한 활동을 펼치고 있다는 사실을 설명했다. 카라마가 얘기했듯이 한번 네트워크에 속하면 세계 곳곳에 퍼져 있는 동포들의 지원을 통해 어디에서 사망해도 모국으로 돌아갈 수 있다. 그러나 이러한 그들의 상호 부조는 동포에 대한 지원을 자연스러운 행위로 간주하는 사회 규범이 아니라, 각각의 개인이 가진 미지의 가능성에서 비즈니스 기회를 포함한 자신의 기회를 발견해내려는 '만만치 않은 타자'의 우발적인 응답에 달려 있다.

나는 탄자니아인들과 함께 있을 때 종종 생각한다. 만약 해외에서 곤란한 상황에 처했는데 일본인 동포와 운 좋게 만나 도움을 요청한다면 그들은 나를 도와줄 것인가. 도와줄지도 모른다. 아니, 아마도 대부분의 일본인은 도와줄 것이다. 그러나 내가 잘 알아보지도 않고 위험한 행동을 한 결과 궁지에 처했다고 고백하면 "무모하다", "생각이 짧다"며 설교를 하거나 적어도 어처구니없어 하거나 타이르지 않을까 싶어 귀찮다는 생각이 든다. 무엇보다 '자기 책임'을 내면화한 나 자신이 우연히 만난 낯모르는 동포에게 폐를 끼치기를 주저하게 된다. 내가 투기성 높은 장사에 도전해 무일푼이 되었을 때 얼마나 많은 사람이 내 위기에 응답해줄까. 하물며 현지에서 경찰의 신세를 지게 되면 "자업자득"이라고 나를 책망하지 않고 받아들여줄 사람이 있을까.

평범하게 살아가면 그런 사태에 빠지지 않는다고 생각할지도 모른다. 이렇게 얘기하는 나도 보통 '나는 괜찮을 거야'라고 생각하며 살아간다. 다만 '성실히 노력해 리스크를 관리하고 가능한 한 누구에게도 폐를 끼치지 않으며 산다. 이야말로 성인이자 사회인의 자세다'라는 규범이 너무 강고해진 나머지 무모한 도전뿐 아니라 '막상 해보면 쉬울 것' 같은 도전조차 생각만 하고 말기 쉽다.

또한 여차하는 때 의지하는 상대와의 관계를 늘 호수성에 기반해 이해하는 것, 서로 돕기를 커뮤니티에 기반해 기대하는 것에도 한계가 있는 듯하다.

프랑스의 인류학자 마르크 앙스파크Mark Anspach는 『다음엔 내가 갚을 차례A Charge de Revanche』[1]라는 저서에서 "상대도 같은 것을 한다는 조건"으로 성립하는 상호성(호수성)에 대해 논한다. 서로 돕기는 '그를 돕는다면 내가 어려울 때 상대방도 똑같이 나를 도울 것이다'라고 서로 기대하는 선순환의 호수성이다. 하지만 '당한 만큼 갚아준다'라는 복수의 연쇄, 악순환의 상호성도 존재한다. 앙스파크는 선순환하는 상호성을 위해서는 상대방에게 자발적으로 증여(빌려주기)를 하고 상대방과의 미래 관계를 믿고 여기에 '베팅할' — 처음에는 리스크를 받아들일 — 필요가 있으며 더불어 선순환을 유지하려면 서로가 상대방에게 "빚을 졌다"라는 감정을 계속 가질 필요가 있다고 설명한다.

앙스파크의 논의는 이러한 선순환의 호수성이 얼마나 쉽게 악순환의 호수성으로 전락하는지 설명한다는 점에서 흥미롭다.

지금 우리가 사는 세계는 '안심', '안전'을 부르짖으며 미래를 예측 가능하게 만들고 리스크를 줄여야 한다는 사고방식을 전면에 내세우고 있다. 이런 사고방식은 '준다는 확약 없이는 줄 수 없는' 사회적 관습을 강화하고 '빌려준 것'과 '빌린 것'을 즉시 청산하려는 태도를 낳는다. 문자메시지도 친절도 곧바로 답하지 않으면 불안하다. 어떻게 될지 모르는 미래에 빚을 남겨두는 것이 걱정이다. 그러한 관계에서는 내가 준 것과 상대방이 준 것이 등가인지, 매 순간 빌려준 것과 빌린 것을 셈해서 딱 맞아떨어지는지 신경 쓰인다. 따라서 어느 한쪽이 '손해를 보고 있다'고 느끼면 선순환의 상호성은 손쉽게 악순환의 상호성으로 전화轉化한다. 현대 일본에서 '나만 애쓰고 있다', '나만 손해를 보고 있다'는 불만과 이것이 낳는 두려움 — 예를 들면 혐오 발언 — 이, 친구나 부부 사이 등과 같은 인간관계를 맺기 성가시다는 감각부터 연금, 기초생활보장 등의 사회 제도에 대한 불신까지 광범위하게 영향을 미치고 있다.

앙스파크는 이러한 악순환에서 빠져나오려면 누군가가 자기희생을 해서 선순환 안으로 몸을 던져야 한다고 결론을 내린다. 그러나 이는 미래에 대한 불안을 누그러뜨릴 수 없는 사람에게는 위험한 정신론이 될 수 있으며 전체주의와 연결될 위험성도 있다.

이러한 호수성의 어려움을 전제로 홍콩 탄자니아인들의 조합 활동을 살펴보면 그 독특함을 잘 이해할 수 있다. 구리타 가즈아키가 말했듯이, 중국으로 오는 아프리카인 대다수는 '정주하는 사람'이 아니라 늘 이동하는 사람, '상업적인 여행자'다. 유동성이 높은 사람들에게 커뮤니티에 계속 관여하고 균질적으로 공헌하기를 기대할 수는 없다. 투기성이 높은 시장에서 '일확천금'을 꿈꾸는 장사꾼들 사이에는 단지 부자와 가난뱅이만 있는 게 아니라, 내일은 큰 부자가 무일푼이 될 수 있고 빈털터리도 큰 부자가 될 수 있는, 사회적으로도 높은 유동성이 있다. 이들은 깊든 얕든 그레이존에 걸친 모호한 장사를 하기에 교도소와의 거리도 사람마다 다르다. 또한 적잖이 켕기는 데가 있는 이들 사이에서는 서로의 타고난 성격이나 배경을 꼬치꼬치 캐묻지 않는 것이 타자에 대한 배려이자 자신의 처세술로 간주된다. 그러한 이들 사이에서 "왜 그 사람이 도움받아야 하는가", "어디까지가 자기 책임의 범위인가", "나만이 손해를 보고 있는 것은 아닌가", "그 사람만 이익을 보는 것이 아닌가"라고 묻기는 점점 어려워진다. 그럼에도 재난이나 어려움에 함께 대처하기 위해서는, 오랫동안 사귀고, 깊이 알아가고, 크게 신뢰하고, 확실한 인연을 만든다는 발상과는 다른 아이디어가 필요하다.

홍콩의 탄자니아인들은 조합 활동에 대한 실질적인 공헌도나 궁지에 몰린 원인을 묻지 않고, 조합원 자격이나 타자를 도울 때에 관한 세세한 규칙을 명확히 만들지 않고, 그저 타자가 필요로 하는 지원에 응할 것인지 말 것인지만을 판단한다. 이 책에서 나는 '왜 나만 애쓰고 있는가', '왜 그 사람은 언제나 도움받는가'라는 멤버 사이의 공헌 불균형, 호수나 신뢰가 그다지 문제가 되지 않는 배경으로 '겸사겸사'의 논리와 ICT를 이용한 교역 시스템의 연속성을 제시했다.

제2장에서 설명했듯이 이들의 일상적인 도움의 대부분은 '겸사겸사' 돌아가고 있다. 안내해줬으면 하는 장소가 목적지로 가는 도중에 있다면 데려다주고, 침대가 비어 있으면 머물게 해준다. 아는 것이라면 친절하게 가르쳐주고 '겸사겸사' 할 수 있는 일이라면 가볍게 떠맡는다. 국경을 초월한 시신 운구 프로젝트도 '겸사겸사'의 논리를 기반으로 삼은 연계 플레이로 달성한다. 브로커는 교역인들에게 수수료를 받는 김에 선물 사는 것을 돕거나 밤 문화를 즐기는 법을 가르쳐주고, 교역인들은 모국의 최신 정보를 가르쳐주거나 컨테이너 또는 캐리어에 공간이 남으면 브로커가 가족이나 친구에게 보내는 선물을 실어 전해주거나 그 브로커가 모국에서 하는 사업의 자재를 '겸사겸사' 운반해준다. 누구나 '겸사겸사'에 편승한다는

태도를 표명하고 있기에 서로 돕는 행위는 도움받는 측에 과도한 부담을 발생시키지 않는다. 친절에 즉시 답례를 하지 않아도 신경 쓰지 않기를 지향하는 것이다.

홍콩에서 다양한 기회를 붙잡아 다각적으로 사업을 벌이는 이들은 적어도 겉보기에는 바빠 보이지 않고 슈와처럼 "나는 하루에 한 시간만 일해"라고 공언하는 자도 있다. '융통성'을 느끼게 하는 생활은, '겸사겸사' 얻는 친절을 스스로의 좋은 기회로 바꾸는 '(약았으면서도) 현명한' 타자에 대해 철저히 수동적인 태도를 취하는 데서 생겨난다. 홍콩의 탄자니아인들은 "이게 돈이 돼", "이 일을 하면 이러한 이익이 있어" 하며 다양한 아이디어를 말하지만 이를 실현하기 위해 차근차근 준비하지는 않는다. 이들에게 '여유'가 있다기보다는, 남아도는 시간을 주체하지 못할 때도 있다. 왜냐하면 이들은 우연히 만난 타인들에게 아이디어를 투척한 뒤 자신의 요망에 합치하는 기회를 가진 타인이 응답하는 호기를 그저 기다리기만 할 뿐이며, 사업 계획을 다듬거나 사전 교섭을 하기 위해 바쁘게 돌아다니지 않기 때문이다. 우연히 자신의 활동에 응답한 타자에 따라 비즈니스나 살아가는 방식을 정하는 방법은, 망망대해에 낚싯줄을 몇 개나 드리운 뒤 걸려든 물고기로 어떤 요리를 할지 정하는 방법과 비슷하다. 이런 방법은 어려움에 처했을 때 도움을 요청하는 방식과도 통한다. 그러한 불확실한 인간관계에 기대해서 정말로 잘 풀릴 수 있을지 의문이 들기도 하겠지만 이는 이대로 합리적인 전략이다.

타자는 자신에게 어려운 상담은 듣고 깨끗이 흘려버리고, 자신의 형편에 따라 약속을 파기한다. 조합 참여 활동이나 기부금도 사실 아무도 관리하지 않으며, 일을 하느라 참여할 수 없거나 금전적인 여유가 없다면 공헌하지 않아도 문제가 되지 않는다. 애초에 유동적으로 돌아다니며 각자의 인생을 찾을 수밖에 없는, 독립독행으로 살아가는 타자에게 자신의 요망을 들어 달라, 정체를 알지도 못하는 내 모든 것을 받아들여 달라고 강요할 수는 없다. 그럼에도 문득 던진 아이디어나 SOS 신호가 반드시 누군가에게 포착되고 처음에 기대했던 대로는 아니더라도 어떤 돈벌이나 호구지책이 발견되는 것은, 이들이 타자에게 공감이나 공공성을 띤 행동을 기대해서가 아니다. 타자의 '알 수 없는 참모습'을 '미지未知/불가지不可知의 가능성'으로 환영하고, 상장 기업의 사장이나 대통령의 비서만이 아니라 비합법underground적인 일을 하는 사람들과도 '겸사겸사' 친절을 주고받음으로써 선뜻 연결되려고 하기 때문이다.

비공식 경제 종사자의 기본적인 특징으로 '생계 다양화' 전략과 '제너럴리스트'적인 생활 방식이 꼽혀왔다. 불확실한 상황에서는 수입원을 일원화하기보다는, 복수의 수입원에 분산 투자하는 게 리스크를 회피할 수 있는 중요한 전략이며, '스페셜리스트'보다 다양한 일을 어느 정도 해낼 수 있는 '제너럴리스트'를 지향하는 게 살아남기 쉽다는 논의다.[2] 쉽게 풀자면 '뭐가 성공할지 모르지만, 어떤 일이 실패하더라도 다른 쪽 일이 살아남으면 먹고살 수 있다'는 논리다.

마찬가지로, 스스로 무엇이든 해낼 수 있는 인간, 완벽한 인간이 되게끔 노력해서 자신의 가능성에 베팅하거나 또는 가치관과 자질이 서로 비슷한 동질적인 소수와 깊은 관계를 맺고 이에 따른 호수성 및 응답할 의무에 확실히 응답해가는 대신에, 능력, 자질, 선악의 기준, 인간성이 다른 사람들과 가능한 한 많이 느슨하게 연결되고 타자의 다양성이 만들어내는 '우발적인 응답'의 가능성에 베팅하는 것은 '이질성과 유동성이 높고 누가 응답해줄지 모르는' 상황에서는 불합리한 전략이 아니다. 어떤 일이든 나름대로 해내는 제너럴리스트인 동시에 어떤 인간과도 나름대로 함께 헤쳐나갈 수 있는 제너럴리스트가 되어 불확실한 세계를 살아나가는 것이다.

이처럼 이들은 타자의 사정에 깊게 발을 들이지 않고 멤버 상호 간의 엄밀한 호수성이나 의무 혹은 책임도 불문한 채, 무수히 증식 확대되는 네트워크 내 사람들이 각자 '겸사겸사' 할 수 있는 것을 하는 '열린 호수성'을 기반으로 삼음으로써 부담 없이 서로 돕기를 촉진하고, 홍콩, 중국, 마카오, 태국, 두바이, 아프리카 국가에 걸친 거대한 안전망을 만들어냈다.

ICT, IoT, AI 등 테크놀로지의 발전에 따라 '겸사겸사'의 경제적 가치가 주목받게 되었다. 이들의 조합을 비롯한 네트워크는 우버나 에어비엔비 등의 플랫폼처럼 사람들의 '겸사겸사'나 '부담 없이 할 수 있는 것'을 조직하는 기능을 가졌다. 하지만 이들 조합의 발상은 현대적인 공유경제와는 다소 다르다.

'낭비'와 '대단치 않음'의 의미

제4장에서도 언급했지만 공유의 가치가 강조된 지 오래다. 레이철 보츠먼과 루 로저스는 『위 제너레이션』에서 에어비앤비와 카우치서핑을 비롯한 수많은 기업의 사례를 모아 인터넷을 통한 협동에 따른 공유경제의 가능성을 논한다. 둘은 이렇게 이야기한다.

> '집단'이나 '공유' 같은 의미를 지닌, 다소 구시대적인 이미지의 C 단어 — 협동 조합, 공동체, 코뮨 — 가, 협업collaboration이나 커뮤니티community처럼 매력적이고 가치 있는 형태로 부활하고 있다.[3]

그러나 두 저자의 공유경제에 대한 기대는 유무형 자원을 유효하게 활용할 가능성과 공공선의 축적에 이바지하는 시민적 행동의 조합에 기초한다.

> 사람들은 협동소비를 통해 물건이나 서비스를 소유하지 않고 이용하는 것의 막대한 이점을 깨달았을뿐더러 (…) 활발한 시민으로 돌아갈 수 있다는 것도 알게 되었다. (…) 시대에 맞지 않는 과잉 소비 습관에서 벗어나, (…) 공동 이용에 기반한 혁신적인 시스템을 만들 수 있게 되었다. 이러한 시스템들은 이용 효율을 높이고 낭비를 줄이며 더 나은 개발을 촉진하고, 과잉 생산과 과잉 소비로 생긴 잉여를 흡수함으로써 환경에 크게 공헌한다.[4]

> 협동소비는 소꿉놀이 같은 선의의 양보가 아니다. 오히려 개인이 자유를 포기하거나 생활 방식을 희생하지 않고도 자원을 공유할 수 있는 시스템을 확립한다.[5]

사실 나도 다양한 창업가의 아이디어가 넘쳐흐르는 공유경제에 매력을 느낀다. 하지만 동시에 생각한다. 타자에게 나누어줄 수 있는 잉여 자원을 가져 더 선한 사회 실현에 공헌 가능한 '시민'과 밀접하게 관련된 공유경제에서 누락된 사람들은 어떻게 하면 좋을까. "예금 0원, 주소 불명, 직업은 사기꾼, 취미는 방랑입니다"라고 회원 가입란에 써도 받아들여질 수 있을까.

이 책에서 강조한 '겸사겸사'는 그 사람이 가진 정신

적/재정적/능력적/시간적 여력이다. 그런데 홍콩의 탄자니아인들은 유휴 자원이나 자투리 시간을 효율적으로 활용하겠다는 목적 지향적인 경제 논리로 '겸사겸사'를 조직하고 있는 것이 아니다. 이들이 '겸사겸사', '무리하지 않는 것'을 강조하는 이유는, 그것이 주는 사람이 유효하게 써먹을 수 있는 '낭비'이기 때문이 아니라, 그 '대단치 않음'이야말로 각자의 인생을 찾아 홍콩에 와서 각자의 방식대로 살아가는 개별 인간의 자율성, 서로 간의 대등함을 저해하지 않기 때문이다. 그리고 이들이 서로를 돕는 이유는 시민 사회, 환경 지속적인 사회를 실현하기 위해서가 아니라 우연일지라도 '함께 있게' 된 정체를 알 수 없는 타자에게 '나는 당신의 동료다', '당신은 나의 동료다'라고 표명하기 위해서인 듯하다. 즉, 새로운 경제 형태를 만들기 위해 커뮤니티의 논리를 도입한 것이 아니라, 동료 간의 증여와 분배를 위해 테크놀로지와 자본주의경제의 논리를 도입하고 있는 것이다.

보츠먼과 로저스는 이어서 다음과 같이 지적한다.

인류학자와 사회경제학자 들은 "당신이 나에게 좋은 일을 해주면 나도 당신에게 좋은 일을 해줄게"라는 직접 호혜주의reciprocity의 원리를 오랫동안 연구해왔다. (…) 친척끼리, 이웃끼리, 작은 마을 주민끼리 거래하던 시절, 서로 얼굴을 맞대고 주고받던 시절, 누가 누구와 어떤 교류를 했는지 쉽게 파악할 수 있었던 시절에는 서로 돕는 게 당연했을 것이다. 하지만 서로 모르는 사람들, 또는 지리적으로 멀리 떨어진 사람들이 주고받는 커뮤니티에서는 어떨까?

　　소셜 네트워크에서 상호 부조는 간접적으로 이루어진다(간접 호혜주의). 이곳에서는 더 이상 '내가 널 도우면 네가 나를 도와줄 것이다'라는 단순한 전제가 성립하지 않는다. 이제 상호 부조의 구조는 '내가 널 도우면 **누군가**가 나를 도와줄 것이다'로 바뀌었다.[6]

이 '내가 널 도우면 **누군가**가 나를 도와줄 것이다'라는 원칙은 내가 홍콩 탄자니아인의 사회적 세계를 파악하기 위해 관심을 갖고 있는 원칙이다. 이는 증여 교환을 가리키는 게 아니라, 세계 곳곳의 수렵채집민이 사냥하고 채집한 것들을 같이 나누던 행위, 일방적인 이양, 분배sharing라고 불리며 연구되어온 것이다. 그러나 현대의 공유경제 시스템은 인류학자들이 수렵채집민 사례를 연구하며 밝혀온 '분배'보다 다소 '냉담'한 것처럼 보인다.

　'분배'는 마르셀 모스Marcel Mauss가 말하는 '증여'나 '증여 교환'과 달리 '줄 의무', '받을 의무', '답례의 의무'가 포함되어 있지 않다는 점이 특징이다. 운 좋게 사냥에 성공한 사람이 동료에게 당연한 듯 (마치 의무처럼) 고기를 분배하고, 다음에 다른 누군가가 운 좋게 사냥에 성공하면 그 사람도 동료에게 당연한 듯 고기를 분배한다. 이렇게 아낌없이 주는 이타주의적인 '일반적 호수성'을 기반으로 커뮤니티 구성원 모두가 고기를 계속 얻는다.

그런데 인류학자들이 밝혀온 수렵채집민 사회는 그렇게 단순하지 않았다. 그들의 사회에도 '소유 의식'이 있었고 질투하는 마음이 있었다. 집단 구성원들의 능력에도 차이가 있었다. 그러나 분배를 받는 자가 오히려 노획물의 빈약함을 질책하고 주는 자는 한없이 미안해하는 식의 배려나 포획자와 노획물의 소유자를 분리하는 등의 행위가 이루어졌다. 받는 자에게 '부담'이 발생하거나 일방통행적인 분배를 계속하는 자에게 '위신'이 생겨나지 않도록 세세한 실천을 행하면서[7] 불균형한 공헌이 문제가 되지 않게 해온 것이다.

아프리카의 수렵채집민족인 산San people*을 오랫동안 연구해온 마루야마 준코丸山淳子는 정부의 정주화 정책 시행 과정에서 그때까지 소규모 집단으로 유동적으로 살아온 산이 일찍이 없었던 규모로 서로 섞여 살게 된 현상에 주목해 의무적으로 보이는 그들의 분배를 재검토했다. 그리고 다음과 같이 결론지었다.

주는 자와 받는 자 모두에게 분배하지 않는다/분배를 받지

* 남아프리카의 보츠와나, 짐바브웨 등에 흩어져 사는 여러 수렵채집민족을 일컬으며, 세계에서 가장 오래된 인류로 여겨진다. 부시먼이라는 이름으로도 알려져 있다.

않는다, 라는 가능성이 열려 있으며 특히 '갸(소유주)'의 의사와 차발성이 늘 존중된다. 각자 서로의 관계성을 구별하면서 주지 않거나 받지 않는 경우가 있으며, 이런 경우에도 즉각적인 관계성의 단절로 이어지지 않게 하려는 배려 역시 이루어진다. 분배가 성립하면 '당연해' 보이지만, 이는 사람들이 나눈 결과 '당연한 것처럼 보이도록' 실천되고 있는 것이다."[8]

이처럼 마루야마는 각 1회성 분배가 개인 간에 자발적으로 실천되는 것이며, 주는 것, 받는 것, 답례하는 것도 '의무'가 아니라고 서술하면서도 그들이 분배를 하는 이유는 "함께 있기를 바라는" 의사 표명이고 관계성을 계속 갱신해가는 원동력이 되기 때문이라고 지적한다.

나는 ICT를 이용하며 유동적으로 움직이는 홍콩 탄자니아인들의 세계에서도 (당연히 완전히 똑같지는 않지만) 이러한 의미의 분배가 기대되고 전개되고 있다고 생각한다. 그러나 오늘날의 공유경제는 누군가에게 부담과 위신을 부여하지 않으려는 세세한 실천이나 '나는 당신과 함께 있다'라는 의사 표명 대신에, 평가경제 시스템에 따라 '주기', '받기', '갚기'를 제대로 수행하지 못하는 자를 배제함으로써, 경제적 가치를 우위에 두는 시스템으로 기능하고 있는 듯하다.

노는 것이 일

제3장과 제4장에서는 중고차 교역을 사례로 들며 카라마와 동료들의 독자적인 공유경제에 대해 설명했다. 제3장에서 설명했듯이 홍콩의 탄자니아인이 하는 중개업이란, 홍콩의 지리 및 홍콩 업자의 방식과 수법에 익숙지 않은 아프리카계 고객과, 아프리카계 고객의 방식과 수법에 익숙지 않아 신뢰 가능한 고객을 가려낼 수 없는 업자 사이에서 '신용'을 대신 보장함으로써 '수수료'나 '마진'을 챙기는 직업이다. 그렇지만 아프리카계 고객과 홍콩 업자가 직접 거래를 거듭하여 신용이 수립되면 먹고살 수 없는, 혹은 자율성을 포기하고 어느 한쪽을 위해 일하는 '노동자'가 되는 불안정성을 띠고 있다.

또한 카라마와 브로커들이 얻는 수수료나 마진은 그들이 교역인에게 제공하는 각종 편의에 대한 대가가 아니라 중고차 구입 대수로 결정되는 것이기 때문에, 노력 대비 효과 면에서도 고객이 모국에 머물며 브로커들에게 특정 상품의 수출을 의뢰하는 게 바람직하다. 나아가 동료인 동시에 경쟁자이기도 한 브로커들 사이에서는 '틈새시장으로도 기능하는 단골 손님'을 뺏지 않는 것이 중시되지만 그 밖의 상품과 매입처 정보, 비즈니스 요령이나 교섭술 등은 개별 비즈니스의 실행 가능성을 높이는 '커먼즈'로서 다 같이 공유하는 것으로 간주된다. 따라서 이들 사이에서는 점찍은 중고차를 다른 브로커에게 빼앗기거나 자신이 정말로 원해서 구입한 게 아닌 중고차가 다른 브로커가 찾아다닌 차였다는 '어긋남'도 발생한다. 이러한 사태에 대처하기 위해 이들은 여러 SNS를 활용한 TRUST라는 시스템을 구축했다.

제4장에서는 TRUST의 구조를 설명하면서 이들이 어떻게 상품과 비즈니스에 관한 정보를 공유하는 '커먼즈'를 협동하여 축적·창출하고 개별 브로커와 상품을 매칭하며, 고객과 매입처 업자의 형편에 좌우되지 않고 비즈니스를 해나가는지 밝혔다.

TRUST는 홍콩의 브로커와 아프리카 국가의 브로커·고객을 연결하는 구조이며, 기본적인 기능은 기존의 경매/중고 거래 사이트와 유사하다. 여기에 참여하는 구매자는 일부러 홍콩까지 오지 않아도 여러 판매자가 올리는 사진, 정보, 가격을 비교해 타당한 금액으로 중고차를 살 수 있다. 판매자는 자신이 확보한 고객들보다 훨씬 많은 구매자를 상대로 홍콩에서 찾은 중고차를 되도록 높은 가격에 안정적으로 판매할 수 있다. 나아가 TRUST는 비공식 송금 시스템을 통해 국경을 초월한 크라우드 펀딩을 실현하고 있다. 이를 통해 이들은 재빨리 구매 비용을 모음과 동시에 상품과 판로를 찾지 못한 사람에게 최저한의 생활 기반subsistence을 확보해준다. TRUST와 비공식 송금 시스템 모두 매우 간단하고 간편하다. 특별한 프로그래밍 능력이나 가상 화폐가 필요하지 않고 누구나 할 수 있다.

중요한 것은 일반적인 SNS들을 이용한 TRUST가 '신용/신뢰'를 창출하는 구조, 혹은 전문적인 비즈니스 사이트와 사고방식이 다르다는 점이다. TRUST는 거래 내용이 SNS상에 기록되고 불특정 다수의 제3자에게 공개되어 있어서 마음만 먹으면 추적 가능하다는 의미에서는 인터넷을 통한 다른 모든 거래와 똑같이 일종의 신용을 보장한다. 그러나 이들의 진짜 지혜는 플랫폼 내에서 자동적으로 계산이 이루어지는 평가경제 시스템을 채용하지 않았다는 점이다.

현대 공유경제의 혁신적인 점은 테크놀로지를 구사해 전혀 알지 못하는 타자와 '어떻게 신용을 구축할 것인가'라는 문제를 풀었다는 사실이다. 앞에서 이야기한 『위 제너레이션』에 나오는 창업가는 다음과 같이 이야기한다.

> 대부분의 사람은 정직합니다. 그리고 선의를 갖고 행동합니다. 하지만 정직하지 않은 사람도 있습니다. 상대를 속이려는 사람도 있고요. (…) 그것이 세상의 이치입니다. 그러나 이베이에서는 그런 사람들이 숨을 수가 없습니다. 우리가 그들을 내쫓을 것이기 때문입니다.[9]

ICT를 이용하는 공유경제의 신용 시스템은 부분적으로는 인터넷의 특성(기록 추적과 공개성)에 의해 실현되는

데, "우리가 그들을 내쫓을 것이기 때문입니다"의 "우리"란 유저이며 "내쫓을 것"이란 '평판 시스템', '평가경제'를 통해 인간을 선별함을 지칭한다. 즉, 유저끼리 등급을 매기는 시스템을 기능하게 하는 것이다.

이러한 평가 시스템은 오늘날 점점 세련되고 철저해지고 있다. 인간은 신뢰할 수 있는 사람과 거래하는 것이 당연하다고 생각하지만 여기에는 함정도 있는 것 같다. 보츠먼은 『신뢰 이동: 관계·제도·플랫폼을 넘어, 누구를 믿을 것인가 Who Can You Trust?: How Technology Brought Us Together-and Why It Could Drive Us Apart』에서 이러한 평가경제의 문제를 논한다.

> 기술은 신뢰의 범위를 넓혀 낯선 사람과의 연결과 협력 가능성을 열어준다. 그러나 동시에 사람들 사이에 벽을 쌓고 폐쇄적으로 만들기도 한다. 평판과 평가 시스템은 책임감을 강화하고 타인에게 친절하게 대할 마음을 불러일으키지만, 사회가 평가에 지나치게 의존하면 평판이 손상되어 디지털 연옥에 영원히 갇히는 사람도 생겨난다.[10]

인터넷을 매개로 누구와도 연결될 수 있는 시대이기에 누군가를 평가하고 선별해가는 행위가 당연한 듯이 행해진다. 자신과 같은 의견을 가진 사람들이 모이는 폐쇄된 환경 속에 있기에 자신의 의견과 편견이 증폭되는 '반향실 효과echo-chamber effect', 가짜 뉴스, 전문가에 대한 불신의 만연…. 테크놀로지는 그러한 부정적인 현상도 일으키는 동시에 새로운 신용 시스템 구축을 가속화한다.

보츠먼의 책에 등장하는 알리바바의 창업자 마윈은 이러한 신용의 문제를 공략함으로써 성공했다. 마윈은 먼저 구매자에게 돈을 받고 이를 에스크로 계정(돈을 예탁하는 제3자의 계정)에 넣은 다음, 판매자가 상품을 발송해 구매자가 상품을 확인하고 만족한 후에야 돈을 판매자에게 건네는 '알리페이'를 발판으로, 인증서와 은행 계정 등을 확인받은 다음에 취득할 수 있는 '트러스트패스 인증', 찬반양론을 일으킨 신용 평가 시스템 '세서미크레디트'를 구축했다.

매체를 통해 잘 알려진 대로 중국은 2014년부터 13억 인의 신용에 등급을 매기는 시스템을 개발 및 적용 중이다. 이에 호응하는 알리바바의 세서미크레디트는 다섯 가지 요소를 평가해 유저에게 350점부터 950점까지의 '시민 점수'를 매겨 이에 따라 대출 가능 액수 설정 변경, 공항의 VIP 체크인 자격, 범유럽 솅겐 비자* 관련 특전 등을 제공한다. 이 시민 점수의 다섯 가지 평가 항목은 다음과 같다. ①전기 요금이나 전화 요금을 제때 납부했는지, 신

---

* 솅겐 협약을 맺은 유럽의 29개 국가를 자유롭게 여행할 수 있는 단기 체류형 비자.

용카드 대금을 모두 상환했는지 등으로 계산되는 신용 내역, ②'계약 책임을 이행하는 능력'인 지불 이행 능력, ③휴대폰 번호와 주소 같은 인적 사항, ④구매 습관 등으로 측정되는 행동과 기호('하루에 열 시간씩 비디오 게임을 하는 사람은 게으른 사람'으로 판단되는 경우 등을 말한다), ⑤지인의 학력, 재정, 정치력, 사회적 영향력 등(유저가 자신의 점수를 확인할 때 모든 주변인의 점수도 표시되어 '내 순위를 더 올리고 싶다'는 경쟁심을 부채질할 뿐만 아니라 누가 내 발목을 잡고 있는지도 알 수 있다…).[11]

보츠먼의 논조는 이 시민 점수에 비판적이지만 그가 기대를 담아 설명하는 공유경제도 많든 적든 유사한 평가 시스템을 지닌다. 『4차 산업혁명 시대의 공유 경제: 고용의 종말과 대중 자본주의의 부상 The Sharing Economy: The End of Employment and the Rise of Crowd-based Capitalism』의 저자 아룬 순다라라잔은 인터넷상의 반익명성을 토대로 한 개인 간 신뢰 구축 단서로 ①과거의 거래, ②다른 사람의 경험에서 얻은 정보, ③브랜드에 의한 보증, ④디지털화된 사회적 자본, ⑤정부 및 비정부 기관의 인증을 든다.[12]

평가경제, 평판 자본, 신용 점수는 전부 신용의 불이행을 방지하는 것이 아니라 신용을 불이행할 것 같은 사람을 배제하는 아이디어다. 공유경제는 '공유'라는 단어로 은폐되기 쉽지만 누구에게나 열린 구조가 아니다.

이 책에서 거론한 TRUST가 기반으로 삼는 SNS 유저는 넓은 의미에서 '친구'다. TRUST에서 거래 상대에 대한 신뢰는, 웃긴 동영상 등을 포함한 일상적인 게시물을 통해 더 생생하고 개별적인, 매일 변해가는 인격을 이해함으로써 생겨나고 있다. 타자를 가려낸다는, 좋아하는 상대를 선택한다는 것은 인간이 친구·연인·가족 관계나 사회를 구축해갈 때 느끼는 기쁨 가운데 하나다. 친구나 연인을 선택할 때는 소득이나 외모, 능력뿐만 아니라 좋고 나쁨으로 단순히 분류하기 어려운 인간성도 포함해 서로를 평가하기를 기대하면서도, 경제 활동에서 거래 상대를 고를 때는 평가 수치화와 시스템을 통한 관리가 자연스럽게 추구된다는 점은 생각해보면 이상한 일이다. 아니, 어쩌면 그러한 경제적 평가 시스템이 사회적인 신용을 가늠하는 평가 시스템에도 침투해 이미 구분할 수 없을 만큼 뒤섞여 있는 상황이, 인터넷상의 실언이나 한 번의 실수로 개인에 대한 평가를 손바닥 뒤집듯 바꾸는 현대적인 현상의 본질일지도 모르겠다.

신용 시스템이 확립되면 신용 점수를 획득하기 위한 경쟁이 시작된다. 업적, 사회적 지위, 능력을 높이기 위한 경쟁, 유력자와의 연줄을 늘리기 위한 경쟁은 사람들 사이의 잠재적인 차이를 서열화한다. 이들이 말하듯이 특정 브로커를 '신뢰할 수 있는 상대'와 '신뢰할 수 없는 상대'로 분류하기보다는 '누구도 신뢰할 수 없고 상황에 따라서는 누구라도 신뢰할 수 있다'는 관점에 입각해, 개별 브로커가 처한 상황을 헤아리며 한 번 배신당했더라도 상황이 변하면 몇 번이든 믿어보겠다는 태도가, 본인의 노력 여하에 관계없이 실패하거나 재난에 맞닥뜨릴 수 있는 부조리한 세계를 살아가기 쉽도록 만드는 게 아닐까.

현재 세계 곳곳에서 ICT를 활용한 새로운 플랫폼들이 모색되고 있다. 안정적이고 효율적으로 거래를 성립시킬 방법을 궁리하는 관점에서 보자면 TRUST보다 훨씬 세련된 플랫폼은 얼마든지 있다. 하지만 안정성과 효율성을 추구해 TRUST를 시장 교환에 특화한 전문 비즈니스 사이트로 세련되게 만든다면 홍콩에서 더불어 살아가는 동료와의 공존이나 매일매일의 즐거움을 비즈니스와 구분 짓는 쪽으로 흘러가기 쉽다. 혹은 동료에게 베푸는 친절과 기쁨과 놀이를 일로 만드는 것이 아니라, 돈을 벌거나 성실하게 일하기 위해 동료에게 친절하게 대하고 기쁨과 놀이를 찾는다는 가치 전도가 생겨나게 된다. 카라마가 이야기했듯이 이는 눈곱만치도 즐겁지 않은 일이다.

실제 인생과 '일시적인 나'

제6장에서는 편의적인 연애 및 혼인 관계, 홍콩의 밤 문화와 관련된 일을 소개하고 부침이 심한 낮의 일과 위험하고 수상쩍은 밤의 일이 어떻게 연결되면서 일상을 성립시키고 있는지 설명했다.

'난민', '불법 노동자'라는 불안정한 신분을 해소하고 홍콩에 합법적으로 잔류할 수 있는 길, 혹은 아프리카 외의 다른 곳에서 합법적으로 사는 길, 가게를 꾸리거나 정식 계약서를 교환하는 식의 거래를 트는 방법 가운데 하나는 현지인과의 혼인이다. '바람직한 사랑'의 정의는 문화나 개인에 따라 다를 수 있지만, 현지인이나 홍콩에서 만난 다른 외국인과의 혼인 관계들 중에는 감정적·정서적 연결이 중시되는 관계만 있는 것이 아니라 시민권이나 경제적 이익을 목적으로 하는 편의적인 관계도 있다.

하지만 홍콩에 막 왔거나 비즈니스에 실패해 불안정한 상태에 놓인 남성 브로커들의 생활을 그야말로 기저에서 뒷받침하고 있는 이들은 홍콩 밤거리에서 백인을 상대로 성매매를 하거나 그 외 비합법적인 장사를 하는 동포 여성들이다. 동포 남성들에게 고향 요리를 먹여주고, 파티 등을 개최할 자금을 제공하고, 섹스나 그 외 세세한 일들을 통해 유사 가정을 형성하는 이 여성들은 홍콩 탄자니아인들의 최저한의 생활 기반이 됨과 동시에 고향과의 정서적 유대의 결절점이 되기도 한다.

또한 이 여성들은 특정 남성의 슈거 마미/스폰서가 되어, SNS에서 광고하기 위해 셀카를 촬영하는 남성에게 고급 의류를 사주거나 장사를 위한 자본의 출자/보전을 해주면서 일상적인 비즈니스를 뒷받침한다. 이 이성 관계들은 안정적인 것이 아니라 비즈니스의 성공에 따라 지원하는 사람과 지원을 받는 사람이 뒤바뀐다.

이렇게 밤거리에서의 돈벌이와 낮의 돈벌이가 연동하고, 위법성이 높은 장사와 합법적인 장사 그리고 남성과 여성 사이에서 금전과 서비스가 돌아간다. 이는 홍콩 탄자니아인들이 '국민national'이라는 카테고리로서의 탄자니아인이 아니라 일종의 '가족', '생계 단위'로서의 탄자니아인을 구성하는 배경이 되고 있는 듯하다.

동포이니까 서로 도울 필요가 있다는 군건한 규범 없이도, 이들은 갓길 모임이나 탄자니아 홍콩조합에서 탄자니아인으로서 무리를 짓는다. 그래서 내가 일본 혹은 홍콩에서 조우하는 일본인에게 관심을 갖지 않는 모습을 보고 나에게 애국심이나 동포에 대한 애정이 없는 것 같다며 이상하게 여긴다. 카라마와 동료들도 모이면 탄자니아 정부와 대통령을 비판하거나 '동아프리카인', '아프리카인', '이민자', '청킹맨션 거주자' 또는 '이슬람 교도' 등 다양한 층위에서 자기 규정을 변용시키고 특정 카테고리들을 횡단하며 살아간다. 문맥에 따라서는 나이지리아인과 파키스탄인도 '형제'로 불리며, 국제 결혼을 했거나 모국에 돌아갈 마음 따윈 전혀 없이 해외에서 인생을 마치고 싶다고 말하는 사람도 많다. 그럼에도 이들이 탄자니아인이라는 단위로 무리 짓는 이유는 홍콩 생활을 '일시적인' 것이 아니라 모국과 대등하게parallel 존재하는, 그 자체로 가치를 갖는 '실제real' 생활로 엮어가기 때문이다.

최종장 첫머리에서 소개한 카라마의 말이 보여주듯이 가난한 국가 출신의 이민자는 일반적으로 모국에 있는 가족이나 친척에게 돈을 보내기 위해, 혹은 귀국 후 풍요로운 생활을 실현하기 위해 돈벌이에 나선 사람이라고 인식된다. 그러나 카라마와 동료들과 함께 생활하다 보면 홍콩 이주와 돈벌이가 멀리 떨어진 모국 사람들을 위한 것에 불과하지 않고, 자신이 품은 미래의 꿈을 실현하는 '수단'이나 '과정 process'도 아니며, '지금 여기'에 있는 자신 및 동료들과의 홍콩 생활을 위한 것이기도 하다는 점을 실감한다.

이는 탄자니아인들이 매일 상당한 돈을 동료를 위해 '낭비'하고 있는 데서도 드러난다. 돈을 버는 행위는, 클럽 나들이나 생일 파티처럼 홍콩에서 발견한 놀이나 인생의 즐거움을 위해서도, 홍콩 사회에서 "청킹맨션의 보스"나 "파키스탄계 주민의 형제", "슈거 마미", "대단하기 짝이 없는 어린 놈"이 되기 위해서도 필요하다. 귀국할지 말지와 상관없이 '어딘가', '언젠가'를 위해서가 아니라 '지금 여기'에 있는 인생을 살기 위해 돈을 버는 것이다. 그러려면 오프라인에서 누군가가 번 돈이 실제로 낭비되고 분배되는 것도 중요하다.

한편 이들은 홍콩 사회에서 '어떤 사람이 될 것인가', '어떤 사람이 될 수밖에 없는가'라는 갈등을 '우리는 돈을 벌기 위해 여기에 있다'라고 공언함으로써 가볍게 회피하기도 한다. 카라마는 분명 "청킹맨션의 보스"이지만 이는 그가 청킹맨션에 살면서 뒤이어 찾아오는 탄자니아인들에게 홍콩 생활에 대해 가르쳐주거나 문제를 해결해주는 경우에 한해서이다. '보스'는 그가 홍콩에서의 다양한 실천을 통해 유지하는 '일시적인' 모습에 지나지 않으며, 벌어들인 돈, 권력, 실적에 따라 영구적으로 보유하는 지위가 아니다 — 카라마가 귀국하면 다른 누군가가 "청킹맨션의 보스"가 될 것이다. 마찬가지로 '저 사람은 불법적인 성매매와 마약 밀수를 하는지도 모른다'라고 느끼게 하는 위험한 낌새도, 홍콩의 특수한 장소에서 살아가고 돈을 벌기 위해 '일시적'으로 취하는 것에 지나지 않으며 본인의 영구적인 평판을 구성하지 않는다.

어디까지나 돈벌이를 위해 홍콩에 있는 거라는 서로 간의 표명은 배경background의 차이나 매일 종사하는 활동의 옳고 그름을 넘어서 홍콩 탄자니아인들이 부담 없이 서로 연결될 수 있게 해준다. 우연히 만난 타자가 만들어주는 기회에 따라 어떤 장사든 모색하고 이에 따라 어떤 사람이든 될 수 있는 이들은 어디까지나 '상인'이다. 동시에 돈벌이라는 공통의 목표를 서로 승인함으로써 타자와의 농밀하고 성가신 관계로부터 거리를 두거나 자유롭게 네트워크를 드나들고, 상대가 요구를 받아들이지 않아도, 자신이 요구에 응하지 않아도 서로 허용하고 허용받는다. 돈벌이라는 목적은 이들을 순식간에 연결하는 동시에 연결을 적절히 끊는 것도 가능하게 한다. '부채'로 남는 게 아니라 상대에게 주는 도움을 얼마나 머리를 잘 써서 '원원'의 이익으로 변환해 상쇄하거나 인생의 즐거움으로 바꿀 수 있는지는 상인으로서 각자 가진 재능에 달려 있으며, 이들은 타자가 상인으로서 가진 (교활한) 현명함을 믿음으로써 가볍게 서로 요구를 떠넘긴다. 동료를 만들고 증여를 순환시키기 위해 돈을 버는 게 아니라 돈벌이를 동료나 증여를 순환시키기 위한 '수단'으로 삼는다. 돈벌이야말로 사회를 만드는 놀이라는 것이다.

사랑받고 있다는 근거 없는 확신

가상 화폐와 비트코인 연구자로 알려진 사이토 겐지斉藤賢爾는 미국 SF 소설가 브루스 스털링Bruce Sterling의 단편소설 「마네키네코Maneki Neko」[13]를 다음과 같이 살펴보았다.[14] 「마네키네코」가 미국에서 발표된 해는 1998년이고 이야기의 무대는 근미래의 일본이다.

　　마네키네코란 일종의 거대한 상호 부조 네트워크로, 사람들은 요즘으로 치면 '인공지능'과도 같은 '포케콘'*을 휴대하고 '자율적인 네트워크 선물 경제'에 참여한다. 예를 들면 커피숍에서 주인공인 쓰요시가 모카 카푸치노

---

* '포켓 컴퓨터'의 일본식 줄임말로 볼 수 있다.

를 주문하려고 하면 포케콘의 알람이 울려서 같은 음료를 한 잔 더 주문하라고 지시를 내린다. 쓰요시는 한 잔 더 주문해 공원으로 향한 뒤 포케콘의 신호에 따라 낯선 남자에게 모카 카푸치노를 건넨다. 그 남자는 모카 카푸치노를 좋아한다면서 마침 마시고 싶었다고 말한다. 이처럼 포케콘의 지시에 따라 무언가를 할 때 '겸사겸사' 타자에게 선물을 주거나 사소한 친절을 베풂으로써 네트워크에 속한 사람들 사이에서는 각자 번 돈으로 충족하는 것 외에도 다양한 '필요성', '욕구'가 순환한다.

사이토는 이러한 SF적인 선물경제가 ICT, IoT, AI 등의 테크놀로지의 발전에 따라 화폐가 (그다지) 필요하지 않은, 융통성 있는 솔루션(공유 문화)이 형성되고 있는 작금에 현실화되고 있는 듯하다고 지적한다.

카라마와 동료들과 함께 지내면서 나는 종종 이상한 기분에 빠진다. 이들은 하나같이 "누구도 신뢰하지 않아", "누구도 신뢰해서는 안 돼"라고 말한다. 딱히 성격이 비뚤어진 것도 아니고 지나친 경계 태세를 취하는 것도 아니다. 제5장에서 언급했듯이 홍콩 탄자니아인들은 모두 배신당한 경험이 있기에 이는 타자를 이해하는 현실적인 태도에 지나지 않는다. 그런데도 이들은 자주 "나는 ○○에게 사랑받고 있어", "○○는 나를 좋아해"라고 단언한다. 참여하고 있는 네트워크에 대수롭지 않게 올린 자신의 요구나 아이디어에 우연히 응답하는 자가 나타나면

"저 사람은 나를 좋아해"라고 말한다. 누구도 신용하지 않는/할 수 없는 세계에서 나에게 베팅했으니 '저 사람은 분명 나를 좋아한다'는 논리가 성립하는 듯하다. 그런데 반대로 "저 사람은 나를 싫어해", "나는 ○○가 좋아"라는 말은 좀처럼 들을 수 없다. 왜냐하면 '밑져야 본전'이라는 생각으로 올린 요구나 아이디어에 우연히 응해준 타자야 말로 중요하기 때문이다. 응하지 않은 타자 때문에 속을 끓이는 것은 애초에 '밑져야 본전'이거나 '우연한 상황'이 었으니까 의미가 없는 데다, 내가 누구를 좋아하는지 또한 내 활동의 성패와 거의 관계가 없다.

물건이나 서비스, 정보가 그때그때 필요한 누군가에게 자연스럽게 돌아가는 시스템, 누군가에게 과도한 부담이나 권위를 부여하지 않고 돌아가는 분배 시스템이 시장경제 한복판에서 형성되어가기를 나는 기대한다. 제5장에서 다룬, 내가 잠시 경험한 것처럼 서로 나누어줌으로써 동료가 되고, 그럼으로써 동료가 마침 우연히 소유한 자원 ― 무임승차 멤버십과 팔다 남은 상품 ― 을 계속 나누어주는 시스템이 넓은 네트워크로 실현된다면 어떨까. 이에 따라 딱히 뛰어나지 않고 때로는 불성실하다 해도 누군가의 변덕 덕에 반드시 살아갈 수 있는 분배경제의 유토피아가 구축되어가는 것을 몽상해본다. 인공지능이든 전통적인 종교든 이를 실현할 수 있다면 뭐든 상관없다고 생각한다.

단, '저 사람은 분명 나를 좋아한다'는 행복한 확신을 인생에서 반복해서 얻으려면 사람들의 우발적인 욕망이나 욕구가 완벽하게 매칭될 수 있는 시스템이 아니라 때때로 버그나 에러가 일어나는 불완전한 시스템이 좋을지도 모르겠다. 평소 나는 시종 전자제품에 의지하지만 인류학자로서는 마술에 조종되는 세계가 있다는 사실에 위화감을 품지 않는다. 이제 와서 새삼스럽게 신이 더 늘어난다고 해도 대단한 일이 아니니 포케콘(AI)의 지시대로 움직이는 것 자체를 딱히 공허하다고 생각하지는 않는다. 하지만 당연히 세계 곳곳의 신들이 변덕스러운 것처럼 포케콘에도 부조리함을 시련이라느니 사랑이라느니 자기 좋을 대로 착각할 수 있는 캐릭터성이 내장된다면 흥미로울 것이다.

청킹맨션의 보스는 불완전한 인간과 내 마음대로 되지 않는 타자나 사회에 제멋대로 의미를 부여하는 게 어떤 것인지 알고 있다. 자기 입맛에 맞게 타자와 사회에 의의를 부여함으로써 배신당하는 상황을 포함한 불확실성이 존재한다는 것의 중요성도 알고 있다. 이들의 시스템은 세련되지 않고 적당하며 허술하기에 오히려 멋지다.

카라마가 "그래서 내가 홍콩에서 우리가 어떻게 살아가고 있는지 가르쳐준 거야"라고 말했을 때 나는 "하지만 나는 카라마의 뛰어난 제자는 아닐지도 몰라요. 카라마가 가르쳐준 것이나 전하고 싶은 바를 제대로 이해했는지도 잘 모르겠고, 게다가 내가 심술궂게 카라마를 극악한 보스처럼 묘사하면 어떡할 거예요?"라고 물었다. 카라마는 여유가 가득한 얼굴을 하며 "괜찮아. 사야카가 나를 정말 좋아한다는 것은 오래전부터 알고 있었으니까"라고 단언했다. 그건 사실이다. 단, 내가 왜 그를 좋아하는지 설명하기란 역시 쉽지 않다. 카라마에겐 아무래도 상관없는 일이기는 하지만 말이다.

주

1 マルク・R・アンスパック, 『悪循環と好循環: 互酬性の形／相手も同じことをするという条件で』, 杉山光信 訳, 新評論, 2012.
2 小川さやか, 『「その日暮らし」の人類学: もう一つの資本主義経済』, 光文社新書, 2016(오가와 사야카, 『하루 벌어 살아도 괜찮아』, 이지수 옮김, 더난출판사, 2017).
3 レイチェル・ボッツマン, ルー・ロジャース, 『シェア: 〈共有〉からビジネスを生みだす新戦略』, 小林弘人 監修, 関美和 訳, NHK出版, 2010, p.13.
4 같은 책, p.14.
5 같은 책, p.21.
6 같은 책, pp.171-172.
7 市川光雄, 「平等主義の進化史的考察」, 田中二郎・掛谷誠編, 『ヒトの自然誌』, 平凡社, 1991.
8 丸山淳子, 「誰と分かちあうのか: サンの食物分配にみられる変化と連続性」, 岸上伸啓 編, 『贈与論再考: 人間はなぜ他者に与えるのか』, 臨川書店, 2016, p.206.
9 レイチェル・ボッツマン, ルー・ロジャース, 위의 책, p.181.
10 レイチェル・ボッツマン, 『TRUST: 世界最先端の企業はいかに〈信頼〉を攻略したか』, 関美和 訳, 日経BP社, 2018, pp.21-22(『신뢰 이동: 관계・제도・플랫폼을 넘어, 누구를 믿을 것인가』, 문희경 옮김, 흐름출판, 2019).
11 같은 책, pp.218-228.

12 アルン・スンドララジャン,『シェアリングエコノミー: Airbnb, Uberに続くユーザー主導の新ビジネスの全貌』, 門脇弘典 訳, 日経BP社, 2016, p.112.
13 ブルース・スターリング,『タクラマカン』, 小川隆・大森望 訳, ハヤカワ文庫, 2001.
14 斉藤賢爾,『未来を変える通貨: ビットコイン改革論』, インプレスR&D, 2015.

마치며

대학 교수가 된 뒤로 대학원생 시절처럼 필드워크에 몰두할 수 있는 시간을 좀처럼 내지 못해 안타깝다. 학술 논문과는 다른 책으로 자유롭게 쓰려고 했지만 『소설보석小説宝石』에 연재한 『하루 벌어 살아도 괜찮아「その日暮らし」の人類学: もう一つの資本主義経済』를 책으로 출간한 뒤 하는 두 번째 연재임에도 역시 에세이스트처럼 글을 쓰기란 어렵다는 사실을 실감하고 있다.

슌주샤의 시노다 리카 씨가 이 책의 집필을 위해 연재를 제안했을 때, 카라마의 캐릭터성에 반한 나는 그를 주인공으로 하는 '청킹맨션의 보스'라는 제목으로 연재하고 싶다고 이야기했다. 그 뒤 시노다 씨가 '청킹맨션의 보스는 알고 있다'라는, 의미심장한 표현이 덧붙은 제목을 제안하자 '카라마는 과연 무엇을 알고 있는 걸까'에 대해 생각하게 됐다. 그에 대해 떠올려보면 뭐든 내기를 좋아하고, 놀랄 만큼 적당주의자인 데다 게으르고 멋 부리기를 좋아해서 '응? 카라마가 뭘 알고 있는 거지? 사실은 아무 생각도 없었다면 어떡하나. 안 돼. 무심코 주인공으로 정하고 말았네'라고 약간 후회하기도 하고, 마지막에는 아무 생각도 짜내지 못했지만, 카라마와 그의 동료들에게 매력이 있다는 사실만은 전하고 싶어서 글을 썼다. 그럼에도 실패했다면 오로지 내 필력과 역량 부족 문제임을 덧붙여둔다.

홍콩의 마굴 청킹맨션, 비공식 경제, 아프리카계 브로커, 성 노동자, 지하 은행 등, 이 책의 키워드를 늘어놓고 보면 정말이지 수상쩍다. 위험한 곳에서 훌륭히 조사했다고 평가해준 분도 있었지만 평범하게 지낸다면 하나도 위험하지 않다 — 따라해도 괜찮다고 단언할 수는 없지만 말이다. 또 나는 비합법적인 분위기가 그들의 매력이라고 내세우려는 것도 아니다. 비공식 경제나 지하 경제에 종사하는 사람들의 매력은, 제도가 기능하지 않아도 나름대로 잘 돌아간다는 사실을 실감하게 해주는 데 있다. 나는 국가의 사회보장제도나 경찰 기구가 불필요하다고 생각지는 않는다. 모두 우리의 생활 기반으로서 중요하다. 그러나 이런 것들이 없어도 나름대로 한 사람 몫을 하며 살아갈 수 있는 구조를 구축하다니 그저 대단한 일이라고 늘 생각한다.

필드워크를 하는 연구자들은 모두 사교적이고 사회성이 좋다고 생각한다면 오해다. 마흔이 넘으면 그야말로 필요에 따라 사교성을 발휘할 수 있다. 평소 나는 "언제나 생글거리고 행복해 보인다"라는 말을 자주 듣는다.

그러나 어른이 될 때까지(된 이후에도?) "이상한 사람이다", "붕 떠 있다"라는 말을 계속 들었던 트라우마 때문에 커뮤니티 생활이나 농밀한 인간관계에 서투르기만 하다. 연대하자는 요청을 받아도 집단 행동이 능숙하지 못해 어려움을 겪는다. 그다지 예의 바른 아이가 아니었던 탓도 있고, 솔직히 이웃 주민이라는 말을 들으면 소문을 좋아하는 아줌마나 잔소리 심한 아저씨가 가장 먼저 떠오른다 ― 커뮤니티의 중요성은 알고 있지만 말이다. 카라마나 동료들과 커뮤니케이션을 해야 하니 SNS를 들여다보기는 하지만 SNS에서 무슨 말을 해야 할지 모른다. 나야말로 덜 된 인간이다.

    그러나 자영업자라는 데 가치를 두는 카라마와 동료들도 기본적으로는 개인주의자처럼 보인다. 오는 사람 막지 않고 가는 사람 잡지 않는 건조한 인간관계를 선호하고, 심야에 모여 있어도 각자 스마트폰을 보며 시간을 보낸다. 무엇을 위해 모여 있는지 잘 모르겠다. 타인의 생활 방식에 개입하기를 꺼리는 이들은 도덕을 설교하지 않고 강한 창업가 정신을 지녔지만, 정치 이야기는 해도 사회 상황이나 제도에 대한 불만은 별로 얘기하지 않는다 ― 분명 '프로젝트'를 개시할 기회라고 생각하고 있는 것 같다. 그럼에도 이들은 나와 같은 침입자에게도 있을 자리를 제공하고, 나를 그들의 비즈니스 기회에 끼워 넣음으로써 '협력받고 있다'는 부담을 느끼지 않게 하려는 배려마저

해주었다. 이들과 함께 있으면 나 같은 인간도 타자에게 크게 헌신commit하지 못해도 사회를 이룰 수 있는 게 아닐까, 하는 역설적인 생각을 무심코 하게 된다. 아니, 의외로 이를 말하고 싶었는지도 모르겠다.

이 책에서는 홍콩 탄자니아인들의 방식에 공유경제와 통하는 행동 양식이나 사고방식이 있다는 것, 이들이 효율성과 편의성을 '함께 살아가는 것'보다 우위에 두거나 신뢰의 등급화를 목표로 삼는 것과는 다른 회로回路로 실현하고 있음을 밝혔다. 이에 대한 방법론으로 민족지를 통해 세련된 사회경제 시스템의 이론과는 다른 인간 사회의 가능성을 제시했다. 우리가 반드시 '위험한 타자'나 '이질적인 타자'를 배제하지 않아도 공유할 수 있음을 사고하는 한 걸음이 된다면 기쁠 것이다.

이 책을 집필하면서 다양한 분에게 큰 도움을 받았다. 무엇보다 나에게 장사를 가르쳐준 카라마를 비롯해 홍콩과 중국의 친구들에게 진심으로 감사의 말을 전한다. Karama na Masela zangu wako Hong Kong na China na Bongo, nashukuru sana kwa upendo na msaada wenu! Nimeandika kitabu cha Karama(a.k.a. Bosi wa Chungking Mansions)!!

재외 연구 기간 중에 객원 교수로 맞아준 고든 매슈스 교수, 제트로JETRO아시아경제연구소의 국제재사용reuse과발전도상국 연구회분들, 심포지엄과 분과회를 기획하고 멤버로 받아들여준 선생님들, 리쓰메이칸대학 대학원 첨단종합학술연구과의 동료 선생님들, 대학원생분들, 취재와 대담을 기획해준 분들, 모든 분의 이름을 거론할 수는 없지만 진심으로 감사드린다.

또한 이 책의 일부는 논점을 좁혀 학술 논문으로도 집필했다. 이 학술 논문들의 담당 편집자, 동료 평가를 해준 분들에게도 감사드린다.

「완만한 이동을 가능하게 하는 해적 시스템: 중국·홍콩의 아프리카계 교역인을 사례로緩慢な移動を可能にする海賊システム: 中国·香港におけるアフリカ系交易人を事例に」, 『환태평양문명연구環太平洋文明研究』 3권, 2019, 유잔카쿠, pp.122-133.

오가와 사야카, 「타동력: 홍콩 탄자니아인들의 '다동력'他動力: 香港のタンザニア人たちの『多動力』」, 『현대사상現代思想』, 2018년 1월호, 세이도샤, pp.14-15.

「자생적 질서를 만드는 법: 홍콩 탄자니아인의 SNS를 통한 교역自生的秩序のつくりかた: 香港のタンザニア人によるSNSを通じた交易」, 『복음과세계福音と世界』, 2018년 10월호, 신쿄출판사, pp.24-29.

「서문을 대신하여: 현대적인 '소비의 인류학'의 구축을 위하여序にかえて: 現代的な『消費の人類学』の構築に向けて」, 『문화인류학文化人類学』, 83권 1호, 2018, 일본문화인류학회, pp.46-57.

「오토에스노그라피에 넘치는 근거 없는 세계의 가능성ォートエスノグラフィに溢れる根拠なき世界の可能性」,『현대사상』, 2017년 11월호, 세이도샤, pp.123-137.

「제6장 홍콩에 거주하는 탄자니아인의 중고차 비즈니스第六章 香港在住のタンザニア人による中古車ビジネス」, 고지마 미치카즈小島道一 엮음,『중고품 국제 무역中古品の国際貿易』, 조사연구보고서, 2019, 제트로아시아경제연구소, pp.83-101.

또한 이 책의 바탕이 된 조사는 일본학술진흥회 과학연구비(16H05947) 조성 기금을 받아 이루어졌다.

마지막으로 연재 때부터 따뜻한 격려와 꼼꼼한 감상을 이야기해주신 시노다 리카 씨에게 감사를 전한다. 원고가 늦어져 정말 죄송합니다!

청킹맨션의 보스는 알고 있다
기존의 호혜, 증여, 분배 이론을 뒤흔드는 불확실성의 인류학

1판 1쇄 발행 2025년 6월 20일
1판 3쇄 발행 2025년 10월 28일

지은이 오가와 사야카 | 옮긴이 지비원
책임편집 유온누리 | 편집 한수빈

펴낸이 임병삼 | 펴낸곳 갈라파고스
등록 2002년 10월 29일 제13-2003-147호
주소 03938 서울시 마포구 월드컵로196 대명비첸시티오피스텔 801호
전화 02-3142-3797 | 전송 02-3142-2408
전자우편 books.galapagos@gmail.com

ISBN 979-11-93482-12-4 (03300)

갈라파고스 자연과 인간, 인간과 인간의 공존을 희망하며, 함께 읽으면 좋은 책들을 만듭니다.